日経記者に聞く 投資で勝つ100のキホン

日本経済新聞社 編

日本経済新聞出版社

はじめに

「そうそう、それそれ！　そこが知りたかったところだよ」

答えにたどりつかなくても、もやもやしていた霧が晴れるときがあります。的を射た問いに遭遇したときです。我が意を得たりと、つかえが取れます。

日常のトリビア（雑学）ならいざ知らず、株式投資や資産運用の世界では、半端な知識や知ったかぶりほど怖いものはありません。「生兵法は損失の基」です。しかし、実際にはほとんどの投資家は時間的余裕がなく、疑問を抱えたままとりあえず資産運用を始めているのが現状です。

本書では、新聞記事、投資専門誌の記事、会社の決算資料、投資情報サイト、投資信託のパンフレットなどを対象に、

・しょっちゅうお目にかかるが、いまさら恥ずかしくて聞けない
・簡単そうだが、教えてといわれると実は難しくて説明できない
・意味はわかるが、投資とどうつながるのかピンとこない

と思われる項目やキーワードをあぶりだし、１００問１００答方式で解説しました。答え探

しより、「なぜ」という質問選びにまず力点を置いています。そのうえで、一般の投資解説書にはない5つの特長を備えています。

①100の「解」を通して600以上のキーワードを学べます。1問2ページの読み切りスタイルなので、どこからでも読むことができます。

②たとえ話や具体例を駆使して、これまでにないわかりやすさを追求しました。

③類書にはない、一目でしくみがわかるような図表をふんだんに盛り込みました。

④疑問に突き当たる場面を想定できるよう、キーワードが登場する新聞記事例を掲載しました。

⑤初心者に最適な内容ですが、中上級者でも読み応えのある解説を目指しました。

本書をものにすれば、「日本経済新聞」の投資関連記事をすらすら読みこなせるようになるし、オタクっぽい株サイトなどにも抵抗なく入っていけるはずです。決算資料も独力で読み解けるようになるでしょう。読者の皆様の投資力アップに必ずやお役に立つはずです。

編集・執筆は、日本経済新聞社編集局証券部次長・田中彰一が担当しました。

２０１４年10月

編　者

目次

第Ⅰ章 いまさら聞けない決算用語

Q1 利益の種類……14
営業利益、経常利益、純利益――株式投資にとってどの利益が重要ですか。

Q2 バランスシート……16
決算発表で登場するさまざまな財務諸表。どれが一番大事なのでしょうか。

Q3 円安メリット……18
円安とか円高でなぜ企業業績に影響が出るのか、いまひとつしくみがわかりません。

Q4 連結・単独……20
「連結対象にした」とか「連結から外した」というのは、どういう意味があるのですか。

Q5 減損……22
減損損失とは、ふつうの損失とは違うのですか。

Q6 会計基準……24
決算資料1枚目に書かれている日本基準や米国基準とは何を意味しますか。

Q7 セグメント情報……26
将来の収益源が育っているのか分析したいのですが、決算資料のどこをみればよいですか。

Q8 業績修正……28
業績予想と業績修正は、だれが、いつ、どんな目的でするのですか。

Q9 年金積立不足……30
年金が企業業績の足を引っ張っているという意味がわかりません。

Q10 有価証券報告書……32
投資に役立つ開示資料は決算短信だけでしょうか。

Q11 のれん……34
「のれんの償却」といった記事が頻繁に登場しますが、のれんとはいったい何のことでしょうか。

Q12 キャッシュフロー……36
現金収支は損益とはどう違うのでしょうか。投資判断では意味を持ちますか。

Q13 ゴーイング・コンサーン……38
決算資料に「継続企業の前提」の注記がつきました。何のサインですか。

第2章 銘柄選びのキホン

Q14 増収増益……42
「脱デフレ」になると企業収益にはどのような変化が表れますか。

Q15 PER……44
お買い得感のある銘柄はどうやって探せばいいですか。

Q16 PBR……46
株価の下値のメドを簡単に知る投資指標を探しています。

Q17 ROE……48
あらゆる投資指標や経営指標で一番重要な指標といったら何ですか。

Q18 時価総額……50
会社の値段というのはどこをみればわかりますか。

Q19 配当利回り……52
株式とほかの金融商品との収益性を比べたいのですが、何かよいモノサシはありますか。

Q20 指数採用・昇格……54
日経平均株価の構成銘柄採用や東証1部昇格はなぜ投資材料になるのですか。

Q21 株主優待……56
値上がり益や配当以外に株式を保有した場合の特典はありますか。

Q22 バフェット……58
世界最高の投資家の運用術を教えてください。

Q23 QUICKコンセンサス……60
決算や業績修正のサプライズとは、いつ、どうやって発生するのですか。

第3章 これだけは知っておきたい相場用語

Q24 株価決定要因……64
株価が動くしくみを教えてください。

Q25 主力大型株……66
主力大型株にディフェンシブ株、景気敏感株、内需株――区別がつきません。

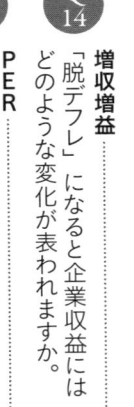

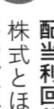

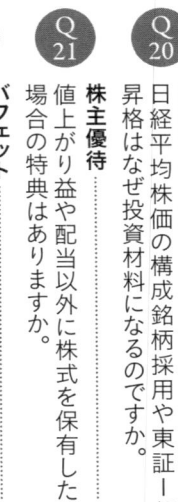

Q26 **リスクオフ** …… 68
リスクオンになったとか、リスクオフが鮮明とか、投資や市場の何を表しているのですか。

Q27 **リスクの種類** …… 70
リスクには、具体的にどのようなものがあるのですか。

Q28 **いろいろな売り** …… 72
利益確定売りや戻り待ちの売りなどは、それぞれどのように売り方が違うのですか。

Q29 **いろいろな買い** …… 74
押し目買いや買い戻しなど買いの種類と相場との関係を教えてください。

Q30 **逆張り** …… 76
逆張りとか順張りというのは、どのような投資行動を意味しているのですか。

Q31 **ヘッジファンド** …… 78
ヘッジファンドとはどのような投資家で、どんな売買手法を使うのでしょうか。

Q32 **地合い** …… 80
株式市場のムードや投資家心理を伝えるキーワードを教えてください。

Q33 **ベンチマーク** …… 82
値上がりしているのに上昇力が鈍いとか、下落したのに底堅いとか、何を基準に表現しているのですか。

Q34 **市場参加者** …… 84
ストラテジスト、トレーダー、機関投資家——信頼できるコメントを語るのはだれですか。

Q35 **相場格言** …… 86
「休むも相場」「2度買うべし」などの格言を教わりましたが、意味がわかりません。

Q36 **アノマリー** …… 88
「5月に売れ」とか「高値は1月につける」といった経験則があると聞きましたが、信じて大丈夫ですか。

Q37 **寄与度** …… 90
日経平均株価に対して、個々の採用銘柄がどの程度影響を及ぼすのか知りたいです。

第4章 相場の動きを読む

Q38 **ローソク足** …… 94
株価を表すグラフに描かれるろうそくのような四角い記号はどう読めばいいのですか。

Q39 **三羽ガラス・三空** …… 96
ローソク足には基調転換のサインが点灯するそうですね。

Q40 **テクニカル分析** …… 98
売り買いのタイミングがつかめるような投資手法ってありますか。

Q41 **移動平均線** …… 100
ゴールデンクロスとデッドクロスは株価がどういう状態になったことを示すのですか。

Q42 **トレンドライン** …… 102
株価の上値や下値のメドはどうやってわかるのでしょうか。

Q43 **三角もちあい** …… 104
株価が大きく動く前触れを知ることはできますか。

Q44 **先物取引** …… 106
個人投資家でも簡単にできるデリバティブ(金融派生商品)取引はありますか。

Q45 **裁定取引** …… 108
裁定買いや裁定解消売りのしくみがわかりません。

Q46 **コール** …… 110
相場全体が膠着《こうちゃく》してももうかるような取引や金融商品はありますか。

Q47 **プット** …… 112
相場が下落しても損失を埋めてくれる保険のような商品はありませんか。

Q48 **信用取引** …… 114
手持ち資金が少なくても効率よく稼げる個別株の売買手法はありますか。

Q49 **信用残** …… 116
信用売りや信用買いの影響力をみる指標はありますか。

第5章 会社の行動を知る

Q50 **自社株買い** …… 120
株主にとってお金も優待特典ももらえない自社株買いが、なぜ株価の好材料になるのですか。

Q51 **繰り延べ税金資産** …… 122
繰り延べ税金資産を計上するという会計処理の意味がわかりません。

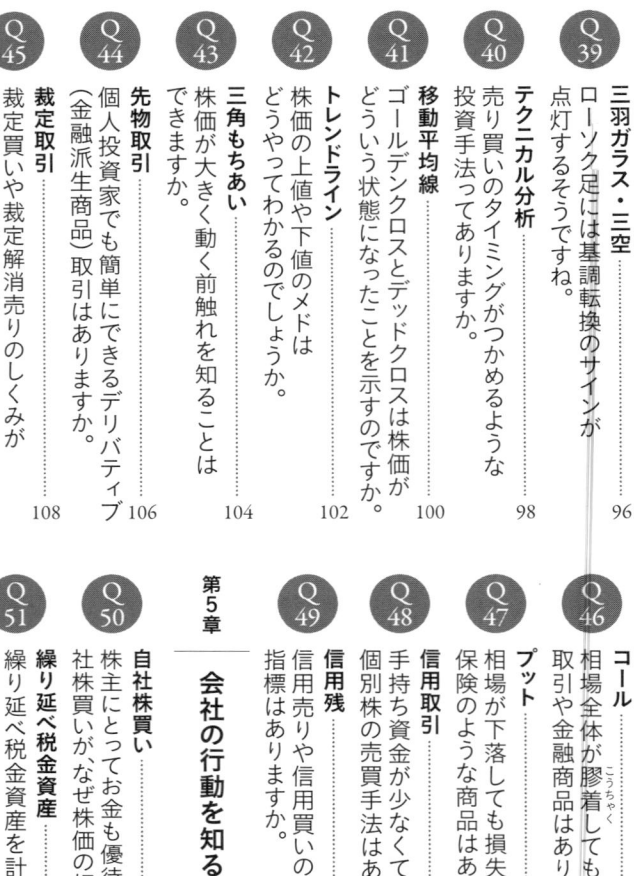

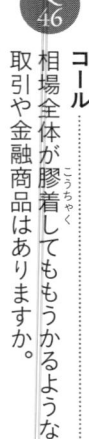

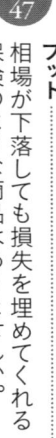

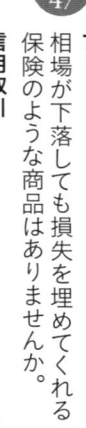

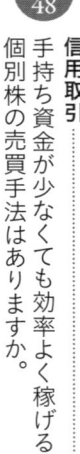

Q52 フリーキャッシュフロー 会社が自由に使える資金はどこをみればわかりますか。……124
Q53 総還元性向 会社の株主に対する利益配分の姿勢は何をみればわかりますか。……126
Q54 ファイナンス 会社の資金調達方法の違いを教えてください。……128
Q55 希薄化 会社の発行済み株式数が増えるのはよくないことなのですか。……130
Q56 株式分割 株式分割をしても計算上、資産価値が変わらないのに、なぜ買い材料視されるのでしょうか。……132
Q57 監査 会社が公表している決算は信用できるのですか。……134
Q58 企業統治 会社の不正はどのようにして防ぐのですか。……136
Q59 CEOとCFO 社長に取締役にCEO――だれが一番えらいのですか。……138
Q60 中期経営計画 2～3年先の会社の業績展望や資本政策は何をみればわかりますか。……140
Q61 IR IRとはどのような企業活動ですか。通常のPRとは違うのですか。……142
Q62 転換社債 CB(転換社債)やリキャップCBという商品を聞きましたが、特徴とメリットを教えてください。……144
Q63 CCC キャッシュフローを重視する会社は、どんな経営管理指標を取り入れているのですか。……146
Q64 M&A 会社が合併や買収をした場合、その会社の保有株式はどうなるのでしょうか。……148
Q65 アクティビスト 物言う株主とは具体的にどのような投資行動を起こすのですか。……150

Q66 **買収防衛策** …… 152
ポイズンピルや焦土作戦って何のキーワードですか。

Q67 **大量保有報告書** …… 154
注意を払うべき海外の投資ファンドと情報入手方法を教えてください。

Q68 **スチュワードシップ・コード** …… 156
なぜ生保や損保は株主総会で何の意見もいわず、賛成票しか投じないのですか。

第6章 新規公開株投資のコツ

Q69 **ＩＰＯ** …… 160
ＩＰＯ（新規株式公開）はなぜいつも人気が過熱しているのですか。もうかるから？

Q70 **オーバーアロットメント** …… 162
ＩＰＯ株投資を始めたいのですが難解な専門用語と格闘しています。

Q71 **ブックビルディング** …… 164
ＩＰＯ株投資の準備において手続き上のポイントは何ですか。

Q72 **目論見書** …… 166
新規上場会社の事業内容や業績見通しをどうやって調べればいいのですか。

Q73 **抽選** …… 168
ＩＰＯ株をなんとか手に入れたいのですが、うまい手はありますか。

Q74 **初値** …… 170
ＩＰＯ株投資でもうかる確率は何％くらいでしょう。

Q75 **お宝株** …… 172
資産価値が50倍や１００倍にも増える株式など現実に存在するのでしょうか。

第7章 トクする投資戦略

Q76 **ＮＩＳＡ** …… 176
せっかく少額投資非課税制度（ＮＩＳＡ）を利用するなら値上がり益を追求しないと損ですよね。

Q77 **ポートフォリオ** …… 178
金融商品はどのように組み合わせて買うのがよいですか。

Q78 **分散投資** …… 180
理想的な運用戦略を教えてください。

Q79 **外国株投資** …… 182
アップルやグーグル、アリババやフェイスブックに投資したいです。

Q80 **脱デフレ** …… 184
デフレからインフレに変わっていくとすれば、どんな銘柄に投資すればいいですか。

Q81 **スマートベータ** …… 186
市場平均を上回る収益をあげる運用手法はありますか。

Q82 **指し値** …… 188
株名人といわれる個人投資家は売買の注文方法を使いこなしているそうですね。

Q83 **デイトレーダー** …… 190
株式売買で生計を立てていきたいのですが、可能でしょうか。

Q84 **気配値** …… 192
上値のメド、下値の堅さなどを簡単に知る方法はありますか。

第8章 投信・REITの選び方

Q85 **投信の種類** …… 196
株式投信なのに公社債100%で運用しているのはどういうわけでしょう。

Q86 **シャープレシオ** …… 198
運用利回りの高い投信や賞をとった投信はおすすめでしょうか。

Q87 **リターンと収益率と利回り** …… 200
運用成績を表す単位や指標が多すぎて困っています。

Q88 **交付目論見書** …… 202
投信を選んだり、分析したりするための開示資料にはどのようなものがありますか。

Q89 **分配金のしくみ** …… 204
毎月分配型の投信などで分配金原資が枯渇しないか心配です。

Q90 **投信のコスト** …… 206
投信を保有しています。運用成績はプラスだったはずなのに元本が減っていました。

Q91 **毎月分配型投信** 208
毎月分配金のある投信に魅力的です。ＮＩＳＡで購入しても大丈夫ですよね。

Q92 **通貨選択型投信** 210
毎年20%や30%ものリターンをあげている投信をみつけました。買っても大丈夫ですか。

Q93 **ＥＴＦ** 212
日経平均株価に採用された２２５銘柄を丸ごと買える投信はありますか。

Q94 **さまざまなＥＴＦ** 214
短期売買や価格変動を抑えるのに向いたＥＴＦを探しています。

Q95 **ＲＥＩＴ** 216
不動産投資をやってみたいのですが、軍資金が足りません。

Q96 **ＲＥＩＴの種類** 218
オフィスビルのＲＥＩＴとショッピングセンターのＲＥＩＴとではどういう違いがありますか。

Q97 **ＮＡＶ倍率** 220
ＲＥＩＴを選ぶにはどの指標をみればいいですか。

Q98 **スプレッド** 222
ＲＥＩＴ相場全体の先行きをみるときのポイントは何でしょうか。

Q99 **ＮＯＩ** 224
ＲＥＩＴの開示資料からどのようなリスク要因を読みとればよいのでしょうか。

Q100 **ＲＥＩＴ投信** 226
米国や欧州など海外のＲＥＩＴを買うことはできますか。

キーワード索引 238

本書は投資の参考情報を提供するものです。投資の判断はご自身の責任で行ってください。

第1章

いまさら聞けない決算用語

Q1～Q13

Q1 利益の種類

営業利益、経常利益、純利益――株式投資にとってどの利益が重要ですか。

決算には営業利益、経常利益など多くの利益が登場しますが、どの利益にも意味があります。投資家が重視しなければならないのは**純利益**です。

会社が消費者に売った製品や顧客に提供したサービスの対価の合計が**売上高**です。会社によっては営業収益、あるいは経常収益と呼ぶこともあります。売り上げから原材料費や仕入れ値を差し引いたのが**売上総利益**です。1億円で商品を仕入れて2億円で売れば、1億円が売上総利益になります。おおざっぱな採算がわかるので**粗利益**とも呼ばれます。一般に経営者が一番重視します。

売上総利益から従業員の給与など主に固定費を除いたのが**営業利益**です。家計にたとえれば、給料から光熱費や電話料金など必要経費を支払った後の金額です。減価償却などほぼすべてのコストを差し引くので、事業ベースでの稼ぐ力がわかります。

会社が融資を受けていたり、社債を発行したりすると金利コストがかかってきます。利払いや、投資で得た配当収入などを加減したのが**経常利益**です。家計ではローンの利払いを加味した収入のイメージです。銀行にとって大切な利益ですが、会社の負債も減ってきているので、

【ニュース例】 A株式会社が発表した連結決算は、営業利益が前年同期比1割増えたが、特別損失の計上で純利益は2割減った。

5種類の利益にはそれぞれ意味がある

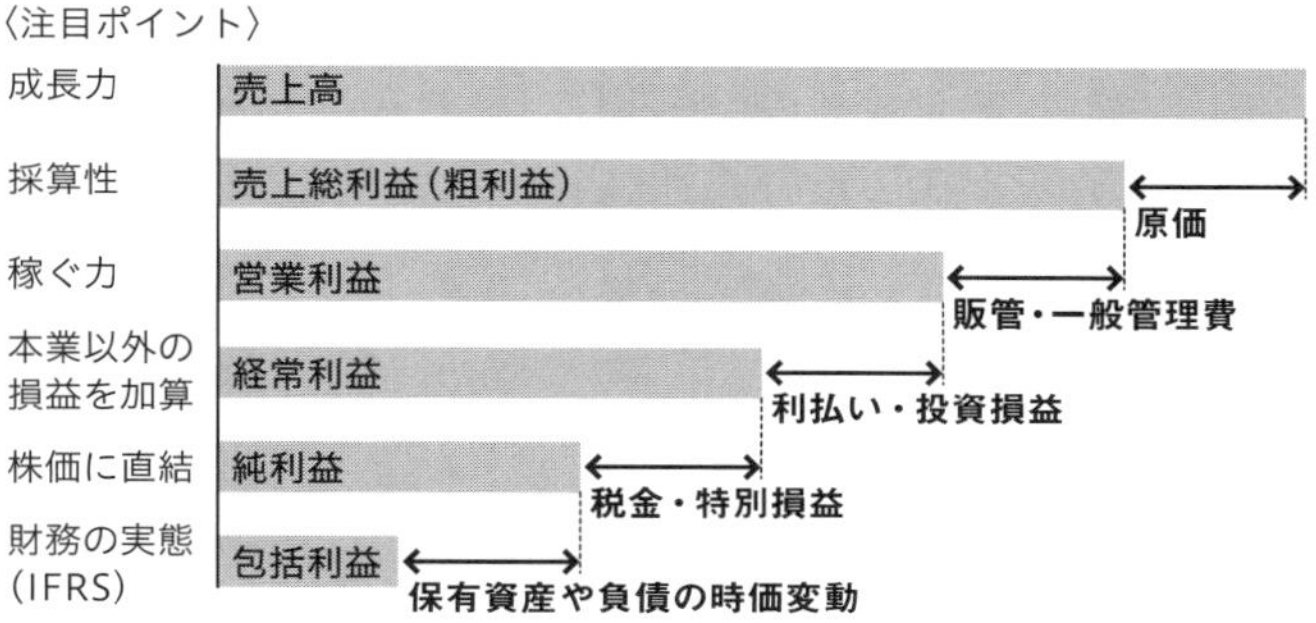
〈注目ポイント〉
成長力
売上高
採算性
売上総利益（粗利益）
原価
稼ぐ力
営業利益
販管・一般管理費
本業以外の損益を加算
経常利益
利払い・投資損益
株価に直結
純利益
税金・特別損益
財務の実態（IFRS）
包括利益
保有資産や負債の時価変動

かつてほどの重要性は薄れてきています。

企業活動ではその年に限って発生した損益があります。リストラに伴う損失や保有資産の売却益などで、家計でも自家用車を売ると一時的な収入は増えます。これを特別損益と呼び、経常利益に加えたのが**税前利益**です。法人税などを払い、最終的に手元に残るもうけが**純利益**です。その一部は会社の所有者である株主に配当として支払われたり、翌年以降の事業原資として積み立てられます。

純利益を発行済み株式数で割ると1株当たりの利益がわかります。株価が**1株利益**の何倍になっているかで割高か割安かを判定できるので、株価に直結する利益です。その意味で、株式売買にとってもっとも重要だといえるかもしれません。

IFRS（国際会計基準、Q6で解説）を採用する会社ではさらに**包括利益**が登場します。毎期の最終損益に持ち合い株や海外子会社の資産などの時価変動を加減し、財務の実態を表します。

Q2 バランスシート｜決算発表で登場するさまざまな財務諸表。どれが一番大事なのでしょうか。

決算発表時に開示される決算短信は膨大な量になりますが、基本は**貸借対照表**、**損益計算書**、**キャッシュフロー計算書**の3種類の**財務諸表**に集約されます。一番大切なのは貸借対照表で**バランスシート**とも呼び、すべての財務データの出発点になります。バランスシートは3月末、12月末など一定時点の会社の財務状況を表し、この期間の差＝変動を示したものが損益計算書やキャッシュフロー計算書です。

バランスシートの構成は左右対称です。図のように右側の欄はお金をどこから集めてきたかを示す項目です。株主から調達したお金は「**資本**」として右下に記載します。返さなくてよいので**自己資本**と呼びます。銀行などから借りてきたお金は「**負債**」として右上に記します。返さなくてはならないので**他人資本**といいます。

会社は事業を営んでいるので、借入金や自己資本を使って稼ぐための財産を買います。たとえば工場や土地、設備や材料などです。これを**資産**といい、バランスシートの左側に列挙します。資産を動かして会社はモノやサービスを提供します。

【ニュース例】保有資産に含み損が生じた場合、貸借対照表には反映するが、損益計算書には反映しない会計方針が固まった。

資本の循環と財務諸表の関係

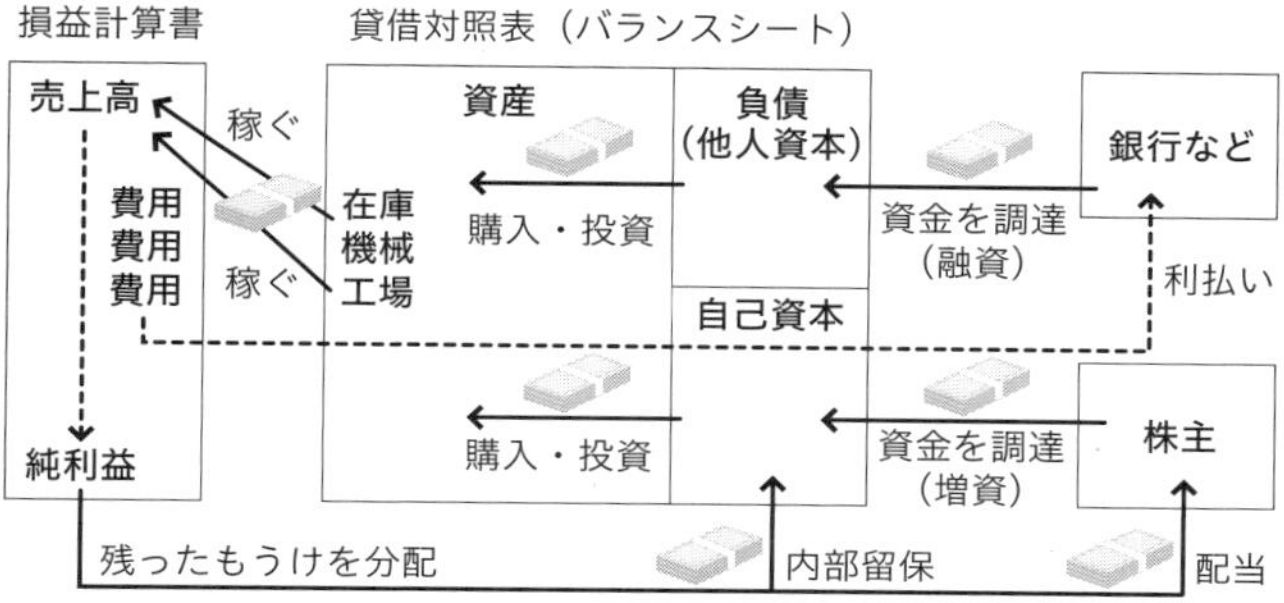
損益計算書
貸借対照表（バランスシート）
売上高
費用
費用
費用
純利益
稼ぐ
稼ぐ
在庫
機械
工場
資産
購入・投資
購入・投資
負債
（他人資本）
自己資本
資金を調達
（融資）
資金を調達
（増資）
銀行など
株主
利払い
残ったもうけを分配
内部留保
配当

ここからが損益計算書の出番です。稼いだ総額は売上高として、損益計算書の一番上の項目に計上します。そこからいろいろな費用を差し引き、最後に会社に残ったもうけが**純利益**です。純利益は会社が自由に使ってよいお金で、一部は配当として株主に分配します。残りは会社の取り分となり、将来の設備投資の軍資金として資本に積み立てます。

財務諸表は人の健康診断にたとえられます。バランスシートは一定時点の検診結果といえるし、背丈や体重などの成長力は損益計算書が教えてくれます。

バランスシートと損益計算書を比べると、少ない資産で稼ぎが多い筋肉質の会社かどうかがわかります。損益計算書ではもうけが出ていても、倒産寸前の不健康な会社かどうかも読み取れます。株式投資だけなら損益計算書から成績の良し悪しをみるだけで事足りるかもしれませんが、就職活動で会社の中身を知りたい学生は、バランスシートを読み解いて財務が健全かどうかもチェックする必要があります。

Q3 円安メリット

円安とか円高でなぜ企業業績に影響が出るのか、いまひとつしくみがわかりません。

会社が外国へ商品を売ったり、他国からモノを買ったりする場面を想像しましょう。支払う通貨を米ドルやユーロにするともうけが変わります。

為替相場が１ドル＝１００円だったとしましょう。日本で70万円のコストをかけて自動車１台を作り、１万ドルで輸出しました。もちろん、相手は１万ドル支払ってくれますが、日本円に交換しないといけません。１ドル＝１００円なので、円換算では１００万円となり、差額の30万円がもうけとなります。

では、１ドル１００円という前提で作っていた商品が、実際には１ドル＝１２０円へ円安になったとしましょう。売値は１万ドルで変わりませんが、円に交換したときに手元には１２０万円で戻ってきます。コストは70万円のまま変わらないので、もうけだけが50万円に増え、利益率が上がります。この利益かさ上げ効果が**円安メリット**です。逆に１ドル＝80円に円高が進めば手取りのお金は80万円、もうけは10万円に減り、利益率が低下します。これが円高デメリットで、利益率を**輸出採算**ともいいます。為替相場は日々変動するので、会社は生産計

【ニュース例】自動車メーカーD社は、今期の連結純利益が従来予想を上回る見通しだと発表した。為替相場が想定よりも円安で推移しているためだ。

為替相場が動くと収益が変わる

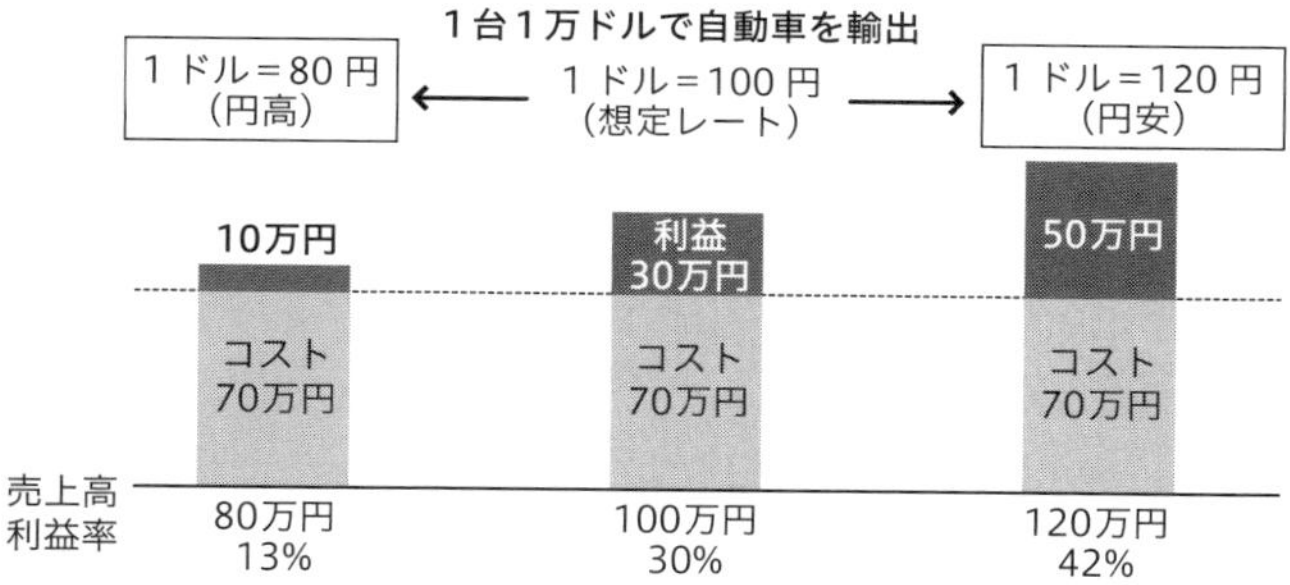
1台1万ドルで自動車を輸出
1ドル＝80円
(円高)
1ドル＝100円
(想定レート)
1ドル＝120円
(円安)
10万円
利益
30万円
50万円
コスト
70万円
コスト
70万円
コスト
70万円
売上高
利益率
80万円
13%
100万円
30%
120万円
42%

画や収益見通しをたてる際には前提となる為替レートを定めます。これが「**想定レート**」です。

輸入では逆の現象が起こります。原油などの燃料や木材などの資材を外国から購入する場合、円安になるほど支払額が想定よりも増えます。空運・製紙会社などは燃料費が上がり採算が悪化します。

為替が１円変化したときに会社の売上高や利益がどれぐらい変動するかを「**為替感応度**」といいます。為替感応度は輸出規模や海外生産の比率などで変わります。

商品の価値はなんら変わりないのに、為替でもうけが振り回されるのは経営上好ましくありません。そこで会社はある手法を使います。**為替予約**です。３カ月後にドルを円に替えるときは「１ドル＝１００円とする」というように、将来のレートをあらかじめ約束してしまうのです。50％を為替予約したというときは、為替変動で収益がぶれる割合は半分、という意味です。

Q4 連結・単独

「連結対象にした」とか「連結から外した」というのは、どういう意味があるのですか。

会社と会社が家族のような関係か、親戚程度か、赤の他人か、などで分類し、実態をきちんと収益に反映させようというのが**連結決算**の考え方です。会社は新たな分野の事業を始めたり、海外などで事業展開する際、別の会社を立ち上げることがほとんどです。その会社が別のビジネスを展開するときに、また新しい会社が作られます。こうして1つの会社から枝分かれして、子会社、孫会社が生まれ、グループを形成していきます。

親会社や子会社などそれぞれの業績を表すのが**単独決算**です。1990年代までは子会社に売れ残った商品をむりやり販売して収益に計上し、財務をよくみせるような不適正な決算がなんのおとがめもなく行われていました。連結決算はこうした粉飾をなくす狙いもあります。

連結決算では、グループ間の会社は1つの会社とみたてます。グループの一員かどうかは議決権の保有割合、つまり支配しているかいないかで2段階に分けます。まず相手の会社の議決権を50%超持っている場合、売上高も営業利益もすべて合算します。資本関係や経営面で実質的に完全支配下にあるとみなすからです。このルールを**支配基準**といいます。

【ニュース例】 E社の今期の売上高と営業利益は5割増える見通しだ。昨年買収した米国販売会社を連結対象に組み入れることが寄与する。

連結決算はグループで1つの会社とみたてる

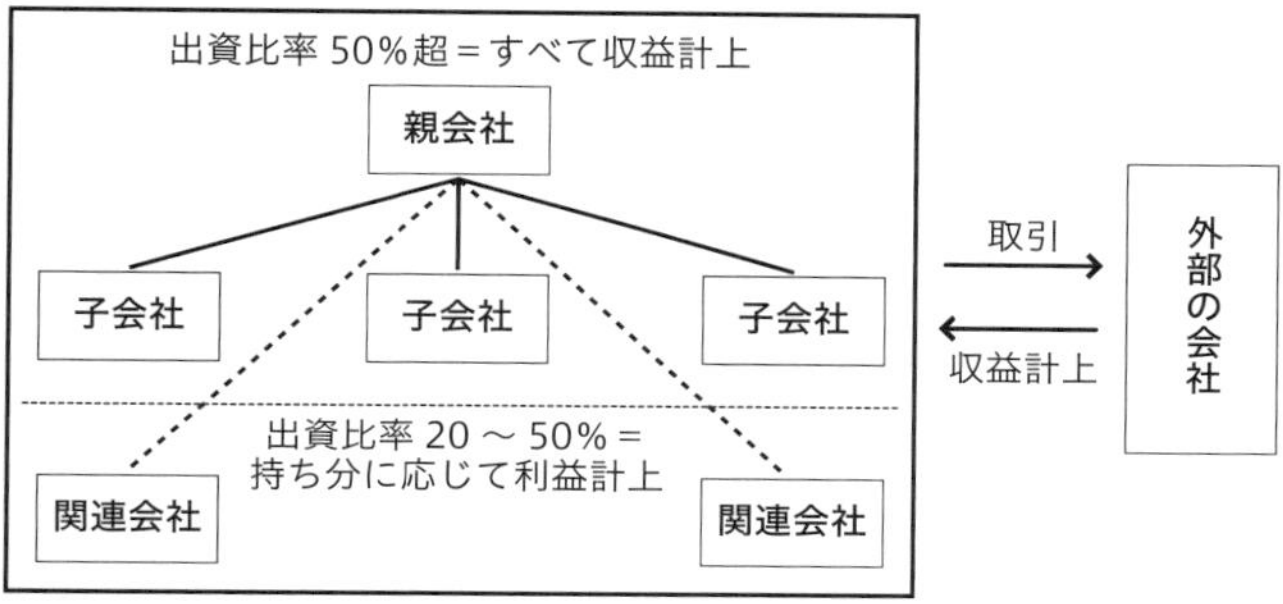
出資比率 50%超＝すべて収益計上
親会社
子会社
子会社
子会社
取引
収益計上
外部の会社
出資比率 20～50%＝
持ち分に応じて利益計上
関連会社
関連会社

出資比率が20%以上50%以下にとどまる場合は関連会社とみなし、出資比率に応じた利益を「**持ち分法投資損益**」として営業外損益に計上します。まあ、親戚扱いといったところでしょうか。

たとえば、ある会社の純利益が10億円だったとしましょう。その会社の議決権を80%持っているなら、10億円をそのまま合算します。もし20%しか持っていないのなら、10億円×2割＝2億円を営業外利益として計上します。

ところで、連結決算が正しくて単独決算は正しくない、と考えるのは誤りです。株式配当の場合、その原資は単独決算でみた**利益剰余金**の有無が基準になります。賃金交渉や納税なども単独の業績が目安にされます。連結決算と単独決算を比べると、グループの収益力も分析できます。単独決算で100億円の利益を出した会社が連結では80億円の利益だった場合、グループのどこかに赤字の会社が存在していると思われるからです。

Q5 **減損**

減損損失とは、ふつうの損失とは違うのですか。

減損とは「稼ぐ力」のなくなった資産の価値を減らす会計処理をいいます。減らした分を費用として損益計算書に反映させるのですが、これが**減損損失**です。お金が出ていくわけではありません。

果物店の店主になったとしましょう。１個１００円のリンゴを１００万円分仕入れて、１個２００円、２００万円で売る経営を考えます。日数がたち半分のリンゴが腐ってしまいました。腐ったリンゴを売れるまで持っておくのではなく、売り物にならなくなった時点で、その分の損失が生じたとみなすわけです。この場合、仕入れ値の半分の50万円が減損損失です。

同じ考えを、会社が保有する工場や機械、不動産などの資産に当てはめてみましょう。２００億円で購入した機械があり、毎年20億円の商品を作って売る計画でしたが、環境が急変してせいぜい10億円を稼ぐのが精いっぱいになりました。このとき、会計上は「稼ぐ力」が失われ、その資産の価値が目減りしたと考えます。このケースでは、稼ぐ力が半分に減ったので資産価値を半分に減らします。まったく売れなくなった場合は全額を損失計上します。

【ニュース例】 総合商社のＳ社は南米の鉱山権益について資産価値を再評価し、減損損失を計上すると発表した。

「稼ぐ力」が減ると、それを生み出す「資産の価値」も減らす

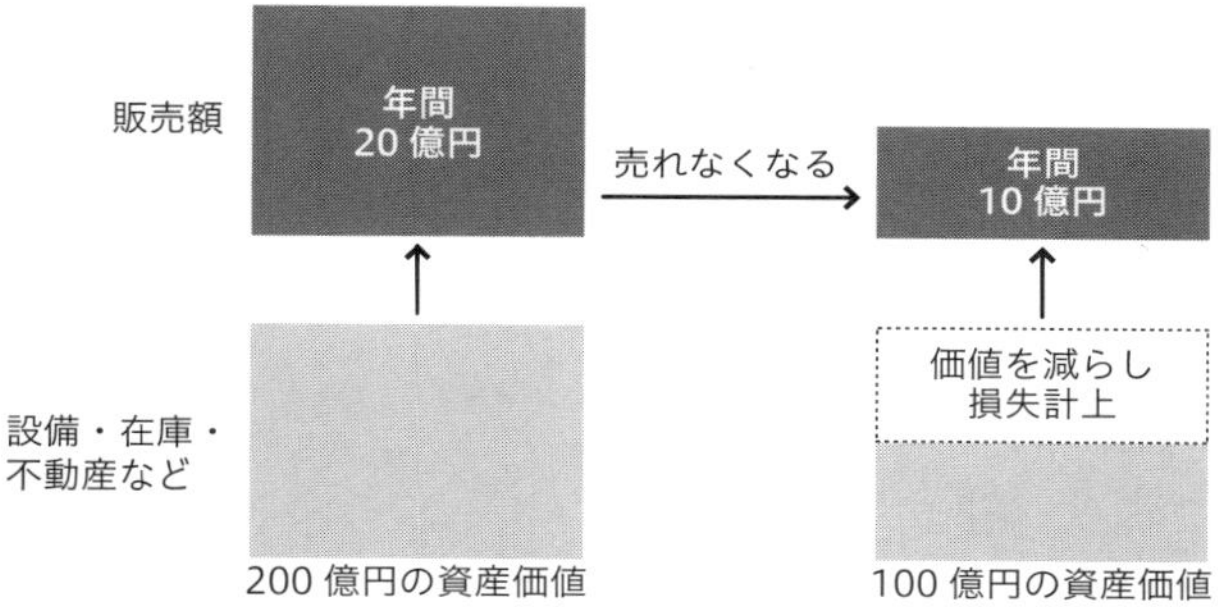
販売額
年間
20億円
売れなくなる
年間
10億円
設備・在庫・
不動産など
価値を減らし
損失計上
200億円の資産価値
100億円の資産価値

減損にはいろいろなパターンがあります。たとえば、賃貸ビルに投資したけれど、不動産市況悪化で賃料収入が減ったケースは1つの典型例です。賃料がその後も上がらず、空室が増えていくようだと、投資額回収の見通しが立たなくなったと考えます。この場合、固定資産として計上している賃貸ビルを減損処理します。

ニュース例にあげた商社は、資源開発を目的に権益やプロジェクトに投資することが多いため、金属やエネルギーなどの採掘見通しが立たなくなって減損処理に追い込まれることがあります。減損は一種のリストラ損失といえます。

決算資料には会社の資産保有額が開示されています。その資産を使ってどれくらいもうけているかを示す**総資産利益率**（ROA）も計算でわかります（利益÷総資産）。この利益率が下がってきたら要注意。ムダな資産を抱えているか、資産効率が悪い可能性があります。減損対象になりそうな資産が隠れているかもしれません。

Q6

会計基準

決算資料１枚目に書かれている日本基準や米国基準とは何を意味しますか。

【ニュース例】医薬品会社のＹ社は、来期から国際会計基準（ＩＦＲＳ）を採用すると発表した。

財務や収益をどう表示するかを定めたルールを**会計基準**といいます。資本市場の根幹にかかわる重要な決まりです。意図的にこのルールを破れば粉飾決算などとして厳しく罰せられます。

王貞治選手が７５６本のホームラン世界新記録を達成したとき、米国のメディアは「せまい球場で打った記録など価値がない」とこぞって書き立てました。記録の価値についての議論はさておき、グラウンドの両翼が90メートルの球場と、１００メートルの球場ではたしかに比べることはできません。

会社の業績比較も同じ理屈です。会社と会社の収益力を比べるには、何が売り上げで、何がもうけで、何が損失なのか、きちんとルールを決める必要があります。ルールがばらばらで勝手に決算を作っていると、会社同士はもちろん、同じ会社ですら、前の年と今年の決算を比べることができません。適正な投資判断ができないと資本市場は機能不全に陥ります。

会計基準には、日本企業が使う**日本基準**、米国企業が取り入れる**米国（ＳＥＣ）基準**や欧州勢などが使う**国際基準（ＩＦＲＳ）**があります。売上高から費用を引いた残りが利益という基

どの会計基準を使っているかで収益が変わる

	日本基準	国際基準（IFRS）	米国（SEC）基準
売り上げの認識	出荷時	顧客の受け取り時	顧客の受け取り時
のれん	定期的に償却	価値が下落した時点で減損	価値が下落した時点で減損
研究開発費	発生時に費用	資産に計上	発生時に費用
リストラ費用	一時的費用	本業の費用	本業の費用
株式売却損益	最終損益に反映	損益に反映せず	損益に反映

（注）2014 年 9 月時点のルール

本的な考え方はどの基準も同じで、本質的な企業価値や収益力を変えるものではありません。ある会計基準だけが特別に優れているというわけでもありません。

特徴としては、日本ではなじみのある経常利益の概念が、ＩＦＲＳや米国基準にはありません。また、日本では特別損失で処理される案件が多いのですが、米国などでは特損扱いになるケースは少なく、通常の事業損失となります。

また、表のように細かな会計処理に違いが出ます。海外投資家からみると、米国基準やＩＦＲＳを採用している日本企業は、海外企業と比べやすい利点があります。収益力が同じでも、ＩＦＲＳを使うと海外の投資家が運用対象に選んでくれる可能性が高まります。グローバルに事業を展開しようと考えたり、海外で資金調達をしようと計画したりしている会社は、米国基準やＩＦＲＳに乗り換える傾向があります。世界全体では１つの会計基準に集約しようという流れがあり、日本でもＩＦＲＳの適用をうながす風潮があります。

Q7 セグメント情報

将来の収益源が育っているのか分析したいのですが、決算資料のどこをみればよいですか。

決算分析に役立つのは**セグメント情報**です。セグメントとは「個々の」という意味です。決算短信に「**セグメント利益**」「セグメント情報」と記載されたページがあり、個別事業ごとの収益や利益率などがわかります。

一口に売り上げが伸びた、減益だった、といっても、それだけでは会社の実態はとらえられません。主力事業が牽引したのか、新規事業が育ったのか、それによって投資先としての魅力が変わってきます。経営資源を投じているのに利益が伸びない部門もあれば、毎年赤字を出し続けている事業もあります。

会社の収益構造をより深く分析できるデータの宝庫で、ここを読まずして投資判断はできないというぐらいに重要です。日本を代表する電機メーカーS社はエレクトロニクス部門が赤字で、銀行や生命保険など金融部門が収益の柱です。ある小売り会社もスーパーや百貨店が赤字で、金融で稼いでいます。セグメント情報を分析すると、見かけのイメージとは異なる会社の正体がみえて興味深いものです。

会社の成長力をみるヒントも与えてくれます。食品会社などで医薬品が順調に伸び、本業の

【ニュース例】電機メーカーのS社はテレビ事業が大幅な赤字だったが、金融事業の利益が伸びて、全体の営業損益は小幅の黒字を確保した。

セグメント情報で収益構造が丸みえに

〈**部門別損益**〉伸びる事業・不振事業がわかる

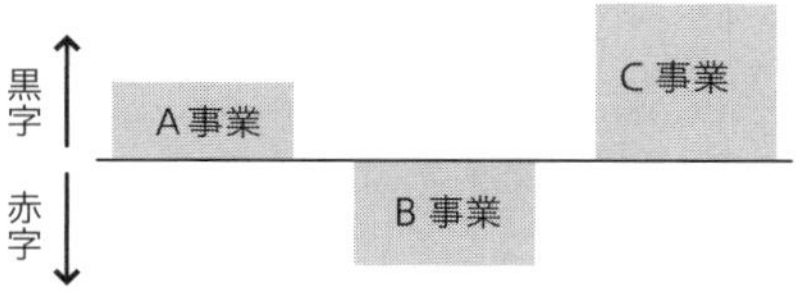
黒字
赤字
A事業
B事業
C事業

〈**地域別損益**〉国別の収益依存度・リスクがわかる

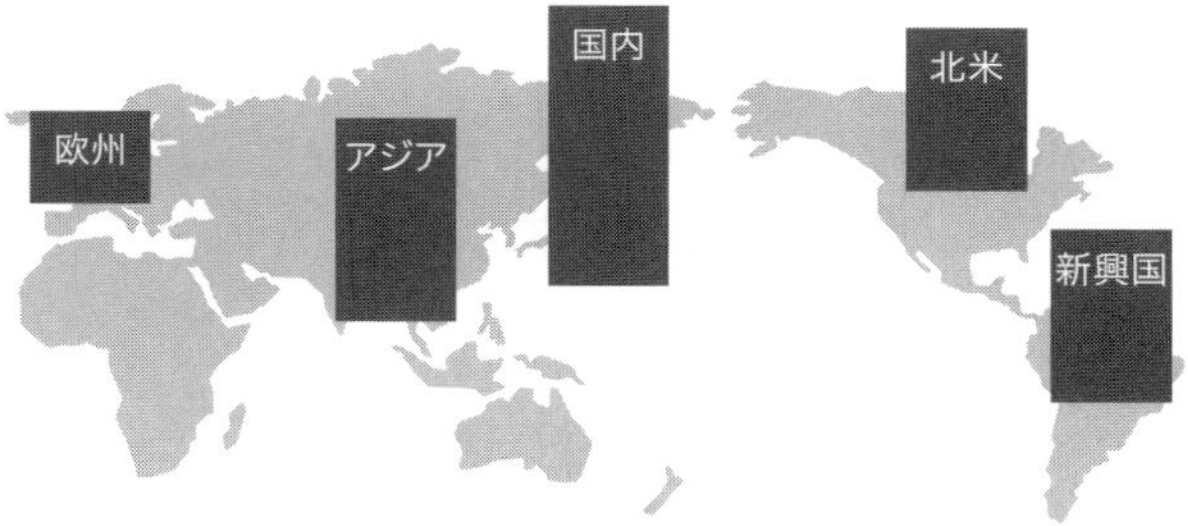
欧州
アジア
国内
北米
新興国

もうけを追い抜くようなケースがあります。会社が公表する中期的な経営計画と照らし合わせると、成長戦略が順調に進んでいることがわかります。会社によっては投下資本や総資産も開示しているので、収益源が育っているかどうかも読み解けるでしょう。

地域別の収益もわかり、会社が抱えるリスクを知る手がかりになります。「自動車は輸出企業」といっても、北米向け輸出が多いメーカーもあれば、アジアの販売が多いメーカーもあります。

アジアに強いといっても、中国かインドネシアかタイかで景気・消費に大きく差があり、業績への影響も異なります。どの国や地域に収益依存度が高いかを知っておくと、政変や通貨危機などが起きた際、機動的な判断ができます。

Q8 業績修正

業績予想と業績修正は、だれが、いつ、どんな目的でするのですか。

業績予想とは一般に会社が公表する収益見通しを指します。収益見通しを変えることを**業績修正**といい、これまでの見通しより増額することを**上方修正**、減額することを**下方修正**といいます。

決算は会社の通信簿であり、投資情報として大切ですが、株価は決算よりも業績予想で動くときのほうが多いのです。２ケタ増益など立派な決算を発表しても、先行き利益が減るという見通しなら株価は下落する可能性が高まりますし、赤字のような悪い内容の決算でも、これから業績がよくなるという見通しを出せば、**悪材料出尽くし**と受け止められて株式は値上がりします。会社の未来の成長に期待して資金が投じられるので、「業績予想」のほうが結果である「決算」よりも影響力が大きくなるわけです。

上場企業は原則として、年度初めに先行きの売上高や純利益などの収益水準について開示することが義務付けられています。その期の１年間の収益見通しのほか、通常は半期分の見通しも明らかにします。ただ、事業環境が変化したり、為替レートなど取引の条件が変わったりす

【ニュース例】Ｇ社は今期の連結純利益が前期比約２倍の１００億円になりそうだと発表した。従来予想を20億円上回る。業績予想の上方修正は２回目。

見通しが３割動けば業績修正の必要性あり

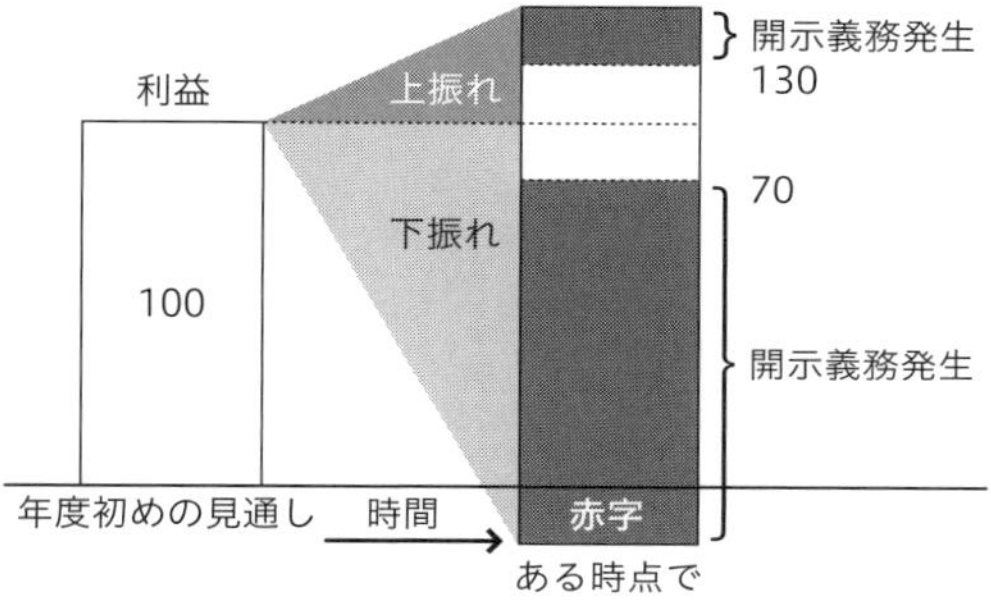
開示義務発生
130
利益
上振れ
70
下振れ
100
開示義務発生
年度初めの見通し
時間
赤字
ある時点で

ると、想定利益も変動します。会社側があえて慎重に見積もっていたりすることもあるので、時間の経過とともに予想値は実勢とずれてくることが大半です。売上高が従来の予想に対して10％以上、営業利益、経常利益、純利益は30％以上増減しそうな場合には、予想を修正して開示しなければならないという決まりがあります。一般に**3割ルール**といわれます。売り上げも利益もすべて修正されると大きな株価材料になりますし、特別損益で純利益だけが動く場合は株価へのインパクトも小さくなります。

株価は業績予想を前提に形成されやすいため、増益決算が必ずしも株価にプラス要因とならないときがあります。３割増の１３０億円の利益を見込んでいた会社が２割増の１２０億円の決算や修正を発表したとします。好業績ですが、株式市場からみると「**予想未達**」と評価され、失望感が広がります。なお、会社が示す予想とは別に、証券アナリストらが個別の調査、判断で上場企業の収益見通しを出しています。

Q9 **年金積立不足**——年金が企業業績の足を引っ張っているという意味がわかりません。

【ニュース例】鉄道会社のW社は年金の積立不足30億円を特別損失として計上し、確定拠出年金に移行すると発表した。

会社は将来、従業員に対して支払う退職金や年金を用意しなければなりません。退職者に将来支払うためにいま用意しておくべきお金を**退職給付債務**といいます。

回りくどい言い方をしたのは、退職給付債務と実際に支払う退職金とは違うからです。10年後に1億円支払うと仮定しましょう。いま用意しておく資金は1億円ではなくて、もっと少なくてすみます。確実に毎年5％の利回りが保証される確定金利商品があったとすると、この商品で運用すれば、約6000万円を用意しておけば10年後に1億円になっているはずです。実際に計算してみましょう。

6140万円×1・05の10乗（10回の複利）＝約1億円

この5％のような一定の利回りを**割引率**と呼びます。年金債務を計算するうえで大切な指標です。ではもし、この5％を1％に下げてみたらどうなるでしょうか。

？万円×1・01の10乗（10回の複利）＝約1億円

つまり1億円にするために？はいくらでなければならないか、です。答えは9050万円で

年金積立不足が増え、会社が損失を出すイメージ

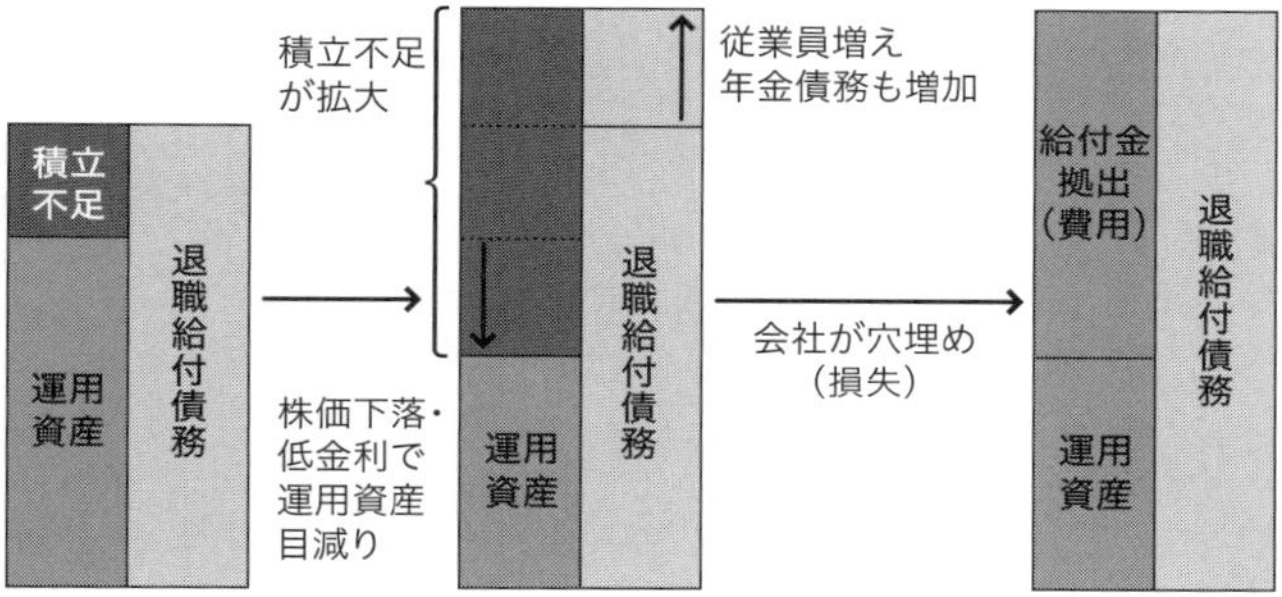

す。毎年１％しか増えていかないので最初の元本をたくさん用意しなければなりません。つまり、５％の運用環境が１％に変わったことで、９０５０万円−６１４０万円の差額２９１０万円が積立不足として発生するわけです。

要は予定していたリターンの皮算用が狂ったということにほかなりません。いまの会社の年金には、まさにこの現象が起こっています。バブル期には６％前後だった長期国債利回りは、デフレになって１％を割り込み、積み立ててきた**年金資産**、**退職給付引当金**では足りなくなったわけです。

運用資産の減少以外に従業員の増減や、定年を伸ばすなど年金制度の変更も退職給付債務を変えます。退職給付債務に対して実際の積み立て金が足りないと、会社が埋め合わせしなければなりません。年金の積立不足は会社が拠出し、その費用が収益を圧迫する要因になっています。このリスクを回避するために、会社は**確定拠出年金**という制度の導入を始めています。

Q10 有価証券報告書

投資に役立つ開示資料は決算短信だけでしょうか。

有価証券報告書（有報）は、上場企業の1年間の経営成績を示す通信簿のようなものです。決算短信のように収益やお金の出入りだけでなく、ヒト・モノ・カネの情報を1冊に盛り込んでおり、読みこなせれば会社の全容がわかります。投資家だけでなく、就職活動のための最良のガイドブックにもなります。金融庁の電子開示サイト、**EDINET**などで検索できます。

決算短信との違いの1つは、有報には決算の数値や情報が正しいことを証明する**監査報告書**が添えられている点です。また、経営陣をチェックする仕組みも載っていることも大きな違いです。「**コーポレート・ガバナンス**（Q58で解説）の状況等」という項目で、会社によってはコンプライアンスの窓口や各種委員会などを図解で説明しています。

会社の生い立ちはもちろん、連結対象となるグループ各社との業務上のつながりや、出資関係などを図や表でわかりやすく説明しています。設備についても1つ1つの工場や機械の大きさ、評価額、そこにたずさわる従業員数まで記載しています。

対処すべき課題として、**中期経営計画**（Q60で解説）など今後の取り組みについても詳しく

【ニュース例】有価証券報告書を集計したところ、1億円以上の報酬を得た役員数が社数とともに過去最多になったことがわかった。

有価証券報告書と決算短信、ここが違う

有価証券報告書	項目や特徴	決算短信
遅い（決算期末後2〜3カ月）	開示の時期	速い（決算期末後約1カ月）
○	会社の沿革	×
○	損益計算書	○
○	貸借対照表	○
○	借入金の返済計画	×
○	役員報酬含む経営陣の情報	×
○	従業員数や平均給与	×
○	工場や事業所など設備の詳細	×
○	大株主の状況	×
×	業績予想	○

（注）×は開示がない

書かれているほか、事業リスクや研究開発や経営上の重要な契約なども記載しています。特に近年は、個人情報の漏洩など情報管理リスクに関する言及が増えて話題になっています。過去の収益成績＝業績を詳しく開示した決算短信とはこの点でも異なります。

　ヒトの面では、役員の経歴、大株主などがわかります。経営陣は生年月日、経歴、現在の担当などが載っています。従業員数、従業員の平均勤続年数、平均給与や年収なども記載されています。退職給付債務の計算や年金資産の状況なども説明があります。**役員報酬**の個別開示も始まり、1億円以上の報酬を得た役員は明示されています。報酬には退職慰労金も含まれます。競合他社や業績の水準と比べて適切かどうかを判断する目安になります。

　株主の顔ぶれも載っています。株主の構成比率や所有する株式数が一覧表になっており、前の年度の有報と比べて持ち株比率の増減を調べると投資判断のヒントにもなります。

Q11 のれん

「のれんの償却」といった記事が頻繁に登場しますが、のれんとはいったい何のことでしょうか。

のれんとは、買収で支払った金額のうち、買収先の**純資産**を上回った額を指します。買収先の**ブランド**力など見えない資産価値を表しています。

不衛生な途上国の露店で２種類の缶ジュースが売られています。１つはコカ・コーラ製で、１つは手書きで「drink」と書かれています。同じ値段ならどちらを買いますか。

答えは差し控えますが「このメーカーの飲料品はおいしい」「日本製品なら安心」といった信用力、人気などへの評価がブランドです。コカ・コーラのジュース１ドルのうち、何セントがブランド価値ですかと問われても答えられません。金額で表せない**みえざる資産**だからです。しかし、みえない価値がみえるときがあります。買収時です。図のように、相手方の純資産が10億円にもかかわらず、20億円で買収したとしましょう。上積みした10億円は広い知名度や質の高い社員、技術力などへの評価額です。会計上の価値と実際の価値の差＝10億円がのれんになり、バランスシートでは資産の部にのれんを計上します。

のれんを損益にどう反映させるかは会計基準によって異なります。のれんは買収コストの１

【ニュース例】Ｑ社は会計基準を日本基準からＩＦＲＳに移行し、のれんの償却負担がなくなったことで前期の増益要因になった。

のれんは、相手企業の「魅力」を金額として計上したと考える

〈買収前後のバランスシートで流れを追うと……〉

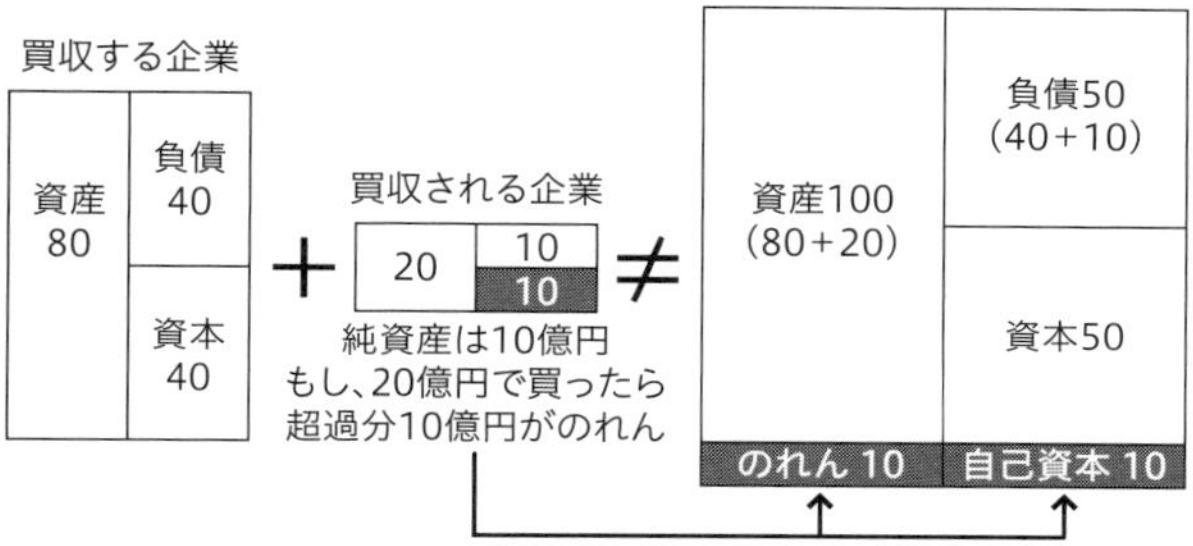
買収する企業
資産
80
負債
40
資本
40
買収される企業
20
10
10
純資産は10億円
もし、20億円で買ったら
超過分10億円がのれん
資産100
(80+20)
負債50
(40+10)
資本50
のれん 10
自己資本 10

つなのだから、最長20年間で少しずつ費用計上し、償却していこうと考えるのが日本基準で費用が平準化するメリットがあります。ＩＦＲＳではのれんの費用を計上しません。そのため、日本基準よりも利益が大きく見えます。ただし、米国基準やＩＦＲＳでは、買収先の収益力を毎年厳しくチェックし、収益力が低下すれば減損損失を計上して一括でのれん代を償却します。日本基準に比べて年間の利益の押し上げ効果はあるものの、一度に巨額の損失が出る懸念もあります。

大型買収のときはどの基準を採用するかでのれんの償却が１０００億円を超えるときもあります。１株利益はもちろん、予想ＰＥＲ（株価収益率）なども変動します。会社の実態は変わりありませんが、ものさしを変えるとみえ方が変わり、株価にも影響を及ぼします。買収額が純資産額よりも小さい場合は差額分を「**負ののれん**」として計上します。安い買い物をした、という意味なので負ののれんは会社の利益を押し上げる方向に働きます。

Q12 キャッシュフロー

現金収支は損益とはどう違うのでしょうか。投資判断では意味を持ちますか。

キャッシュフローは**現金収支**と訳し、家計簿と同じ現金の出入りを示す財務諸表です。財務の実態をもっともわかりやすく反映します。

家計簿と同じとはどういうことでしょうか。プライベートで自動車を１台購入したとしましょう。２００万円の出費です。家計簿には支払日の日付で２００万円の支出が記録されます。

同じことを会社がやれば大変なことになります。会社の設備投資は大きな額にのぼるからです。たとえば10年程度使う予定で１００億円の機械を購入したとしましょう。その年に１００億円の費用がかかったと処理すれば、その年だけいきなり巨額の赤字に陥り、翌年からは黒字に転換します。また投資すれば突然赤字になり……というようなあんばいで、正確に事業の損益を見極めることができません。

そこで、**減価償却**という方法を用いて費用計上を平準化します。このケースでは、たとえば毎期、20億円ずつ5年にわたって費用処理していくわけです。

会計とは、このように一定のルールに基づいて人為的に作っていきます。しかし、現金の出

> **【ニュース例】**ゲームソフトのＣ社は３期連続で減益になったが、設備投資を抑制したことでキャッシュフローは大きく改善した。

現金（キャッシュ）の出入りと会計処理はほとんど異なる

取引の流れ	現金の出入り キャッシュフロー	会計の処理 損益計算書	貸借対照表
機械を1億円で仕入れる	1億円の現金が出ていく	何もしない	資産として1億円計上
↓	↓	↓	↓
機械で商品を作り100万円売った。代金納入は3カ月後	何もしない	100万円の売上高を計上	何もしない
↓	↓	↓	↓
3カ月後100万円が支払われた	100万円の現金収入を計上	何もしない	何もしない
↓	↓	↓	↓
1年経過した	何もしない	減価償却として2000万円を費用（損失）計上	1億円の資産を8000万円に減らして計上

入りは収支どおりです。たとえば減損損失（Q5で解説）で赤字になっても、現金はいっさい出ていきません。配当もできるし、倒産もしないのです。業績が悪くても潤沢な現金収入があったり、一見好業績にみえても台所事情が火の車だったりする財務の実態がよくわかります。

機械を1億円で購入した場合、キャッシュフローは1億円の支出となり、固定資産として1億円をバランスシートに計上します。商品が売れたら売上高、利益を計上しますが、キャッシュフロー上では、たとえば3カ月後に資金が振り込まれたら、そのとき初めて収入があったとみなします。会計が意図的に作るものといわれるのに対して、キャッシュフローが事実を示すといわれるのはこのような違いに基づきます。時間が経過すれば、会計上はこの機械の減価償却として一定額を費用計上し、同時にその分、資産を減らして（減価）固定資産に計上し直します。しかし、キャッシュフローは支出がありません。

Q13 ゴーイング・コンサーン——決算資料に「継続企業の前提」の注記がつきました。何のサインですか。

【ニュース例】 航空会社S社の決算で、新型旅客機契約に関する巨額賠償にからんでゴーイング・コンサーンの注記がついた。

ゴーイング・コンサーンとは「継続企業の前提」の意味で、かみくだいていえば「会社は永久に死なないという前提条件が狂いそうだ。破綻するかもしれないよ」という意味になります。注記は、倒産の可能性を投資家や市場に対して注意喚起する文言です。監査人が1年以内に破綻するリスクが高いと判断したら、破綻リスクや対応策を記載するよう会社に求めます。監査人が監査先の会社に対して、経営の先行きに「イエローカード」をつきつけた格好で投資判断は売り材料です。

法人は法律上のヒトですから死にません。法人の一種で、営利活動する民間企業も同じです。決算も税制も規制も、あらゆる制度は事業が来年も再来年も半永久的に続くことを前提として作られています。しかし、何らかの影響で会社が存続することが疑わしくなった場合、不確実性を投資家や利害関係者に知らせる必要があります。それが「継続企業の前提に関する疑義」です。

注記がつくのは一般に、債務超過に陥った場合や、最終赤字が何年も続いているなど、いつ

「継続企業の前提に関する疑義」の注記の例

（3）四半期財務諸表に関する注記事項
（継続企業の前提に関する注記）
当社は前事業年度において[redacted]多額の支出を要したこと等から営業損失2,506百万円、当期純損失1,845百万円を計上し、当第1四半期会計期間におきましても、営業損失5,526百万円、四半期純損失5,795百万円を計上いたしました。当該状況により、継続企業の前提に関する重要な疑義を生じさせるような状況が存在しております。

破綻してもおかしくない状況が存在する場合です。キャッシュフロー（現金収支）の支出超過が続いたときや、借入金の返済期限を守れなかったりしたケースでも注記がつけられるようです。事例にあげた航空会社は、経営計画が暗礁に乗りあげたうえ、契約履行のトラブルなどで多額の賠償金を求められる可能性があり、その資金を捻出できないリスクが出てきたためです。多少の赤字でもメーンバンクのバックアップが期待される場合は注記がつかないこともあります。

継続企業の前提に関する疑義は、あくまで投資家に注意をうながすのが目的で、会社の破綻を意味するわけではありません。このため資金繰りにメドがついたり、業績が回復したりすれば注記は外れます。ある電力会社は、２０１１年の東日本大震災の際、ゴーイング・コンサーンの注記が11年3月期の財務諸表に記載されましたが、翌年1兆円の政府出資を受けて取り消されました。財務諸表に注記をつけるほどではないけれど、事業継続に多少の疑問符がつく場合、その他の経営リスクなどとして開示されます。

もっとも、資金繰りに行き詰まって「突然死」というのは予測できません。投資家が財務諸表から自力で診断、リスクを見抜く必要があります。

第2章

銘柄選びのキホン

Q14～Q23

Q14 増収増益

「脱デフレ」になると企業収益にはどのような変化が表われますか。

上場企業の業績を一目で評価する方法があります。売上高の増減と利益の増減（黒字・赤字）を組み合わせて４つのパターンに分類するのです。投資すべきかどうかを正確に評価するには「利益」だけをみていては誤ります。マクロの景気や、その会社の置かれている市場環境と連動する「売上高」もじっくり見極めるのです。

景気がよいか悪いかの体感温度は「もうけ」より「売り上げ」に反応します。**増収増益**は売り上げも増えて利益も伸びるという意味で、一般的な好業績のパターンです。市場が拡大して「稼ぐ力」も伸びており、投資判断は「買い」です。

一方、増収だけど利益が減ったり、赤字になったりする**増収減益**パターンがあります。売り上げを伸ばそうと設備を積極的に投資すると償却負担が増えます。商品のＰＲのために多額の広告宣伝費を使うこともあります。売り上げは伸びて好調だけど、先行投資の費用が膨らんで「もうけ」るまでに至らない状況だと判断できます。

新興企業に多く、上場したばかりの若い会社は利益すらなかなか出にくい場合もあります。

【ニュース例】 上場企業の今期業績見通しは、増収増益あるいは増収黒字のパターンが全体の７割に達し、「脱デフレ」型の収益回復が鮮明になりそうだ。

業績（全体・部門）と投資の４パターンを見極める

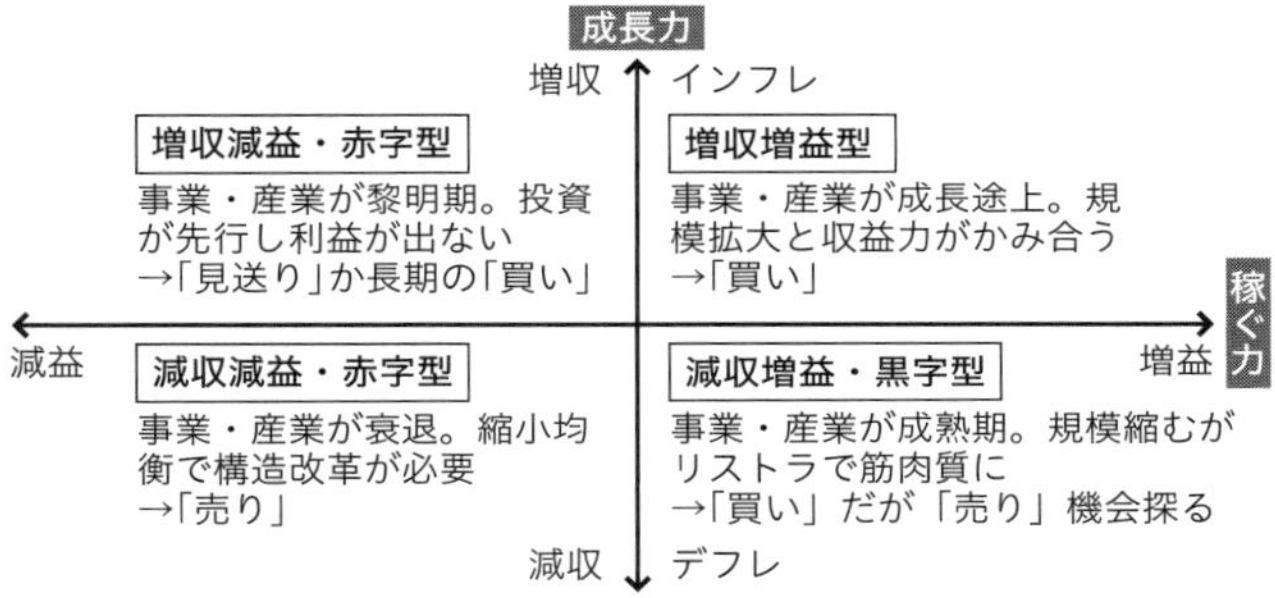
成長力
増収
インフレ
増収減益・赤字型
事業・産業が黎明期。投資が先行し利益が出ない
→「見送り」か長期の「買い」
増収増益型
事業・産業が成長途上。規模拡大と収益力がかみ合う
→「買い」
稼ぐ力
減益
増益
減収減益・赤字型
事業・産業が衰退。縮小均衡で構造改革が必要
→「売り」
減収増益・黒字型
事業・産業が成熟期。規模縮むがリストラで筋肉質に
→「買い」だが「売り」機会探る
減収
デフレ

収益源が育てば株価は大きく上昇しますが、この段階では事業が黎明《れいめい》期にあるケースが多いので、投資はしばらく見送りという判断も可能でしょう。

売り上げそのものが減っていく状況は、日本の失われた20年、デフレ時代の特徴です。**減収増益**は売り上げが減るけれど効率性を改善したり、合理化を進めたりして「稼ぐ力」を高める戦略です。利益を増やす点は評価できるけれど、しばらくするとまた売り上げが減るので、さらにコストカットを進めないといけません。いたちごっこで利益回復は一時的なケースが多いようです。投資判断はいちおう買いですが、長期保有は避けましょう。

減収減益は縮小均衡です。斜陽産業、衰退産業といわれる業界です。投資判断は「売り」です。

この４パターン分析は、セグメント利益（Q７で解説）でも役に立ちます。個々の事業が縮小均衡なのか、成長途上に入ったのかを判別できます。

Q15 PER
お買い得感のある銘柄はどうやって探せばいいですか。

同じ味・大きさのメロンが1個２０００円と１０００円で並んで売られていたら、だれでも安いほうがお買い得だとわかるでしょう。株式投資においては個々の会社の収益力がすべて異なるので、株式の値段＝株価でお得感を比べることはできません

割高・割安を判定する代表的なものさしが**PER**です。Price Earnings Ratio の略で、**株価収益率**と訳します。株価を**予想1株利益**で割って「～倍」と表します。会社の「収益力」に対して株価が何倍まで買われているかを意味します。一般にはＰＥＲが高いと割高で、ＰＥＲが低いと割安とみなします。

１株利益は会社が1年間で得た最終的なもうけを、株式数で割って算出します。もうけが2億円で50万株を発行していれば1株利益は４００円となります。では株価は４００円かというとそうはならず、もっと高い値段で取引されます。会社は半永久的に事業を続け、何年か先まで稼ぐことができるという前提に立っているからです。株価が２０００円ならＰＥＲは「２０００円÷４００円＝5倍」となります。１株４００円を稼ぐいまの収益力が5年先まで

【ニュース例】製紙会社のＮ社は株価が３割近く調整したことで予想ＰＥＲは10倍を割り込み、割安との見方も出始めている。

PERによる割高・割安の判定は相対的な評価

［計算式］予想PER＝株価÷1株利益（EPS）

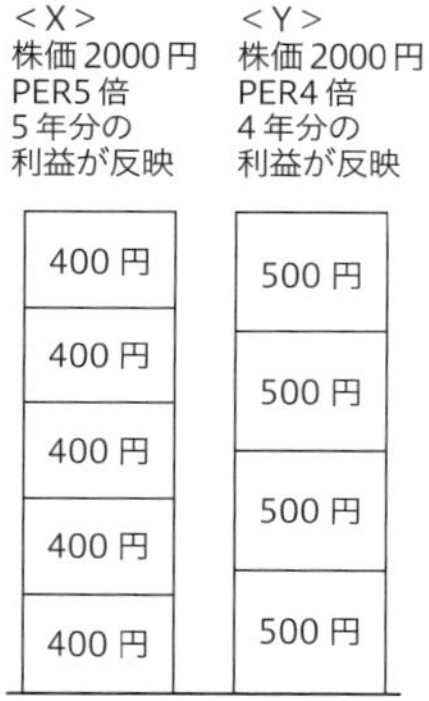
<X>
株価2000円
PER5倍
5年分の
利益が反映
400円
400円
400円
400円
400円
<Y>
株価2000円
PER4倍
4年分の
利益が反映
500円
500円
500円
500円

例1）XよりYが割安と判断されるケース

XのPER5倍が適正→Yの4倍が5倍に水準訂正され株価は2500円（500円×5倍）に

例2）YよりXが割高と判断されるケース

YのPER4倍が適正→Xの5倍が4倍に水準訂正され株価は1600円（400円×4倍）に

例3）Xが割安と判断されるケース

PER5倍が適正で、翌年には25%増益が見込まれるとき→Xの1株利益は500円になりPERは4倍に低下するとみられるため

例4）Yが割高と判断されるケース

PER4倍が適正で、翌年には20%減益が見込まれるとき→Yの1株利益は400円になりPERは5倍に上昇するとみられるため

続くと、株式市場は評価していることを示します。

ただし、ＰＥＲの適正値は相対的な評価にすぎません。図では同じ２０００円の株価であるＸ社とＹ社を比べていますが、ＰＥＲ４倍が適正だと考えれば、Ｘ社の株価は４００円×４倍＝１６００円なので、割高にみえます。５倍が適正とするならＸ社の株価は妥当で、Ｙ社のほうが割安という評価に変わるのです。

利益見通しが修正されてもＰＥＲは動きます。図でＸとＹは年度と考え、Ｘが現在で１年後がＹと考えましょう。近い将来２割ちょっとの増益を達成して１株利益は４００円から５００円になりそうだ、という想定です。この場合、ＰＥＲ＝５倍でも割安とみなされます。低下することが明らかなためです。成長力の高い会社はＰＥＲが高くても割高だとはいい切れません。逆に業績が振るわない会社は低ＰＥＲ＝割安とはならないのです。

Q16 PBR

株価の下値のメドを簡単に知る投資指標を探しています。

ＰＢＲとは Price Book-value Ratio の略で、**株価純資産倍率**と訳します。株式市場で、下値の目安となる指標としてよく使われます。株価が**１株純資産**の何倍かを示し、１倍を「**解散価値**」ということがあります。１倍を割ると売られすぎとみなされることがあります。

ある会社が事業活動をやめて解散した場合を考えます。図のように、会社は工場や土地などの資産１００億円を持っており、すべてを売却処分したとしましょう。90億円の負債を返済し、残額の10億円を１株ずつ持っている株主10万人に１万円ずつ配分したと仮定します。この１万円が１株当たりの解散価値で、資産から負債を引いた純資産の１株当たりの価値と等しくなります。

事業を続けているにもかかわらず、株価が９０００円だとすると、ＰＢＲは０・９倍になります。理屈のうえでは事業をやめて解散すれば株主は１株につき１０００円をもうけることができます。１万円＝ＰＢＲ１倍を下回ると割安という見方が働き、結果として株価は上がるわけです。ＰＢＲ１倍割れが下値メドとみなされるのはこういう理屈からです。

【ニュース例】通信大手のＫ社のＰＢＲは0.9倍の状態で、割安感に着目した買いも目立っている。

PBRは1倍を下回っていれば割安と判定

【計算式】PBR＝株価÷1株純資産

資産＝100億円	負債＝90億円
在庫20億円	借入金40億円
工場30億円	社債50億円
土地50億円	純資産＝10億円

発行済み株式数＝10万株
1株純資産＝1万円
（10億円÷10万株）
ＰＢＲ1倍＝株価÷1万円

【通常】ＰＢＲ≧1倍
→株価は1万円以上に

【割安】ＰＢＲ＜1倍
→株価は1万円未満に

［ＰＢＲ1倍割れは「隠れ損失」を織り込んでいる可能性も］

資産＝100億円	負債＝90億円
在庫20億円	借入金40億円
工場30億円	社債50億円
土地45億円（本当の価値）	実質純資産＝5億円
土地含み損5億円	×

ただし、1倍割れは必ず割安というわけではありません。在庫や資産の価値が低下し、100億円の資産が来年には90億円に減りそうなケースでは、資産売却で得た資金はすべて負債の返済にあてられ株主にまで回ってきません。あるいは土地や保有有価証券に含み損が生じていたとしたらどうでしょうか。図では土地の値段が見かけ（**簿価**＝バランスシートへの記載価格）より5億円下がっていた場合で、純資産が半分に減ってしまいます。1株純資産も1万円ではなく5000円で、PBRは9000円÷5000円＝1・8倍に上がり割安でもなんでもなくなります。

このように株式市場が実態を織り込んでしまった結果、PBRが1倍を割り込むことがあります。会社のバランスシートの真の姿を映している可能性があるわけです。PBR1倍割れ銘柄は割安株を探すアプローチには間違いありませんが、中期的な収益戦略や配当利回りなど、他の指標や材料とあわせて選別することが重要です。

Q17 ROE

あらゆる投資指標や経営指標で一番重要な指標といったら何ですか。

株式市場でいまもっとも重要とみられている指標がROEです。Return On Equity の略語で、**自己資本利益率**と訳します。会社が株主から託された**自己資本（株主資本）**を使い、どれだけ効率よく利益を稼いだかを示します。「純利益÷自己資本」で求め、数字が大きくなるほど市場の評価が高まります。

図をみればわかるように、ＲＯＥを上げるには、分子である利益を増やすか、分母である自己資本を減らせばよいわけです。純利益８億円、自己資本１００億円の会社を考えてみましょう。純利益を10億円に増やせば、８％だったＲＯＥは10％に高まります。ＲＯＥは３つの計算式に分解できます。純利益の増減は経営力の反映です。

もうけの10億円を会社がためこむと、自己資本は１００億円から１１０億円に増えてしまいます。翌年に同じ10億円の利益が出ても、今度は分母がふくらんでいるので「10億円÷１１０億円＝９％」とＲＯＥが低下してしまうのです。配当や自社株買いなど株主還元を実施して自己資本を20億円減らせば、10億円÷90億円でＲＯＥは11％に上がります。自己資本を削っ

【ニュース例】 金属加工大手のA社は稼いだ利益をすべて株主に配分することを決めた。ROEを高めるのが狙いだ。

ROEはどうすれば上がるか

【計算式】 ROE＝純利益÷自己資本

ROEは純利益が増えると上がる（経営力）

$$\frac{\text{純利益}}{\text{自己資本}} < \frac{\text{純利益}}{\text{自己資本}}$$

ROEを分解すると
収益力の部分にあたる

$$\text{ROE} = \frac{\text{純利益}}{\text{売上高}} \times \frac{\text{売上高}}{\text{総資産}} \times \frac{\text{総資産}}{\text{自己資本}}$$

ROEは株主配分が増えると上がる（株主還元）

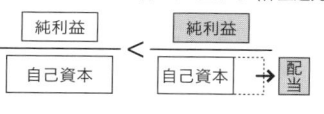

$$\frac{\text{純利益}}{\text{自己資本}} < \frac{\text{純利益}}{\text{自己資本}} \rightarrow \text{配当}$$

ROEを分解すると
財務レバレッジの部分にあたる

$$\text{ROE} = \frac{\text{純利益}}{\text{売上高}} \times \frac{\text{売上高}}{\text{総資産}} \times \frac{\text{総資産}}{\text{自己資本}}$$

て効率性を高めることを**財務レバレッジ**を効かせるといい、計算式では「総資産÷自己資本」で表すことができます。

ＲＯＥ維持には株主還元を積極的にやるか、利益を増やさなければならないことがわかります。利益を増やす点で会社の収益力をみる目安になりますし、投資家にとっても利益配分余力をみる物差しになります。

日本企業のＲＯＥは８〜９％前後です。欧米の企業は15〜20％なので見劣りします。ＲＯＥが欧米並みに高まると日経平均株価で２万円以上に上がるという試算も出ています。最近では、年金基金など国内投資家もＲＯＥで運用先を選ぶ姿勢を強めています。２０１４年から算出を始めた株価指数の**ＪＰＸ日経インデックス４００**（Q81で解説）は、ＲＯＥを基準の１つとして構成銘柄を選んでいます。

もちろん、ＲＯＥも万能ではありません。高ＲＯＥ企業には財務体質が悪い企業もあるので**自己資本比率**とあわせて使うことがポイントです。

Q18

時価総額

会社の値段というのはどこをみればわかりますか。

時価総額とは、市場がつけた会社の価値、値段です。会社を丸ごとほしいと思ったらいくら資金を用意すればよいか、と考えればいいでしょう。オークションを想像してください。価値ある商品にはその価値に対して高い値段がつきますが、参加者が多くても値段がつり上がります。時価総額も、会社への評価だけでなく、資金需給の影響も強く受けます。

計算方法は、ある時点の株価に、これまで発行した株式の総数をかけます。株価が１００円で**発行済み株式数**が1億株の会社なら、時価総額は１００億円です。時価総額は文字どおり「時価」なので、日々刻々変動します。ちなみに日本最大の時価総額を誇るのはトヨタ自動車で、２０１４年10月現在およそ20兆円です。東証１部上場企業全体では、この数年４００兆円～５００兆円前後で推移しています。

時価総額の大きい銘柄を**大型株**、小さい銘柄を**中小型株**ともいいます。時価総額の大小で値動きや、取引に参加する投資家などに明確な特徴がみられます。

時価総額の大きい大企業は**流動性**が高くなります。流動性とは、買いたいときに買え、売り

【ニュース例】 この日は日本株に対する先高観から海外などから活発に資金が流入し、時価総額の大きい大型株の値上がりが目立った。

時価総額は銘柄の特徴に大きくかかわっている

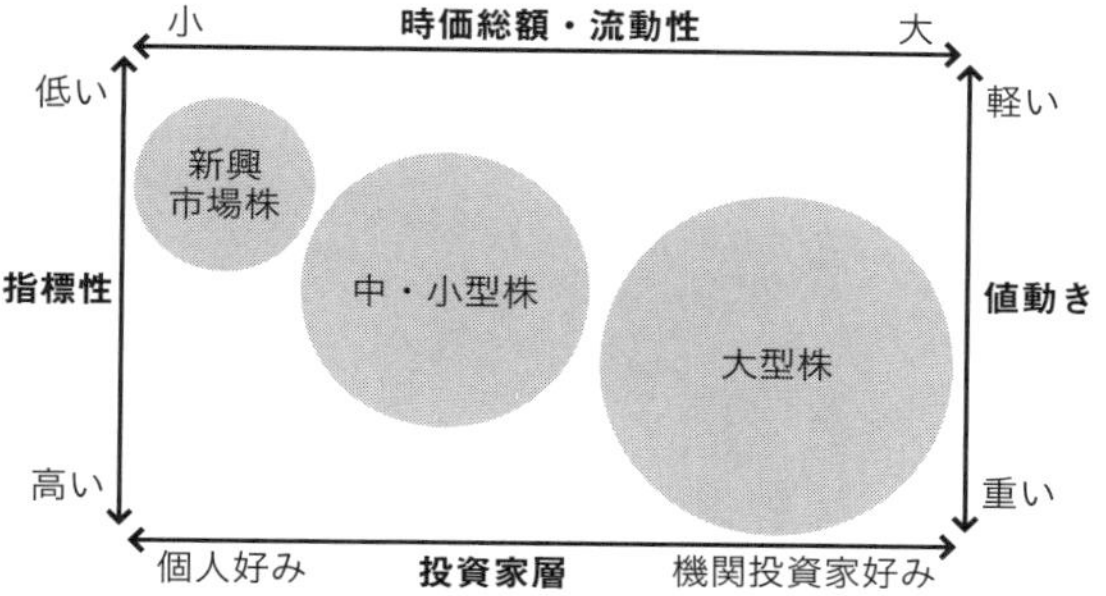

たいときに売れる**換金性**です。小さい池にメダカは入れられますが、クジラは入れません。時価総額の小さい銘柄には、大きな資金を投じることはできません。1回の売買金額が数十億円から数百億円になる海外の巨大なファンドは、まとまった金額でも円滑に売買できる大型株を対象にする傾向が強くなります。このため、大型株が商いをともなって上昇してくれば、海外などから日本株に活発に資金が流れ込み始めたサインの1つとなります。

一方、時価総額が小さい中小型株は、少額の資金でも株価が動きやすくなります。これを値動きが軽いという言い方をします。少額の売買で値上がり益を得られる機会が増えるので、個人投資家の参加が多くなります。ただし、流動性は乏しいので株価が乱高下したり、取引が成立せずに気配値のまま推移したりすることが増え、大口の資金を動かす外国人は敬遠する傾向があります。時価総額の小さい会社は買収の対象にされやすくなります。

Q19 配当利回り

株式とほかの金融商品との収益性を比べたいのですが、何かよいモノサシはありますか。

一般に投資商品はすべて「利回り」で収益性を比べます。株式の場合は**配当利回り**を使います。配当とは、会社がもうけの一部を株主に還元するお金です。年間の配当金額を株価で割って算出するのが「配当利回り」です。株式に投じた元本に対して何％が配当で戻ってくるかがわかります。

配当利回りは一般に予想値を使います。株価が１０００円で年間の予想配当が20円の場合、配当利回りは「20円÷１０００円」で２％です。預金や債券などほかの金融商品と収益率を比べやすいので、長期間保有しようと考えるのであれば、配当利回りが銘柄選びの目安の１つになるでしょう。

配当利回りは銘柄によってまったく水準が異なるうえ、売買のタイミングでも大きく変わってきます。図はアベノミクス相場が始まった２０１３年からの配当利回りの変動幅です。キヤノンとソフトバンクは同じ日本を代表する会社でありながら、配当利回りはまったく違う水準です。「利益の全額を株主配分」で有名になったアマダは２％前後も利回りがぶれています。

一方、長期国債は低位のゾーンで動いていません。利回りが高いとされる不動産投資信託（R

【ニュース例】長期金利が歴史的な低水準で推移するなか、投資家の資金が配当利回りの高い銘柄に向かっている。

利回りをゾーンで表すと、長く保有したときの期待リターンを比べやすい

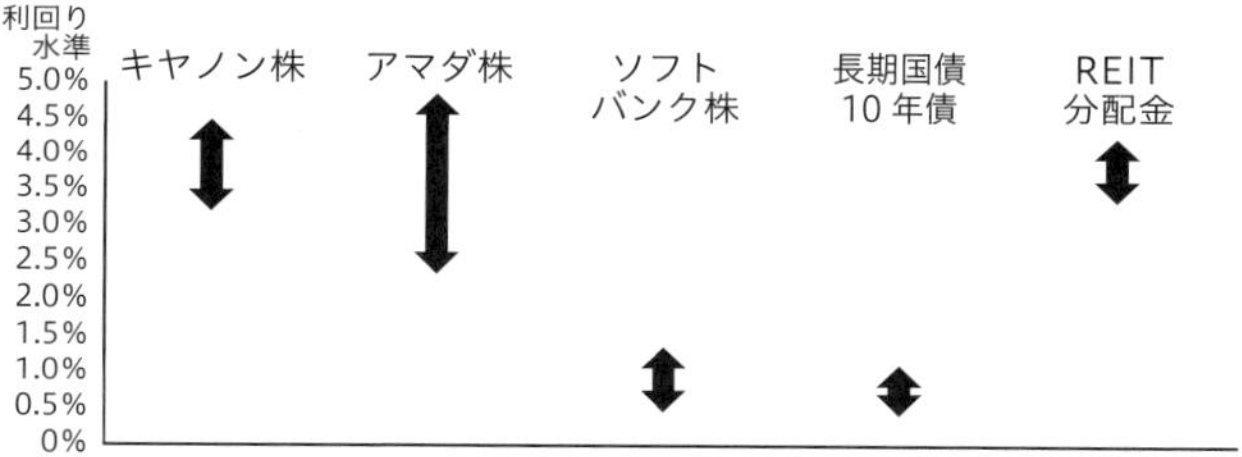
利回り水準
5.0%
4.5%
4.0%
3.5%
3.0%
2.5%
2.0%
1.5%
1.0%
0.5%
0%
キヤノン株
アマダ株
ソフトバンク株
長期国債10年債
REIT分配金

（注）配当利回り＝2014年9月時の予想配当金÷2013～14年株価の高安
（出所）上場REIT予想分配金利回りと長期国債10年債利回りはQUICK調べ

ＥＩＴ）は比較的高水準です。

　成長企業の場合、もうけを設備投資など事業拡大のための原資に回す傾向があります。株式の値上がり期待が大きい半面、配当利回りが低くなることがあります。市場の急拡大が見込みにくい成熟産業では、株主配分を厚めにする会社が目立ち、配当利回りも高くなる傾向があります。

　また、配当が変わらなくても、株価が下がったところでタイミングよく買えば配当利回りは上がります。

　注意点は業績悪化による配当の下方修正です。会社が配当計画を見直すのは主に年４回の決算期に集中します。経営環境悪化を警戒して株価は下がり始めているのに配当見通しはすぐに変更されないので、配当利回りは実態に反して押し上げられてしまいます。

　高利回りを額面どおりに受け止めて株式を買い、その後減配や無配になるのが失敗の典型例です。業績の好不調と照らし合わせて配当利回りをみることが基本です。

Q20 指数採用・昇格

日経平均株価の構成銘柄採用や東証1部昇格はなぜ投資材料になるのですか。

スポーツから将棋・競馬に至るまで、競技の世界では通常、選手の力量・技量ごとに階層が分かれます。株式市場も同じで、大企業が所属する市場、若くて小さい会社が集まる市場などに分かれます。上場企業は4000社近くありますが、投資対象を少数に絞り込む際に、所属市場や株価指数採用の有無で銘柄を選ぶのも1つのアプローチといえます。

東京証券取引所では、株主数や時価総額などを基準に所属市場を分けています。東証1部は大企業が中心で、その下に中堅が集まる2部、新興企業向けのジャスダックやマザーズがあります。自社の紹介で「**1部上場**企業です」といった文言が使われるのは、公開企業として厳しい要件を満たしているというステータスの証しになるからです。

株主数や時価総額も、新興より2部、1部のほうが大きくなります。成長して基準をクリアすれば上位の市場に移れます。一般に1部昇格のことを**1部指定**といい、1部指定が決まると株価が上がります。知名度やブランドの向上はもちろん、機関投資家などの買い手が増えるとの期待が広がるからです。

【ニュース例】 半導体を手がけるP社が日経平均株価に採用されることになったため、朝方から短期筋による先回り買いで急騰している。

東証の市場区分（イメージ）と需給関係

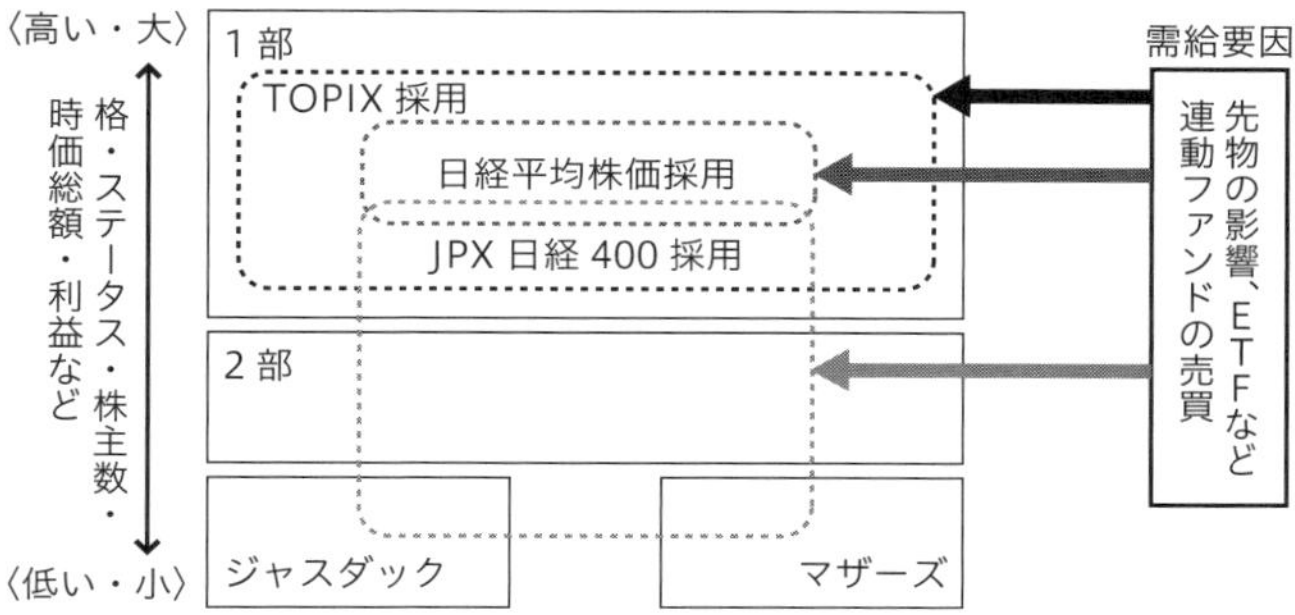
〈高い・大〉
〈低い・小〉
格・ステータス・株主数・時価総額・利益など
1部
TOPIX 採用
日経平均株価採用
JPX 日経 400 採用
2部
ジャスダック
マザーズ
需給要因
先物の影響、ETFなど連動ファンドの売買

株価指数の構成銘柄に採用されているかどうかも「格」を決めます。東証１部の主要２２５銘柄で構成する日経平均株価や、自己資本利益率（ＲＯＥ）の高さなどで４００社を選んだ**ＪＰＸ日経インデックス４００**などが市場に影響力の大きい指数です。

採用されれば指数に値動きを合わせようとするＥＴＦ（上場投資信託）などの買いが入り、需給改善につながります。指数に採用された有力企業から探してもいいし、将来輝く原石を新興・２部株から掘り当てるのも株式投資の醍醐味といえるでしょう。

注意すべき点は潜在的な「売り」圧力も高まることです。１部昇格や日経平均株価採用などがあった場合、海外の大口の投資家などが買い付ける可能性があります。その時点では株価が上がりますが、世界経済が不安定になって外国人が売れば大きく下げる可能性があります。また、先物相場との**裁定取引**（Ｑ45で解説）で左右される場面も多くなります。

Q21

株主優待

値上がり益や配当以外に株式を保有した場合の特典はありますか。

株主優待は株式値上がり益、配当に次ぐ３番目のリターンといえます。銘柄選択のものさしにするのは利にかなっています。配当を超える優待特典も多いですし、何万円ものメリットが得られる場合もあります。

株主優待は上場企業が配当金以外の形で利益を還元する制度です。日本独特の還元策で、海外にはあまり例がありません。**現物支給**がほとんどで、自社製品の詰め合わせやＱＵＯカード、割引券など多種多様です。配当より金額的に価値が高いものもあります。たとえば、ある鉄道会社の優待には結婚式場やホテルの20%ＯＦＦ券がついています。式場利用は30万円、50万円と高額ですから、利用すれば何万円も得です。

優待の特典を金額換算したのが「**優待利回り**」で、配当と合算すると実質的なリターンがわかります。ある外食チェーンは、１単位保有している株主に年６０００円相当の優待を送っています。配当額は２０００円で、実質利回りは年６%と配当利回り（約１%）より格段に高くなります。最近は長く保有すればするほど中身が充実する優待も増えています。優待制度は上

【ニュース例】上場企業の間で、長く保有するほど株主優待を優遇する動きが相次いでいる。

株主が決まる割当基準日（権利確定日）に注意すべし

月末が割当基準日であれば、その日に株式を買っても間に合わない。
割り当て基準日を含む４営業日前までに株式を買い付けておく

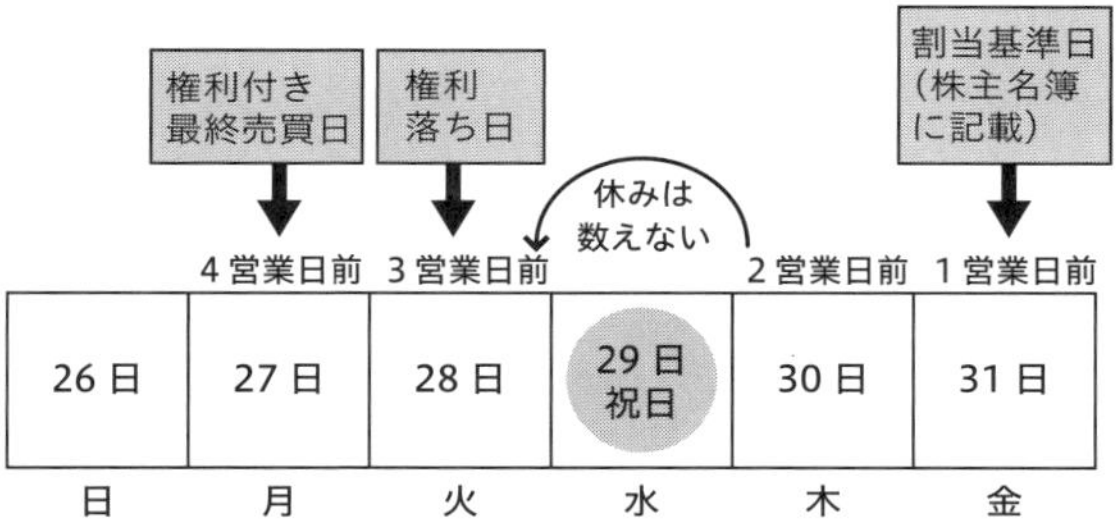
権利付き最終売買日
権利落ち日
割当基準日（株主名簿に記載）
休みは数えない
４営業日前
３営業日前
２営業日前
１営業日前
26日
27日
28日
29日 祝日
30日
31日
日
月
火
水
木
金

場企業のおよそ3割が導入していますが、中身は会社によってまちまちで、必要な株式数や保有期間なども異なるのでよく調べましょう。

株式投信を買っても優待を受け取ることはできません。資金を預かった金融機関や運用会社の名義になってしまうためです。優待は現物株投資ならではの特典です。

優待を受けるためには、会社が定める**「割当基準日」**において、**株主名簿**に名前が記載されていないといけません。割当基準日とはいわば**権利確定日**（株主決定日）です。

注意しなければならないのは、12月20日が割当基準日なら、その日に株式を買い付けても間に合わないということです。割当基準日の当日を含めて4営業日前（祝日や土日は飛ばす）にさかのぼります。その日が、優待の権利を得られる最終売買日（**権利付き最終売買日**）です。優待がもらえる株数を保有していることも確認しましょう。通常は１００株など売買の最低投資単位と一致しています。

Q22 バフェット ― 世界最高の投資家の運用術を教えてください。

ウォーレン・**バフェット**氏は投資会社**バークシャー・ハザウェイ**を運営し、運用資産を過去半世紀で、約7000倍に増やしました。だれもが認める世界最高の投資家です。彼の発言や運用資産の分析を通じて、銘柄の選択方法や投資哲学を学ぶことは間違いなく投資力の底上げにつながります。

バフェット氏の運用は「**バリュー投資**」といわれます。バリューとは価値です。業績より企業価値に着眼点を置きます。割安株投資とは異なります。一般に企業価値は将来生むフリーキャッシュフローや配当を割り引いたりして求めますが、バフェット氏の考えるバリューはブランドや競争力の優位性に注目しているようです。図はバークシャーの主な保有株で、ここから4つの特徴をあぶりだすことができます。1つは10数銘柄ほどに集中投資している点です。分散投資とは逆です。2つめは金融と食品・日用品などに偏りがみられます。3つめはほぼすべてが米国籍の企業です。4つめは世界シェア首位、あるいは業界1位といった銘柄が大半だということです。

筆者の推論ですが、4つの結論を導き出せます。まず、知らない事業、知らない国の会社に

【ニュース例】 バフェット氏は株主への手紙の中で「舞踏会に長居すればかぼちゃとねずみに戻ってしまう」とし、いまの株式市場の熱狂ぶりにくぎをさした。

神様のポートフォリオはシンプル

バフェット氏が保有している銘柄
（バークシャー・ハザウェイの年次報告書を加工・一部抜粋）

ウェルズ・ファーゴ	金融	住宅ローン最大手	米国
アメリカン・エクスプレス	金融	カード世界大手	米国
US バンコープ	金融	地銀１位	米国
ミュンヘン再保険	金融	再保険世界１位	ドイツ
HJ ハインツ	食品	ケチャップ	米国
コカ・コーラ	食品	飲料世界１位	米国
ウォルマート	小売り	小売り世界１位	米国
プロクターアンドギャンブル	日用品	家庭用品世界１位	米国
IBM	ＩＴ	ＩＴ世界大手	米国
エクソンモービル	石油	石油世界１位	米国

バフェット流の投資方針は４つ
事業内容はだれでも知っている
米国籍がほとんど
世界１位、業界１位がほとんど
業績はもちろん株主還元に積極的

バフェット流の日本株の銘柄選び
自分で事業内容を理解でき、将来が展望できる
日本国籍
業界１位、ASEAN1 位
キャッシュフローと総還元性向

は投資をしない、ということです。さらには圧倒的な競争力です。地銀1位、小売り1位など他社の追随を許さない優位性を持っています。最後に、どの会社も株主還元に積極的です。

では、日本株の銘柄選びに当てはめてみましょう。まず、自身が事業を完全に理解でき、将来性まで展望できる銘柄に絞りましょう。バフェット氏は**年次報告書＝アニュアルリポート**を精読します。決算短信で業績だけを追いかけるのではなく、経営・事業を深く読み込みましょう。シェア、技術力やブランド・知名度などで他社を圧倒していることも条件です。キャッシュフロー（Q12で解説）が潤沢で、株主配分に力を入れていることも条件です。

Q23 **QUICKコンセンサス**

決算や業績修正のサプライズとは、いつ、どうやって発生するのですか。

アナリストや調査機関は会社とは別に独自の業績予想を出しており、これを市場予想、アナリスト予想といいます。複数のアナリスト予想の平均値が**コンセンサス**です。**QUICK**は日経グループの金融情報を提供する会社で、日々アナリスト予想を集計し、機関投資家など運用会社に配信しています。「日経会社情報」や日経電子版でもみることができます。

QUICKコンセンサスの対象は合計１０００～１２００社前後で、上場企業全体の約3割にとどまりますが、時価総額ではほぼ9割を占めます。海外投資家や機関投資家が組み入れ対象とする主要企業はほぼカバーされています。会社が1期分の予想しか出さないのに対して、ＱＵＩＣＫコンセンサスでは5期分（主要銘柄）までわかるため、利益成長の持続力をみるうえで参考になります。

アナリストの業績予想と会社の予想は往々にして食い違います。会社が一番正確な情報を持っているはずですが、アナリスト予想のほうが正しいケースが多々あります。アナリストは会社が考える為替レートなどの前提条件と、実際のマクロ環境などを照らし合わせながら、よ

【ニュース例】ゲーム配信C社が発表した決算はＱＵＩＣＫコンセンサスを上回り、市場でサプライズと受け止められた。

アナリストの投資判断が株価形成を大きく左右する

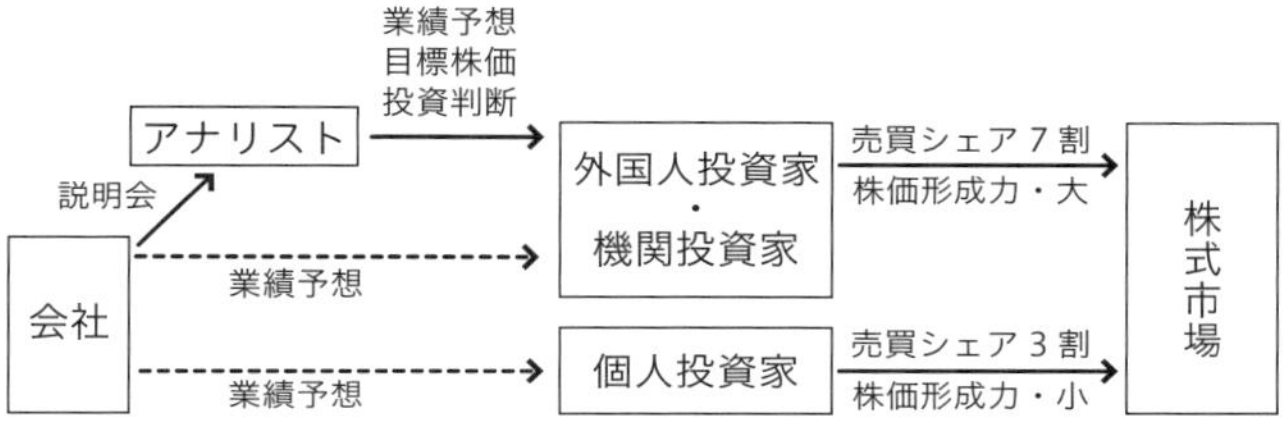
会社
説明会
アナリスト
業績予想
目標株価
投資判断
業績予想
業績予想
外国人投資家
・
機関投資家
個人投資家
売買シェア７割
株価形成力・大
売買シェア３割
株価形成力・小
株式市場

り精度の高い予想を出します。**目標株価**といって具体的な株価の上値も示し、**投資判断**も推奨します。この情報は巨額の資金を運用する国内外の投資家に配信され、実際の運用方針に影響を与えるため、会社の予想よりも株価形成の影響が大きくなります。

株価は決算の良し悪しや業績修正に反応しますが、もう少し正確にいうと決算や修正された業績見通しが、ＱＵＩＣＫコンセンサスを上回ったか下回ったかに反応します。決算で1割増益から2割増益に上方修正しても、ＱＵＩＣＫコンセンサスが3割増益を見込んでいたなら、期待に届かないことを意味し、失望感を与えるのです。

決算発表などでコンセンサスと乖《かい》離《り》が生じることを「**サプライズ**（驚き）」といい、決算内容とコンセンサスとの乖離などは典型的なサプライズです。買い材料を**ポジティブサプライズ**、売り材料が**ネガティブサプライズ**です。また、アナリストが新しい銘柄を調査対象に加えることを「**カバーする**」といいます。投資対象の候補に選ばれたことを意味し、今後の資金流入が期待できるため、これだけで株価の上昇要因になります。

第3章

これだけは知っておきたい
相場用語

024〜037

Q24 株価決定要因

株価が動くしくみを教えてください。

株式相場は経済を映す鏡といわれます。**株価**が動く理屈について理解を深めることは株式投資においてとても大切です。

株価とは第三者からみた会社の価値といえます。経営者が「わが社は5億円の価値がある」と思っても、第三者が3億円だと評価すればそれが会社の価値＝株価として反映されます。「わが社は10億円程度の価値です」と経営者が声高に叫んでも、第三者が「いずれ20億円を稼げる会社になる」と判断すれば2倍の値段がつきます。ここで第三者とは投資家、株価を決定する場所が取引所＝株式市場となります。

株価を決める要素は森羅万象ですが、大きく2つの要因に集約できます。1つは会社の業績、もうけです。会社は営利活動を目的とした組織なので、もうけが増える、あるいは来年以降もっともうかるのであれば評価が高まり、株価は上がります。逆なら株価は下がります。

株価を動かすもう1つの要因は**需給**、つまり投資のためのお金が潤沢かどうか、言い換えれば買いたいと思う投資家が多いか少ないか、です。オークションと同じで、株式という商品に

【ニュース例】日経平均株価は大幅高となり、リーマンショック前につけた高値1万8261円を回復した。

株価は経済の鏡

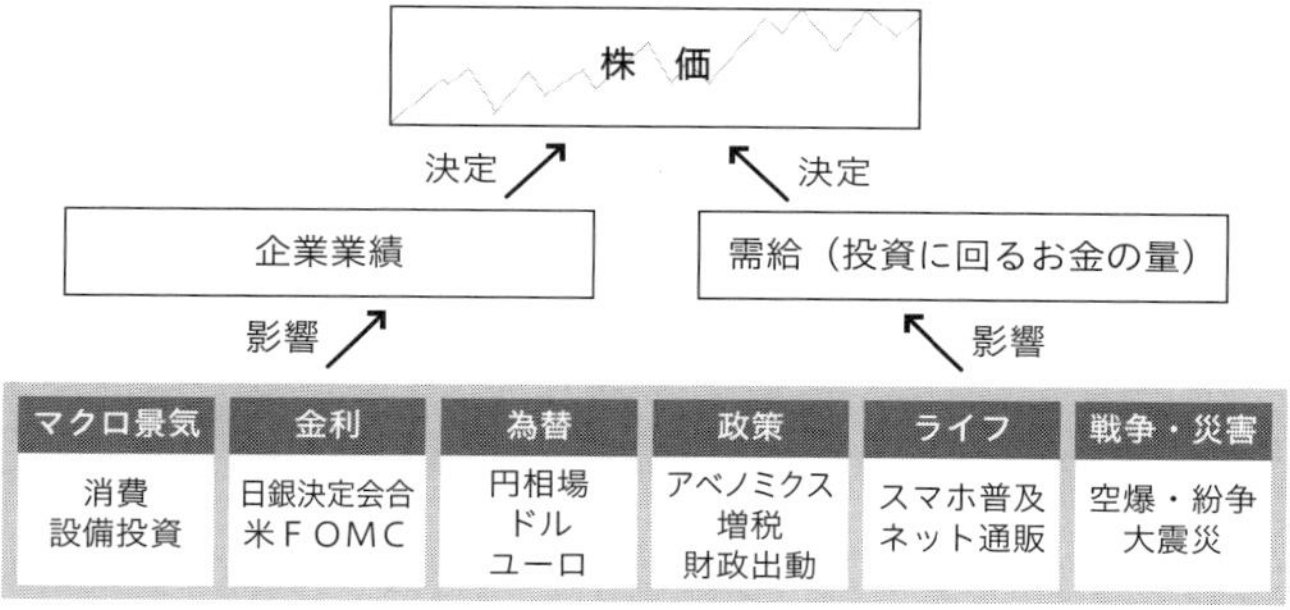
株　価
決定
決定
企業業績
需給（投資に回るお金の量）
影響
影響
マクロ景気
消費
設備投資
金利
日銀決定会合
米ＦＯＭＣ
為替
円相場
ドル
ユーロ
政策
アベノミクス
増税
財政出動
ライフ
スマホ普及
ネット通販
戦争・災害
空爆・紛争
大震災

対して買い手が多いと株価は上がり、逆なら下がります。お金を投じるかどうかは投資家が決めるので、期待や不安といった心理的要因も株価を左右します。

会社のもうけと、お金の流出入を左右する要因は無数に存在しますが、重要なのはマクロ経済の動きです。景気がよくなり、消費が増えたり、設備を作ったりする動きが活発になれば会社はもうかります。好景気は株価を押し上げ、不景気は株価を下げます。

特に、景気後退局面から底入れする転換点はもっとも株価が上がりやすくなります。企業業績の変化率が見かけ上大きくなるためで、「**モメンタム**（勢い）」などといいます。

政策転換も日本株の基調を一変させる力があります。2005年の小泉純一郎政権が打ち出した「郵政解散」や、12年秋からの「アベノミクス」によって、日本株は歴史的な上げ相場となりました。日本経済を劇的に変える「政策発動」に期待した資金が大量に流入したためです。

Q25 **主力大型株**

主力大型株にディフェンシブ株、景気敏感株、内需株——区別がつきません。

銘柄の分類は業種ごとにくくる以外に、銘柄の特性によって横串で分ける方法があります。横串を通した銘柄群の値動きを追うことで、市場の雰囲気や投資家の動きをより深く読み解くことができます。横串での分け方は2つの評価軸を使っています。

1つは景気に対して収益がどれだけ敏感に反応するか、です。世界景気に反応しやすい銘柄群もあれば、国内景気に左右されやすい銘柄もあります。もう1つは日経平均株価やTOPIXなど相場全体と同じ動きをするかどうかです。指標性、あるいは相関性といってもよいでしょう。相場が1％動けば同じように1％動く銘柄もあれば、反対の動きをする銘柄もあります。

主力大型株とは、日本を代表する少数の銘柄のかたまりです。トヨタ自動車や日立製作所などは知名度が抜群、時価総額も巨大で、世界景気、国内景気との連動性が強く、日本株全体の方向性を示します。

自動車株や電機株など海外への輸出依存度が高い銘柄群は**輸出関連株**といい、円相場との相

【ニュース例】 主力大型株に資金が流入する一方、これまで買われてきたディフェンシブ株の一角は利益確定売りに押された。

銘柄ごとの属性と景気・相場との相関図（イメージ）

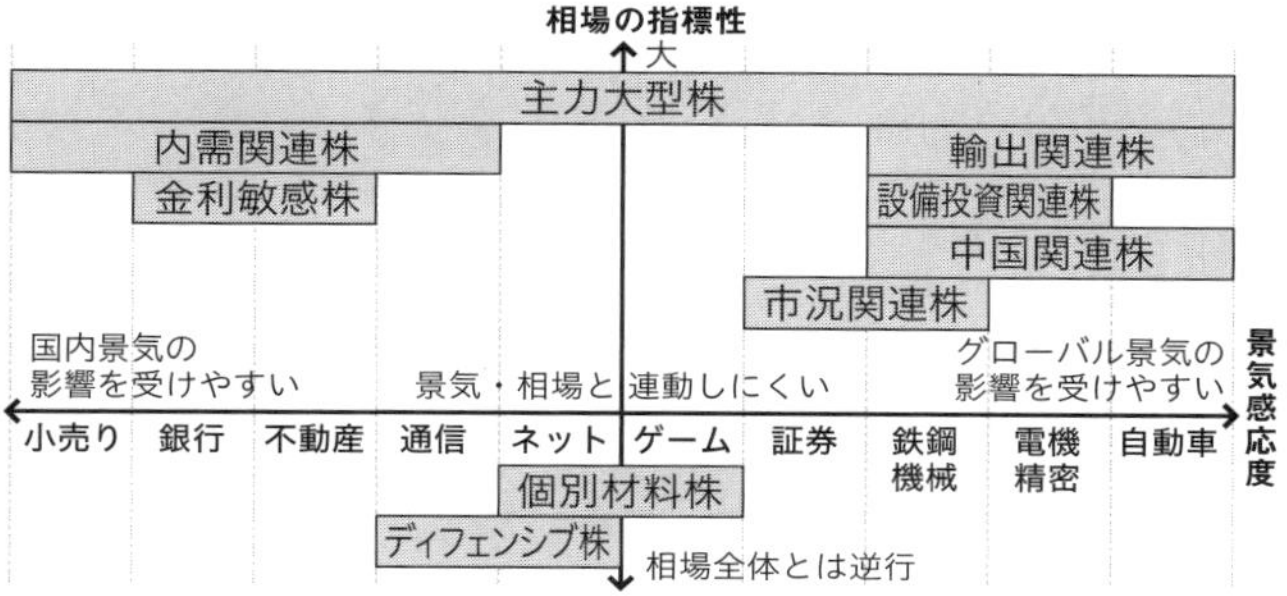

相場の指標性
大
主力大型株
内需関連株
金利敏感株
輸出関連株
設備投資関連株
中国関連株
市況関連株
国内景気の
影響を受けやすい
景気・相場と連動しにくい
グローバル景気の
影響を受けやすい
景気感応度
小売り
銀行
不動産
通信
ネット
ゲーム
証券
鉄鋼
機械
電機
精密
自動車
個別材料株
ディフェンシブ株
相場全体とは逆行

関性が強いのが特徴です。反対に小売りや衣料品など内需の売り上げシェアが高いのが**内需関連株**で、いずれも**景気敏感株**の一角ともいえます。機械や半導体製造蔵置、リースのように設備増強の動きに左右される銘柄を**設備投資関連株**といいます。また、建設機械や鉄鋼など中国経済の影響を受けやすい銘柄群を**中国関連株**といいます。

市況関連株というのもあります。海運株、証券会社、石油やガスなどの市況で採算が変わる銘柄群です。脱デフレなどの動きに左右されるのが**金利敏感株**です。資金運用益に頼る銀行、保険のほか、有利子負債が多い不動産などがこの区分です。

景気が後退する局面で決まって主役になるのが**ディフェンシブ関連株**です。鉄道やガスなど収益の安定性がクローズアップされます。個々のビジネスモデルや新商品、テーマ性などで買われるのが**個別材料株**です。材料で動くため、値動きの軽い中小型株が大半です。

Q26 リスクオフ

リスクオンになったとか、リスクオフが鮮明とか、投資や市場の何を表しているのですか。

【ニュース例】 米金融政策や中東情勢への先行き不透明感から、投資家はリスクオフの姿勢を強める可能性がある。

リスクオン、**リスクオフ**は投資家の運用姿勢を示しています。リスクオンとは、株式など価格変動の大きい商品への投資を積極化する運用姿勢をいいます。株式運用では買いを意味します。消極的になるのがリスクオフで、株式の売りを指します。日常生活では、**リスク**＝危険という趣旨で使われることが多いのですが、投資の世界でリスクは「ブレやすさ」を意味します。

株式は変動が大きい分、損得も大きく**ハイリスク・ハイリターン**の投資商品といえます。国債などの債券はリターンこそ小さいですが、基本的に満期まで保有すれば元本で戻ってきます。途中で売買する場合でも株式と違って価格変動は小さいので**ローリスク・ローリターン**です。

外国株や外国債券は、円相場次第で配当・利子収入や売却・償還額が変わりますから、**為替変動リスク**が加わります。預貯金は元本が保証されているので、ノーリスクといえます。

価格変動の大きさをどこまでガマン、容認できるかで投資判断が変わってきます。景気が上向くと、株価は一時的に下がってもいずれ上がるだろうと楽観的になり、価格のブレ＝リスク

商品ごとのリスク・リターンと運用姿勢の関係

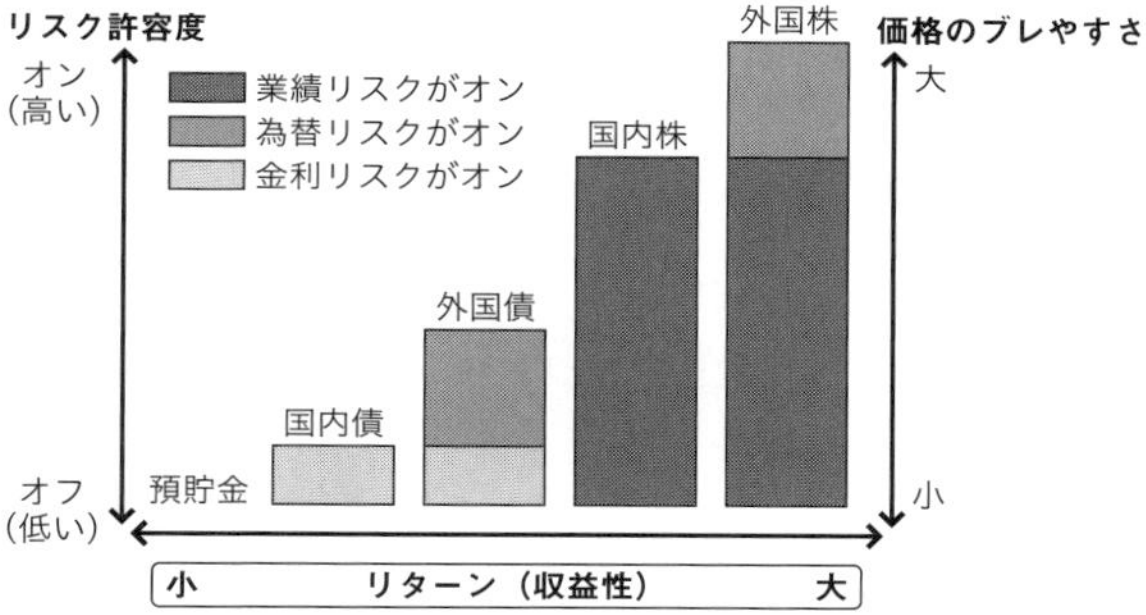
リスク許容度
オン
(高い)
オフ
(低い)
業績リスクがオン
為替リスクがオン
金利リスクがオン
預貯金
国内債
外国債
国内株
外国株
価格のブレやすさ
大
小
小
リターン（収益性）
大

に耐えられるようになります。これを「**リスク許容度**が高まる」といいます。

高いリターンを得ようと、積極的にリスクの高い株式投資などを増やそうとする姿勢を「**運用リスクをとる**」「**リスク選好（リスクアペタイト）**を強める」といい、そういう資金を**リスクマネー**と呼びます。

景気が悪いときやデフレ局面ではリスクオフの姿勢が広がり、株式などからリスクの小さい債券へ資金がシフトします。「**リスク資産**を減らす」、「リスクマネーがしぼむ」などといいます。債券の場合であれば、社債から国債へ、期間の長い債券から短い債券へ、というようにより安全な資産へ資金が移っていきます。株から債券、債券から預貯金へ、資金が逃げるように移っていくことを「**質への逃避**」「**フライト・トウ・クオリティー**」といいます。

金融危機のような混乱、あるいは大震災や戦争など突発的な出来事が起こると、「質への逃避」現象が起こります。

Q27 リスクの種類

リスクには、具体的にどのようなものがあるのですか。

リスク（＝価格変動）要因は多岐にわたりますが、その影響を測るには2つの視点が大事になります。1つは株価への影響です。保有株に直接インパクトを与えるのかどうか、直接インパクトはないが市場全体に広範囲に影響が出るのかを見極める必要があります。

もう1つはリスク発生の可能性です。予測の困難性と言い換えてもよいでしょう。**景気リスク**や**金利リスク**、**為替リスク**は簡単とはいわないまでもある程度素人でも予想が可能です。株式投資をしていない人でも、商売をしている人なら肌感覚で景気がよいか悪いかわかるでしょう。

予測困難なリスク要因は、文字どおりあらかじめ株式市場に織り込むことができません。したがって発生時にインパクトが大きくなるし、いったん起こると市場の警戒感が高まります。

地政学リスクとは一般に、紛争や戦争、国家間のトラブルを指します。回りくどい言い方をすれば、特定の地域がかかえる政治・軍事的な緊張の高まりが景気の先行きを不透明にするリスクで、英語では「geopolitical risk」といいます。東アジア、中東情勢の緊迫化、テロ懸念など

【ニュース例】 地政学リスクの高まりを警戒して円が買い戻され、株式市場でも売り優勢の展開になった。

リスク要因と予測可能性・株価影響度の相関図（イメージ）

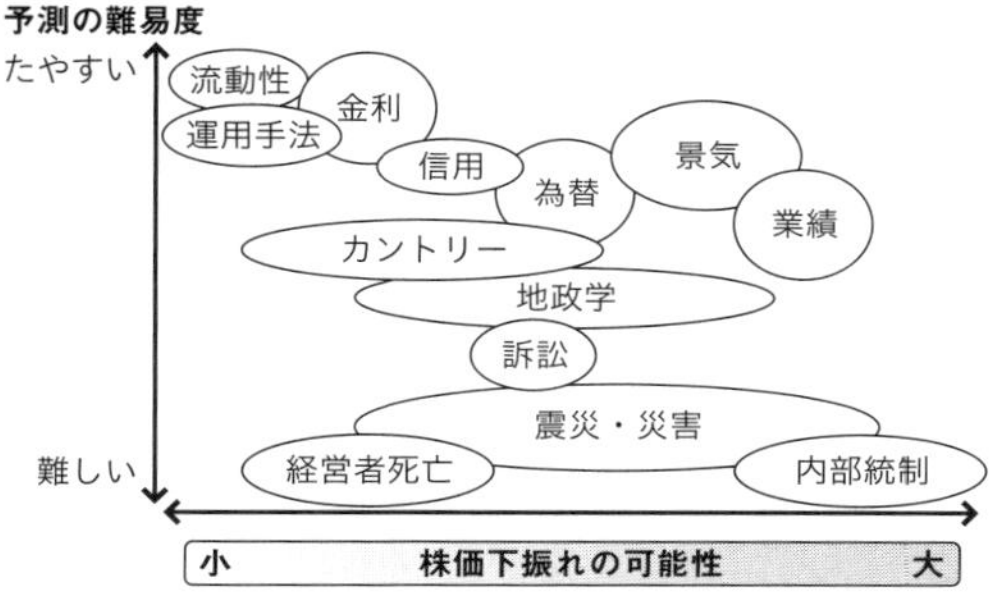
予測の難易度
たやすい
難しい
流動性
金利
運用手法
信用
為替
景気
業績
カントリー
地政学
訴訟
震災・災害
経営者死亡
内部統制
小
株価下振れの可能性
大

です。予測が難しく、方向性も読めないので、一度顕在化すると影響が長引きます。

似たリスクに**カントリーリスク**があります。国家間というより、国の中での内紛、財政破綻などが懸念要因です。外国債購入の際は、債務不履行にならないかカントリーリスクの検討が必要になります。

めったに起こらないが、起こると非常に大きな影響を及ぼすリスクを**テールリスク**といいます。東日本大震災と原発事故はその典型で、日経平均株価の下げ幅はわずか数日間でおよそ2000円に達しました。

多額の賠償金が突然ふってくる**訴訟リスク**も読み切れません。アップル創業者のスティーブ・ジョブズ氏のように、経営者がカリスマであるほど死亡した場合は経営の先行きに影響が大きくなります。売買代金が少なくて売りたいときに売れず、売り値が上がってしまう**流動性リスク**や、運用手法に限界があって損失をこうむるリスクなどがあります。

Q28 いろいろな売り

利益確定売りや戻り待ちの売りなどは、それぞれどのように売り方が違うのですか。

市場でよく登場する「売り」は7種類ほどです。相場の上昇につながる「よい売り」もあれば、相場の低迷を長引かせる「悪い売り」もあります。**利益確定売り**は株式が値上がりし、含み益が出ているときに売却することです。**利食い**とも呼ばれます。株価の上昇が急で過熱感が広がったときや、節目といわれる水準に届いたときなどに利食いが出やすくなります。

利益確定売りが増えると、それだけ投資家はもうけを得たことを意味します。日経平均株価が6割弱上昇した２０１３年、個人投資家は9兆円弱を売り越しましたが、それが個人のふところを温め、次の投資余力を生みました。一部の売買益は個人消費に回って経済環境改善につながりました。いわゆる株高による資産効果で、高額消費やレジャー消費を押し上げ、さらなる株高を招く好循環を生みました。

株価の上昇局面で上値を押さえる売りが**戻り待ちの売り**です。ある銘柄を買ったけれど下落し、投資家が保有を続けていた場合に出やすくなります。株価が回復して含み損が減ってくると塩漬けから抜け出せるとみて売りが出ます。やっと売れる、という心情をもじって**ヤレヤレ**

【ニュース例】先週半ばから急ピッチで上昇してきた反動で利益確定売りが膨らみ、日経平均株価は5日ぶりに反落した。

投資家心理・相場の動きと「売り」の相関図（イメージ）

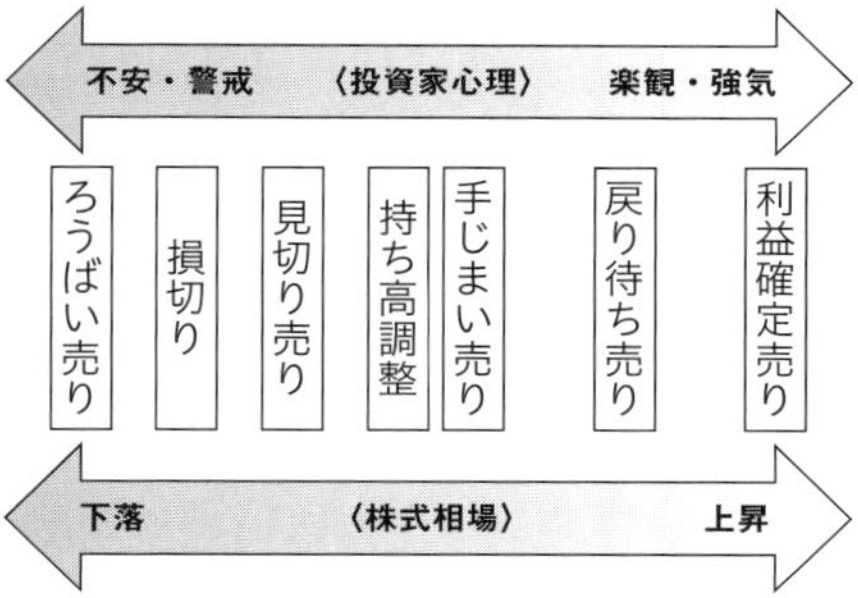
不安・警戒
〈投資家心理〉
楽観・強気
利益確定売り
戻り待ち売り
手じまい売り
持ち高調整
見切り売り
損切り
ろうばい売り
下落
〈株式相場〉
上昇

の売りともいいます。投資心理改善につながりますが、インパクトは弱いといえます。

株安局面で決まって出るのが**見切り売り**と**損切り**です。見切り売りは上がる気配がないので多少の含み損があっても処分してしまう売りです。一方、含み損が生じているが、このままでは株価がさらに下がる可能性が高いと判断したときに、損失拡大を防ぐためにやむを得ず売ることを損切りといいます。どちらも投資元本が減ってしまうので投資余力の低下につながりますが、切迫して追い詰められている分、損切りのほうが市場心理の悪化を招きます。

想定外の悪材料などが出て株価が急落、動揺してあわてて売りを出すことを**ろうばい売り**といいます。東日本大震災のときはパニック的なろうばい売りが出ました。**持ち高調整の売り**や**手じまい売り**は、大口の投資家などが株価指数先物の未決済残高や保有株全体の割合を減らすことです。重要行事の前に出やすくなります。

Q29 いろいろな買い ― 押し目買いや買い戻しなど買いの種類と相場との関係を教えてください。

「買い」もざっと7、8種類あります。一過性の買いもあれば、相場上昇を支える息の長い買いもあります。もっとも株価にインパクトの大きい買いは**上値追い**です。「郵政解散」「アベノミクス」の初期の上昇局面など先高観が非常に強い場面でみられます。今週は1万円で取引を終えたけれど、来週は間違いなく1万1000円を目指すのでもう1万円で買えるような場面はやってこない、というような見方が市場に広がったときに起こります。もたもたしている間にますます株価が上がっていくので焦燥感に駆られてさらに買いを急ぎ、株価を一段と押し上げる循環に入ります。市場では「バスに乗り遅れるな」という言い方をします。買い場を逃がすとベンチマーク（Q33で解説）に負けてしまうからです。

買い値を上げても買うのではなく、株価が下がったタイミングを見計らって資金を投じる買いを**押し目買い**といいます。じっくり待って買うので株価へのインパクトは弱いですが、業績に基づいて仕込むので息の長い買いが期待できます。

信用取引（Q48で解説）などで売っていた銘柄が下がってきたので利益を確定するために反

> **【ニュース例】** 朝方は米国株安を受けて安く始まったものの、相場の先高観は根強く、午後は押し目買いが優勢となった。

投資家心理・相場の動きと「買い」の相関図（イメージ）

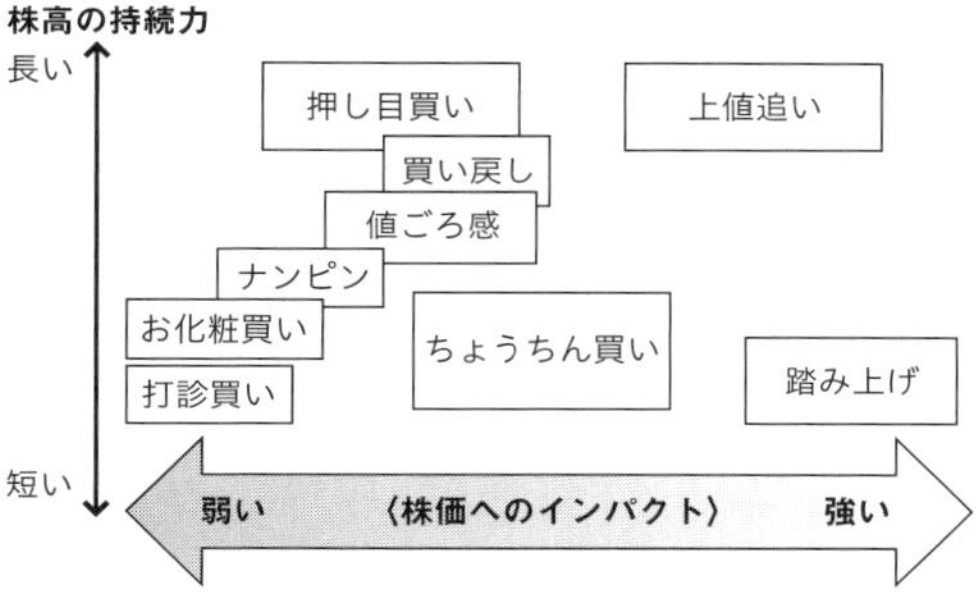
株高の持続力
長い
短い
押し目買い
上値追い
買い戻し
値ごろ感
ナンピン
お化粧買い
ちょうちん買い
打診買い
踏み上げ
弱い
〈株価へのインパクト〉
強い

対売買することを**買い戻し**といいます。利益が出るので投資余力を増やしますが、インパクトは弱く、相場全体を反転させる力には欠けます。

同じ買い戻しでも損失発生をともなう場合は状況が一変し、株価は猛烈な勢いで上がります。信用売りの損失は無限に広がるためで、買い戻しが殺到するのです。この現象を**踏み**、あるいは**踏み上げ**といいます。

大トロのすしが一貫300円なら理屈抜きに安いと考えるでしょう。株式市場でも業績に比べてとか、利回りがどうとか、相対的な評価ではなく、株価そのものが理屈抜きに安いと思って買われるときがあります。**値ごろ感の買い**です。過去、日経平均株価が8000円台に下がったときは値ごろ感からの買いが大量に入りました。株価の上昇持続性には半信半疑だけれど、どんどん上がり始めているので、値動きにつけ、というノリで買うのを**ちょうちん買い**といいます。**打診買い**は市場の反応を探ろうと少額を買うことです。

Q30 逆張り

逆張りとか順張りというのは、どのような投資行動を意味しているのですか。

ギャンブルなどでお金を賭けることを「張る」といいますが、株式市場でも、相場を先読みをして売り買いすることを張るといいます。相場の流れと歩調を合わせるような売買姿勢を**順張り**、相場の動きに逆らう買いを**逆張り**と呼びます。

相場のトレンドがはっきりしているときは順張りが目立つようになります。最近の典型例はアベノミクス相場です。２０１２年秋以降、先高観が強まり、日経平均株価が９０００円を突破しても、次は1万円台を目指すという強気予想が広がりました。

株価が上がってきたのでそろそろ売り、と考えるのではなく、もっと上がるとみて多くの投資家が株式を買い増しました。上値を追う買い方は順張り特有の傾向です。

相場の上昇局面で買っては売り、買っては売り、と短期売買を繰り返しながらもうけを膨らませることを**買いの回転**を効かせるといいます。逆張りは相場が上がってきたので売る、下がってきたので買いを入れるというように相場の流れと反対の投資行動をとります。株式相場の基

【ニュース例】先週の投資主体別売買動向によると個人が1000億円の買い越しとなった。相場の調整局面で逆張りの買いを入れたとみられる。

順張りと逆張り

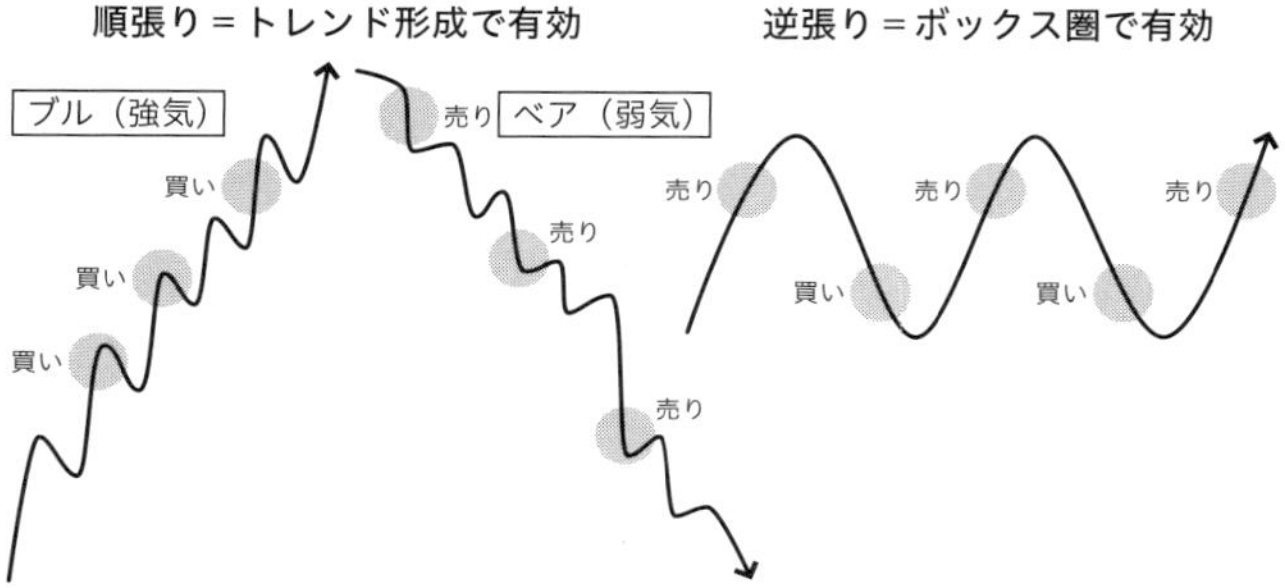
順張り＝トレンド形成で有効
ブル（強気）
買い
買い
買い
売り
ベア（弱気）
売り
売り
逆張り＝ボックス圏で有効
売り
売り
売り
買い
買い

調がはっきりせず、一定の範囲内で上げ下げするボックス圏の値動きになるときに有効な手法です。

外国人や国内の機関投資家は一般に順張りです。景気の先行きが明るいと思えば買い増し、悲観論にかたむけば売りを出すからです。他人の資金を受託しており、運用成績について**説明責任**を果たす必要があるので、経済状況に合わせた投資行動をとるのです。

個人は逆張りを好むといわれます。金融危機などで日経平均株価が急落する局面では、個人が大幅に買い越しました。個人の逆張りは相場の下げ局面では歯止め役になるほか、違う相場観、違う運用姿勢の投資行動をとることで市場の適正な株価形成に役立っています。

ちなみに相場の先行きを強気にみることを**ブル**といいます。ブルは雄牛です。雄牛は角を上に振り上げるので「上がる」を意味します。弱気を**ベア**といいます。ベアは熊ですが、熊は腕を振り下ろすので「下がる」をいいます。

Q31 **ヘッジファンド**

ヘッジファンドとはどのような投資家で、どんな売買手法を使うのでしょうか。

ヘッジファンドは金融市場の不安定な値動きによって収益が振れるリスクをヘッジ（回避）しようとする投資家を指しますが、実際には高いリスクを取って高いリターンを狙うファンドが大半です。また、いかなる市場環境でもプラスの運用成績を目指します。ベンチマークを上回る成果を目標とする一般的な投資信託やファンドとこの点で異なります。短期売買を繰り返すタイプも多いので、株式市場に与える影響も大きくなります。世界全体でヘッジファンドの運用資産は3兆ドル（約３００兆円）前後ともいわれています。

運用手法は千差万別です。株式投資だけを対象にしたシンプルな運用だけでなく、空売りや**デリバティブ**（金融派生商品）などを組み合わせて株式や債券、為替、**コモディティー**（国際商品）など幅広い商品に投資します。ふつうの投信と違って株式相場が下げても運用リターンを得なければならないので、異なる商品を組み合わせることが必要になるのです。また、少ない資金で大きなリターンを狙うケースも多いので、**レバレッジ**＝てこの原理を効かせるために高度な金融派生商品取引も手がけます。

【ニュース例】米雇用統計の悪化などを背景に、ヘッジファンドなどが円買い・日本株売りに動き、日経平均株価は大幅続落した。

ヘッジファンドの種類と売買手法

種類	手法
ロング・ショート	割安な株式を買って、割高な株式を空売りする
レラティブ・バリュー	割安・割高となる商品、市場を組み合わせて値ざやを稼ぐ
グローバル・マクロ	経済予測にもとづき、世界の株式・債券・為替に投資
イベント・ドリブン	M＆A（合併・買収）など重要イベントを手がかりに売買
ディストレスト	破綻企業に投資し、将来の値上がり益を狙う
マーケット・ニュートラル	買い持ちと売り持ちをバランスさせ低リスクの安定収益目指す
アービトラージ	銘柄間、あるいは異種商品間の価格差を利用して値ざやを抜く

日本株運用の主流は割安な会社の株式を買って（ロング）、割高な会社を空売り（ショート）する「**株式ロング・ショート**」です。両にらみの運用姿勢をとることで、株式相場が上下どちらに動いても運用益が出やすくなります。さらに、この運用スタイルで売りと買いの金額を等しくさせて中立にしたものを「**マーケット・ニュートラル**」といいます。

世界各国の政治・経済の方向性を重視し、景気、金利、為替などのマクロ指標の予想で機動的に投資するのが**グローバル・マクロ**です。たとえば、米金融緩和縮小とみれば日米金利差縮小で「ドル買い・円売り・日本株買い」などいくつもの商品をセットにして売買し、それによってリターンを倍加させます。アジア通貨危機などで通貨下落に拍車をかけたのはグローバル・マクロの売りだったともいわれています。会社のM&Aを材料に運用するのが**イベント・ドリブン**です。再編や資本提携など会社の流れを変えるイベントが発生した場合、成功しそうなら買い、失敗が見込まれる場合は売ります。

Q32 地合い

株式市場のムードや投資家心理を伝えるキーワードを教えてください。

「空気を読め」というときがありますが、株式市場の空気や雰囲気を**地合い**といいます。「**引け味がよい**」「ムードが重い」など市場参加者の心理状態や相場の勢いなどを感覚的に伝える表現です。売買代金、つまり市場エネルギーと密接に結びついているほか物色の流れとも関係があります。

売買代金が膨らみ相場に勢いがあるときは、弱い材料があってもはね返して上がります。あるいは悪い材料が出て相場が下げると「待ってました」とばかり押し目買いが入ります。悪材料に対する下げ幅が予想より小さいときや、下げたあとの戻りのピッチが速いときは買い手が多いことを示し、「地合いが強い（よい）」と表現します。1日の値動きでみると、下げそうでなかなか下げない、あるいは大引けにかけて上昇し、その日の高値で取引を終えるような流れです。

「地合いが弱い（悪い）」ときは、よい材料が出て相場が少しでも戻ったら売ってやろうと待ちかまえている投資家が多いので、なかなか上がりません。朝方上がってもじりじり上げ幅を縮め、午後は下げに転じるような流れです。明日以降もっと下がるかもしれないと思って成り

【ニュース例】 東京市場では循環物色が活発で、地合いのよさが目立っている。

地合いの状況でこう変わる

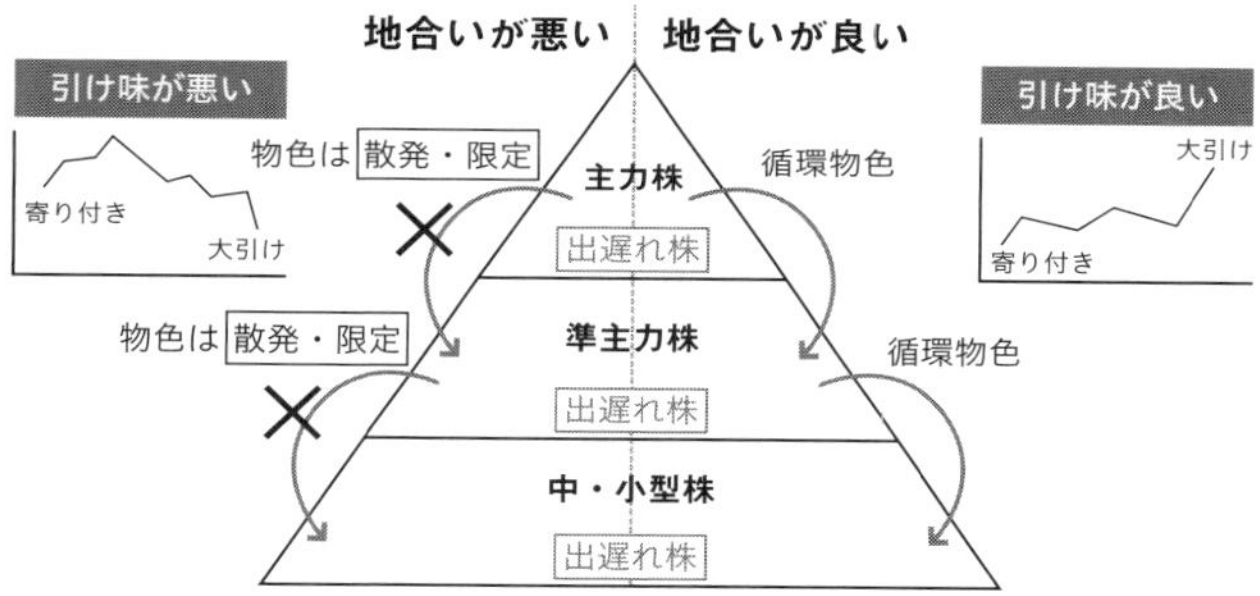

行き売り注文が出ると安値引けになります。これを「引け味が悪い」といいます。

売買しようとする銘柄や業種、テーマなどを探し出すことを「**物色**」あるいは「物色する」といいます。地合いがよいときは売買の対象が次々と別の銘柄や業種へ移り変わります。これが**循環物色**です。通常はまず日本を代表する大手自動車株や電機株が買われ、次に準主力株が買われていきます。

物色の裾野が広がっていく過程で商いが盛り上がります。投資対象を乗り換えるときに短期の投資家は利益確定売りを出すため、投資余力が拡大し、さらに市場エネルギーを高めます。循環物色が中小型株あたりまで一巡すると、相場全体の底上げ、つまり全銘柄の水準訂正がひと段落します。このとき、業績など何らかの懸念要因があって循環物色の対象にならなかった銘柄群を**出遅れ株**といいます。

地合いが悪いときは循環物色は起こりません。局地戦といわれるような散発的な物色で終わってしまいます。

Q33 ベンチマーク 値上がりしているのに上昇力が鈍いとか、下落したのに底堅いとか、何を基準に表現しているのですか。

【ニュース例】世界の投信ランキングをみると、今年は日本株投信にベンチマークを上回る傾向が強まった。

ベンチマークとは相場全体、あるいはその市場の値動き全体を映す指標です。**運用指標**と呼ぶことが一般的です。日本株の場合は、日経平均株価や東証株価指数（ＴＯＰＩＸ）などが代表例で、投資信託の運用成績や個別株の動きを評価するものさしとして使われます。ベンチマークを何にするかで投資力や収益性に直結します。

学校のテストで70点をとったとしましょう。ほめられる点数でしょうか、それとも反省すべき成績でしょうか。正解は判断ができない、です。平均点が80点なら悪かったといえるし、平均点が50点なら立派だったということになります。70点という値だけでは評価は不可能で、平均点という比べるためのものさしが必要になります。

株式市場ではこの平均点が株価指数、つまりベンチマークにあたります。電機株が1年間で2割上がったといっても、日経平均が3割上昇していれば見劣りします。株式投信の運用成績がマイナス10％で損失が出たといっても、運用が下手だと文句をいえません。たとえば、株式相場全体が30％下がるような大幅安な局面だったらどうでしょうか。損失を軽減した点で健闘

運用成績や騰落率はベンチマークと比べる

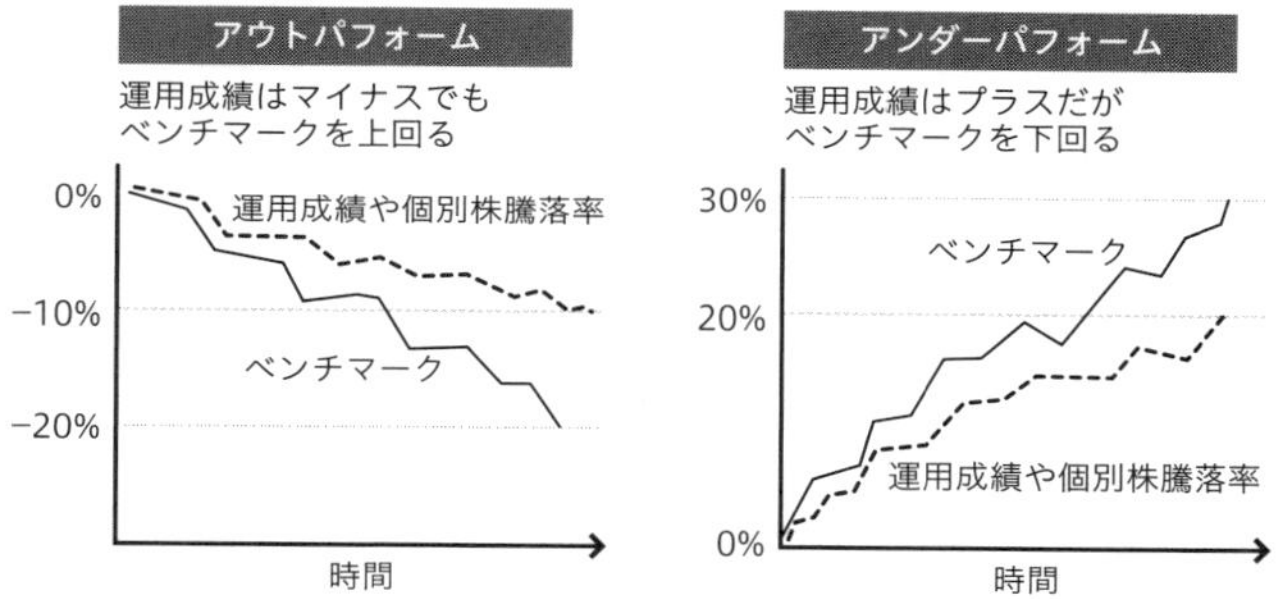

アウトパフォーム
運用成績はマイナスでも
ベンチマークを上回る
0%
−10%
−20%
運用成績や個別株騰落率
ベンチマーク
時間
アンダーパフォーム
運用成績はプラスだが
ベンチマークを下回る
30%
20%
0%
ベンチマーク
運用成績や個別株騰落率
時間

したといえるでしょう。

ベンチマークを上回ることを**アウトパフォーム**といいます。ある株式投信が自動車株と小売り株だけを組み入れていたとしましょう。

自動車株が２割、電機株が１割値上がりしそうな場合、単純に考えるとすべて自動車株にしてしまえば成果はもっと上がると予想されます。運用会社は業種や銘柄の選び方を工夫したり、組み入れ比率を変えたりして運用成績がベンチマークを上回るよう努力しているわけです。逆にベンチマークを下回ることが**アンダーパフォーム**です。

米国株ではＳ＆Ｐ５００種株価指数やダウ工業株30種平均などがベンチマークですが、世界の投資家が目安にしているのが、**MSCI**の「標準指数」です。また、日本最大の投資家でもある年金積立金管理運用独立行政法人（ＧＰＩＦ）は日本株のベンチマークとしてＪＰＸ日経４００インデックス（Ｑ81で解説）を採用しています。

Q34 市場参加者

ストラテジスト、トレーダー、機関投資家——信頼できるコメントを語るのはだれですか。

どのようなプレーヤーが売買し、どういうコメントを発信しているのかを知ることは、マーケットの深読みに大いに役立ちます。市場参加者は4つの切り口で分けられます。まず、実際に売買しているのかしていないのかという分け方です。売買はしないが、相場に影響力を及ぼすのは**ストラテジスト**や**アナリスト**たちです。

ストラテジストは文字どおり、投資戦略を立案し、海外の投資家などに相場観やポートフォリオの組み方を提案したりします。アナリストは個別銘柄や特定業種の投資判断などを任されています。

次に、実際に売買するプレーヤーのうち、リスクを取って自らの判断で売買しているのか、それとも他人の投資マネーをつないでいるだけなのかで分かれます。**ブローカー**や**トレーダー**は一般に、顧客からの注文を取り次いだり、約定させたりしています。相場には中立的存在です。自らの相場観で実際に資金を投じるプレーヤーを**実需**筋といいます。実需筋の基本運用は「バイ&ホールド」で、株を買ったら数年程度保有し、配当収入などインカムゲインを得よう

【ニュース例】 日本株は短期筋の売りが出る一方、下値では長期マネーが入り、もみあいが続いている。

市場参加者（株式の場合）の属性と売買期間のイメージ

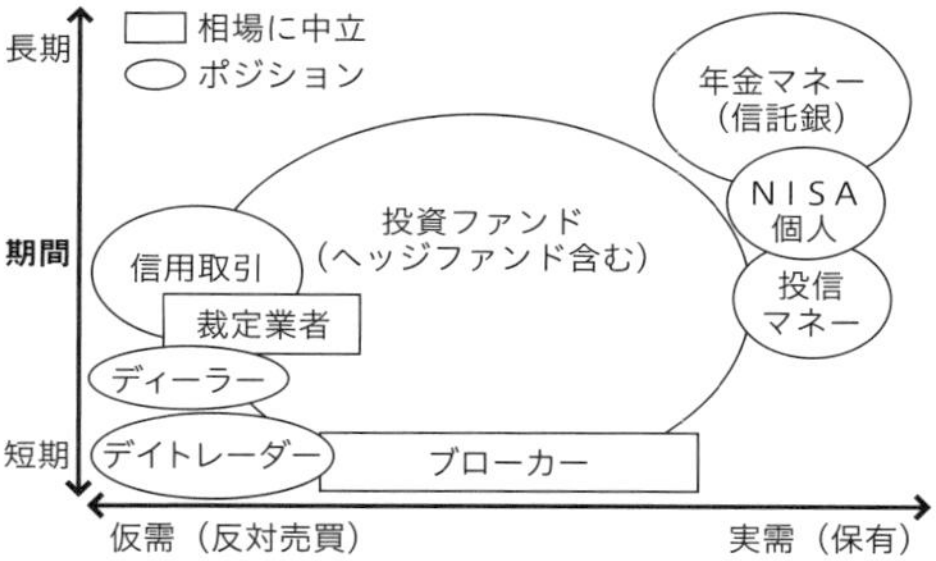
長期
期間
短期
相場に中立
ポジション
年金マネー
（信託銀）
NISA
個人
投信
マネー
投資ファンド
（ヘッジファンド含む）
信用取引
裁定業者
ディーラー
デイトレーダー
ブローカー
仮需（反対売買）
実需（保有）

※組織によって異なる

とします。

年金や投信がその代表ですが、少額投資非課税制度（NISA）を通じた個人マネーも実需の買いです。一度市場に入ってきたら簡単には逃げない一方通行の投資マネーなので、相場に大きなインパクトを与えます。

実需の反対を**仮需**といいます。買っても短期間で反対売買による差金決済がされるため、市場に資金が滞留しません。いわゆる投機的な取引が多く、すぐにマネーが逃げてしまうので一時的な需要という意味を込めて仮需と呼びます。代表例が裁定買い（Q45で解説）で、裁定解消売りで早晩持ち高はなくなります。

短い期間で反対売買を繰り返す参加者を**短期筋**、短期の投資家といいます。信用取引を手がけている個人投資家や**デイトレーダー**と呼ばれる人たちです。運用会社や証券会社が自己の資金（**プロップ**）で売買することもあります。**ディーラー**、あるいは自己売買部門といいます。

Q35 相場格言

「休むも相場」「2度買うべし」などの格言を教わりましたが、意味がわかりません。

株式市場には古くから、相場師として名をはせた先達や名人たちの語録などを語り継いだ**格言**があります。投資のツボをずばり突いていて、目からうろこが落ちます。「**頭と尻尾はくれてやれ**」は欲の皮を突っ張らせるなという戒めです。底値で買って天井で売るようなまねはだれもできません。天井で売ろうと考えているうちに株価が下がり始めて売りの機会を逃し、大底で買おうと狙っていると上がり始めて買い場を逸します。「**見切り千両**」は損切りの有効性を説いています。相場が下がって含み損を抱えたときは、反発を待つのではなく、さっさと見限って損失を確定することで大損を避けられるという意味です。

「**もうはまだなり、まだはもうなり**」はもう底だと思ってもまだ下がるかもしれないと考えよ、まだ上がると思ったらもう天井かもしれないと考えよ、という意味です。自分の判断など独りよがりであてになりません。「**天井3日底値100日**」はまさに日本株の20年の足跡そのものを言い当てています。ITバブルや郵政相場などで日経平均株価が高値圏にとどまったのはわずかの期間でした。「**2番底は黙って買え**」はチャートのダブルボトム（Q43で解説）のこと

【ニュース例】この日の相場は閑散・小動き。「休むも相場」の声も出て見送りムードが広がった。

株式相場の値動きに「格言」はこう結びつく

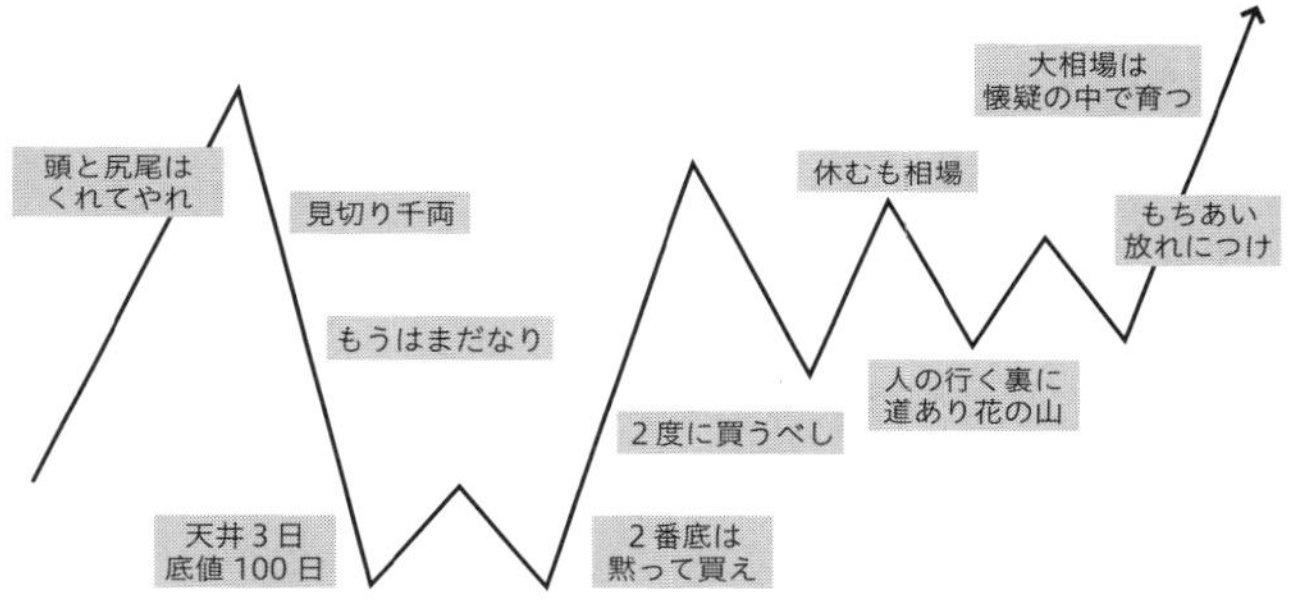
頭と尻尾は
くれてやれ
見切り千両
もうはまだなり
天井3日
底値100日
2番底は
黙って買え
2度に買うべし
休むも相場
人の行く裏に
道あり花の山
大相場は
懐疑の中で育つ
もちあい
放れにつけ

です。「**2度に買うべし、2度に売るべし**」は分散投資でもっとも難しい時間分散の大切さを示唆しています。何度かにわけて売り買いすればコストが平準化して失敗しにくくなります。「**休むも相場**」は何を買うか、いつ売るか、あくせくしていると近視眼になって大局観を見失うので、休んで全体を俯《ふ》瞰《かん》しなさいという教訓です。

「**人の行く裏に道あり花の山**」は逆張り、あるいは有望株発掘の妙を教えます。だれも知らない、たとえばアナリストがカバーしていないような中小型株にこそ隠れた成長株が埋もれているかもしれません。「**もちあい放れにつけ**」も的を射ています。三角もちあい（Q43で解説）など相場がボックス圏を放れるときは大相場になりやすいので順張りで臨みなさいという意味です。

筆者が一番好きな格言は「**大相場は悲観の中で生まれ、懐疑とともに育ち、楽観の中で成熟し、幸福とともに消えゆく**」です。日本株の過去はほぼこの格言どおりに動いています。

Q36 アノマリー

「5月に売れ」とか「高値は1月につける」といった経験則があると聞きましたが、信じて大丈夫ですか。

説明しにくい相場の経験則や仮説を**アノマリー**と呼びます。合理的な根拠はないけれど、過去のデータや継続性から考えると確かにそうかもしれないと思わせる相場や市場の「クセ」です。根拠希薄なものもあれば、それなりに納得のいくアノマリーもあります。筆者の取材経験からいうと、アノマリーの正体はほとんどが需給に関係しています。額面どおりに信じる必要はありませんが、投資判断の参考になります。

人気アニメ「サザエさん」の視聴率と株式相場が反相関関係にあるというアノマリーが有名でした。日曜日夕方のアニメの視聴率が悪いときは家族がレジャーや外食に行っているためという仮説が成り立ちます。つまり、景気がよい→株高となるわけです。節約して家族で鍋を囲むような場合は視聴率が上がり、そういう経済局面では株価が下がりやすくなります。

年末年始から追うと、米国株はクリスマス前後から上がりだし、1月に高値をつけるアノマリーが登場します。「**掉尾《とうび》の一振《いっしん》**」は年末高です。12月に海外投資家が節税対策のため損切りするので株は下がりやすくなり、1月には資金が戻ってくるので上がるという理屈です。

> **【ニュース例】** 市場では「セル・イン・メイ（＝5月に売れ）の格言にならえば、今年も海外投資家の買いはしばらく期待しにくい」との見方も出ている。

日米の主な株式アノマリー

時期など	アノマリー	根拠や仮説など
12～1月	1月の米国株は高い	資金の回帰
2～3月	節分天井・彼岸底	不明
4月	日本株は4月に上がる	需給好転
5月	セル・イン・メイ	米国株は5月に高値をつけやすい
5月～7月	ビール株は夏に高値をつける	シーズンストック
8月	夏枯れ	小型株が上がる
10月	ハロウィーンに買え	ブラックマンデーなど10月は大荒れ
12月	掉尾の一振	クリスマス前後から資金回帰
週	月曜日の株価は下げる	週末に悪いニュースが出やすい
月	2日新甫（しんぽ）は荒れる	月の2日が取引開始日だと下げる
その他	「サザエさん」効果	視聴率が悪いと株高

（注）時期や名称、仮説は一部筆者推定

日本では「**節分天井・彼岸底**」が有名です。ただ、株式含み益をてこに決算対策の売りが集中していた２０００年ごろまでは通用していましたが、最近は当てはまりません。機関投資家が新規資金を投じる４月に株価は上がりやすいという仮説が定着しています。

米国では「Sell in May, and go away（**5月に売り逃げろ**）」といわれます。5月と11月がヘッジファンドの決算が多いといわれ、相場が短期的に天井を打ちやすいからでしょう。

根拠はないのに信憑性の高いアノマリーは10月の大波乱です。米国では１９２９年の大暴落（＝暗黒の木曜日）が10月29日、**ブラックマンデー**も10月19日でした。１００年に１度の暴風雨といわれたリーマンショックも10月が未曾有《みぞう》の荒れ相場となり、日経平均株価は７１００円台まで下がりました。そして、はたして２０１４年も大荒れになりました。10月下旬のハロウィーンに買え、というアノマリーは逆張り（Q30で解説）の観点からは大いに有効ですね。

Q37 寄与度

日経平均株価に対して、個々の採用銘柄がどの程度影響を及ぼすのか知りたいです。

日経平均株価は算出の歴史と連続性、わかりやすさなどから多くの株価指数でもっとも指標性があります。算出方法は**単純平均**といって、２２５銘柄の株価をシンプルに足し合わせて割り算するだけです。

もっとも、５万円の銘柄と５００円の銘柄は足し算できません。そこで日経平均は**みなし額面**という方法を用いて２２５社の株価を調整します。世界の通貨を思い浮かべましょう。１００円と１００ドル、同じでしょうか。違います。１００円と１ドルならまあ同じような感覚です。この「同じぐらい」の感覚が購買力です。みなし額面は株の価値を同じぐらいの評価軸にそろえる道具になります。

みなし額面は日経電子版の「**日経平均プロフィル**」からたどれば一覧表がみられます。基準は旧額面の50円です。みなし額面が25円なら2倍にして計算します。実際の株価が１００円上がっても日経平均の計算上では2倍の２００円上がったという意味です。みなし額面が２５０円なら50円に合わせるため5分の1に値幅を縮めます。こうして２２５銘柄の株価を調整し、足し合わせます。最後に指定された数字（＝除数）で割ります。この一連の流れで日経平均株

【ニュース例】 この日は先物主導で現物株も上げる展開になり、日経平均株価への寄与度が大きい値がさ株が急伸した。

日経平均株価への影響力は銘柄によって異なる

	みなし額面調整	1%の値上がり幅	日経平均実際に動かす力＝インパクト
ファーストリテイリング	値がさ	362 円	14.5 円
ソフトバンク	3 倍	87 円	10.4 円
ファナック	値がさ	193 円	7.7 円
ＫＤＤＩ	2 倍	66 円	5.3 円
京セラ	2 倍	51 円	4.1 円
アステラス製薬	5 倍	16 円	3.2 円
ホンダ	2 倍	37 円	3.0 円
東京エレクトロン	値がさ	74 円	3.0 円
信越化学	値がさ	71 円	2.8 円
ダイキン工業	値がさ	70 円	2.8 円
トヨタ自動車	値がさ	64 円	2.6 円
ＴＤＫ	値がさ	62 円	2.5 円
日東電工	値がさ	59 円	2.4 円
テルモ	2 倍	26 円	2.1 円
キヤノン	1.5 倍	35 円	2.1 円
日本電気硝子	1.5 倍	5 円	0.3 円
16 銘柄　合計	−	1278 円	69 円
日経平均株価	−	160 円	

（注）2014 年 9 月 19 日終値、株価は切り捨て。除数＝25。インパクトは四捨五入
値がさ株は 5000 円以上の主要な銘柄

価は連続性を保たれます。

しかし、調整しても株価水準がもともと高い銘柄や、みなし額面で2倍、3倍になる銘柄は、日経平均全体への影響力が増します。この影響力を**寄与度**と呼びます。図はどの銘柄も１％上昇した場合、日経平均にどれだけ影響を与えるかを試算したものです。ちなみに、２０１４年だと日経平均はおおむね１万５０００円前後だったので１％は１５０円です。

ここに着目した買いが値がさ株に入るときがあります。値がさ株に大量に買いを入れて日経平均株価をつりあげます。日経平均先物も上がるので、構成銘柄２２５銘柄全体に裁定買い（Q45で解説）が入り、底上げされます。月末にリターンをよくみせる**お化粧買い**などでこの動きがみられます。

第4章

相場の動きを読む

038～049

Q38 ローソク足

株価を表すグラフに描かれるろうそくのような四角い記号はどう読めばいいのですか。

株式投資やFX（外国為替証拠金取引）などでおなじみのグラフは、その形をイメージして**ローソク足**と呼びます。1日1日の値動きが一目でわかり、需給や基調転換のサインも簡単に読み解けます。

1日の値動きは4種類の大事なポイントがあります。取引開始時の**始値**、取引時間中に付けた日中高値と日中安値、そして取引終了、大引けでの約定値＝**終値**です。これを**四本値**と呼ぶときがあります。始値よりも終値が高くなったとき、要するに1日を通してみると買い方の勢いが売り方より強かったときは白い四角の記号を描きます。この四角形を**実体**といいます。そこから高値と安値に向かって棒線を引きます。高値に突き出た線を**上ひげ**、安値に伸びた線を**下ひげ**と呼びます。白いローソク全体を**陽線**といいます。

売り方の勢いが勝り、始値より終値が下がってしまったケースでは実体を黒く塗りつぶします。黒色のローソクは**陰線**といいます。

ローソク足が重宝されるのは、終値だけでは相場の流れや地合いを読み取れないからです。

【ニュース例】日用品大手K社の株価が大幅高となり、チャートはひげのない陽線を引いた。

ローソク足のしくみ

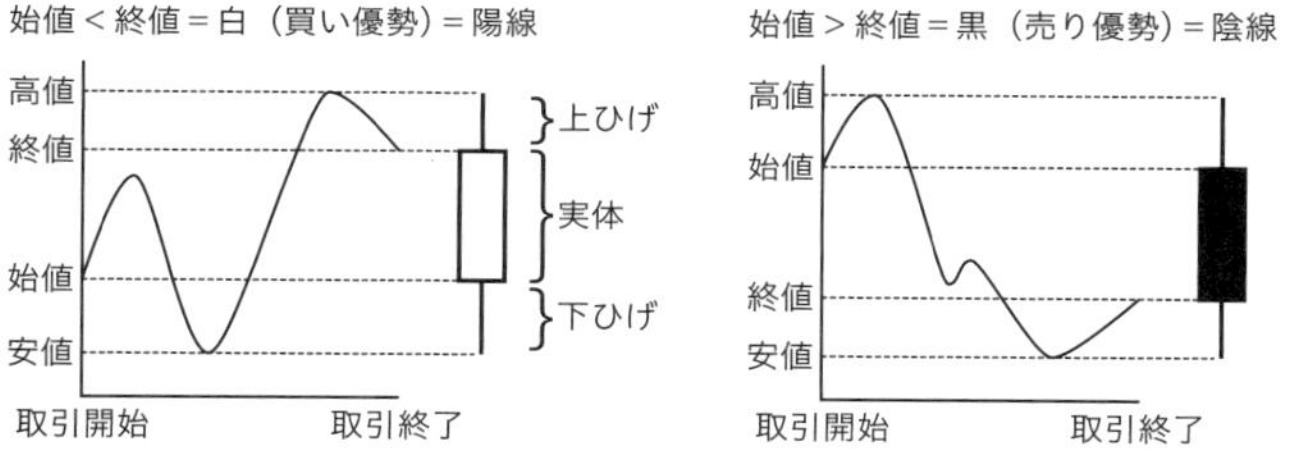

「K社の株価が5日連続で下落し、前日比10円安の1000円で取引を終えた」という記事で、始値が20円安の990円、日中安値が100円安の910円だった場合はどうでしょうか。

下げ幅が80円広がりましたが、終値にかけて90円戻したことになります。1日の需給だけをみると、取引の途中から急速に買いの勢いが強まってきたことがわかります。5日連続安ですから終値では下落基調ですが、ローソク足は底入れ・反転のサインを示しているというわけです。

逆に上昇基調や高値圏で陰線が出てくると、先行き反落のサインとなります。1日の動きは売り優勢を示しているためです。

始値がその日の安値、終値がその日の高値になった場合、ひげは描きません。白い実体だけなので**陽線丸坊主**といいます。実体が長いほど買いの力が強いことを意味します。始値が高値、終値が安値は**陰線丸坊主**で、その長さは売りの勢いを示します。上昇（下落）の勢いが強かったことを棒上（下）げというのはローソク足の形が由来です。

Q39 三羽ガラス・三空——ローソク足には基調転換のサインが点灯するそうですね。

複数のローソク足を組み合わせることで、基調の強弱や転換点をより多面的に読み取ることができます。一番シンプルな方法は陽線と陰線の数です。日足をながめて、陽線が多いときは買い意欲が次第に強まっており、陰線が目立つ場合は売り優勢で需給の悪化が続いていると判断できます。

高値圏で陰線が3日連続で出ると**黒三兵**、あるいはカラス（の不吉さ）にたとえて**三羽ガラス**と呼び、大幅下落のサインです。逆に安値圏で陽線が3回連続で出ると**赤三兵**で反発局面に入るサインとされます。昔は陽線を赤で書いていたのでこの名前がつけられました。

上昇局面で上ひげが長く、下ひげのない陰線が出ると天井のサインです。ローソク足の形をイメージして**とんかち**と呼びます。買い優勢で始まったけれど結局売りに押し戻されて安値引けになったわけで、買い方の降参です。逆に下落局面で下ひげが長く上ひげのない陽線が出ると、旺盛な押し目買いが売りを吸収したことを意味し、底入れのシグナルとなります。形から**からかさ**といいます。

【ニュース例】 通信大手のS社の株価が急伸し、主力株では珍しい「三空」がチャート上に現れた。

ローソク足を組み合わせ、株価を先読みする

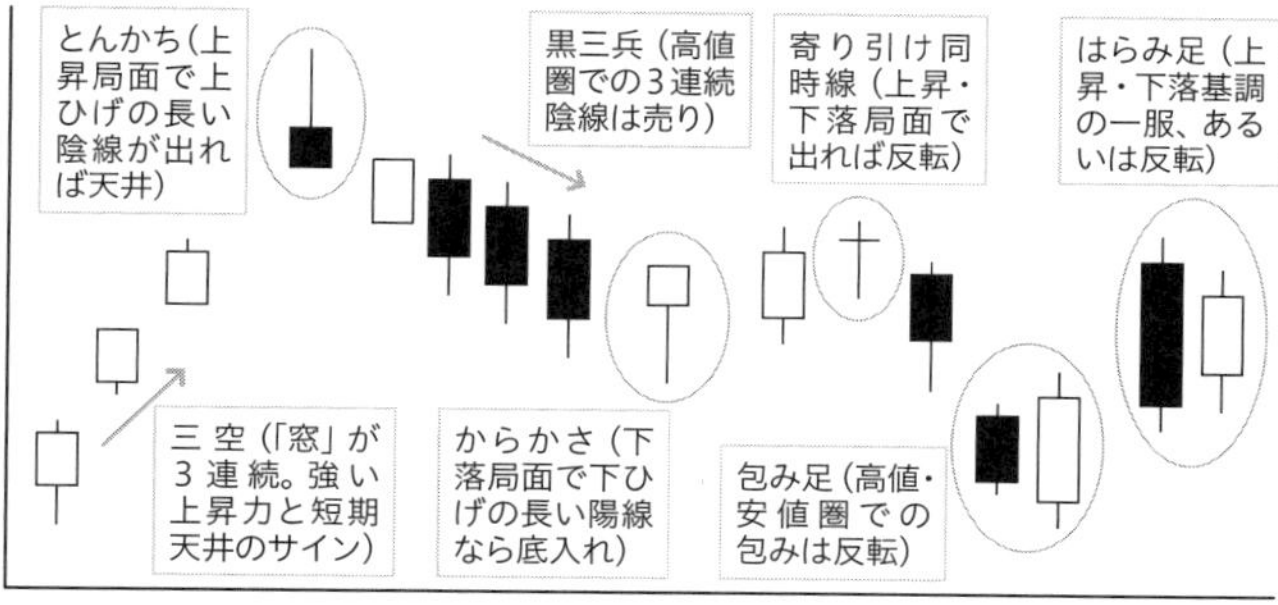
とんかち(上昇局面で上ひげの長い陰線が出れば天井)
黒三兵(高値圏での3連続陰線は売り)
寄り引け同時線(上昇・下落局面で出れば反転)
はらみ足(上昇・下落基調の一服、あるいは反転)
三空(「窓」が3連続。強い上昇力と短期天井のサイン)
からかさ(下落局面で下ひげの長い陽線なら底入れ)
包み足(高値・安値圏での包みは反転)

三空とは株価が反発する過程で陽線の間に空白部分（窓）が3回続くことをいいます。その日の安値が前日の高値を上回っている状態が毎回続くわけで、買いの勢いが非常に強いことを意味します。個別株でも株価指数でもほとんどみられませんが、踏み上げ（Q29で解説）などで起こりやすくなります。上昇が強烈な分、短期的な天井・反動安の警戒サインともいえます。

相場の転機を示すのが**寄り引け同時線**で十字の形を示します。売りと買いが拮抗、綱引きしており、トレンドがあるときは基調転換のサインとなります。安値圏で前日の陰線を包み込む形で上下に長い陽線が出ると陽線の**包み足**で、株価の反発を示唆します。前日までの売り圧力をはね返すほど買いの勢いが強いといえるためです。その逆もあります。

前日の長い実体の中に違う色のローソク足がすっぽり収まるのが**はらみ足**です。前日の勢いがすっかり消え、反対の売買が活発になる胎動が聞こえているという意味です。

Q40 テクニカル分析

売り買いのタイミングがつかめるような投資手法ってありますか。

株式投資の分析は全部で3種類あります。景気や業績から銘柄を選ぶ**ファンダメンタルズ分析**、金利や政策からマネーの動向を読み解く**需給分析**、そして、株式売買のタイミングを分析する**テクニカル分析**です。１０００円に上がりそうな銘柄をみつけたら、８００円で買うのと９００円で買うのとどちらが得でしょうか。答えはいうまでもないでしょう。テクニカル分析をものにすれば、投資コストを引き下げることができます。比較的、ポピュラーな分析を表にまとめました。

騰落レシオは物色の広がりを示す指標で、市場の熱気、寒暖計のようなものです。日々の動きではなく、25日移動平均でならしてみることが一般的です。日経平均株価など株価指数が下がっても騰落レシオが高いと、主力株から幅広い銘柄に資金が循環していることを示唆します。

サイコロジカルラインは相場のリズムを確率でみて、売り買いを決めるサインととらえます。直近12日間の日経平均株価が値上がりした日を「勝ち」、値下がりを「負け」と数え、この勝率で過熱感を判定します。12勝0敗や0勝12敗は10数年に1度しか起こりませんし、11勝1敗

> **【ニュース例】**東証1部の騰落レシオが過熱ゾーンに入ったため、株式市場では高値警戒から利食いが増えている。

ローソク足を組み合わせ、株価を先読みする

テクニカル分析名	人気度	分析手法（通説）
騰落レシオ	★★★	値上がり銘柄数を値下がり銘柄数で割り、120％以上で「買われすぎ」、80％以下で「売られすぎ」
移動平均線	★★★	過去の平均的な値動きと、足元の値動きを比べて相場の方向性や勢いなどを読み取る
トレンドライン	★★★	上値抵抗線と下値支持線を使って相場のトレンドや上昇・下値リスクを予想する
一目均衡表	★★	時間の概念を取り入れて需給の均衡がどう崩れるかなどの切り口で転換点や方向性を読み取る
サイコロジカルライン	★★	直近１２日間の値上がりした日を「勝ち」、値下がりを「負け」と数え、勝率で過熱感を判定
先導株比率	★★	全体の売買代金の中で、上位10(20)銘柄が占める割合で、相場の過熱感や地合い、物色の特徴などを判断する
ボリンジャーバンド	★	株価変動の大半は移動平均線の一定の範囲内（バンド＝帯）に収まるという統計理論を応用し、バンドの外は売ら（買わ）れすぎ
ストキャスティクス	★	足元の終値が、過去一定期間の最高値と最安値のどちらに近い位置にあるのか数値で示す
ＲＳＩ＝相対力指数	★	過去１４日間の上昇・下落幅の合計値に対して、上げ幅がどれぐらいかを測り、転換点を予想する
カギ足	★	「値幅足」とも呼び、一定の値幅を超えたときにその騰落を１本の線の屈折で示す
ポイント・アンド・フィギュア	★	１マスの値幅を決めて値上がり＝×、値下がり＝○で記入し、相場の流れを読み解く
新値足	★	価格の変化だけに着目して相場の転換点をとらえる

（注）筆者の独自判断、★が多いほどとっつきやすい

や1勝11敗も数％の確率です。こうした状況になれば逆張り（Q30で解説）でのぞむと確率的にもうかる可能性が高くなります。**先導株比率**は物色が一極集中しているのか、全体に広がっているのかがわかります。**一目均衡表**は時間の概念を取り入れて需給の均衡がどう崩れるかなど独特の切り口で相場の方向性を読み取ります。

一方、統計上のばらつきの考えを利用して、株価変動の大半は移動平均線の一定の範囲内（バンド＝帯）に収まるという見方から売り買いのサインを読み解くのが**ボリンジャーバンド**です。

Q41 移動平均線

ゴールデンクロスとデッドクロスは株価がどういう状態になったことを示すのですか。

もっともポピュラーなチャート分析が**移動平均線**です。過去の終値の平均なので、期間が長いほどなだらかなカーブを描きます。注目すべきは移動平均線の傾きの方向と角度です。移動平均線が右肩上がりなら相場は上昇基調、右肩下がりなら下落基調です。

２本の移動平均線を組み合わせることで相場の先行きをある程度予想できます。上向いている移動平均線に対して、それよりも短い期間の移動平均線がより急な角度で下から上へ突き抜けるときを**ゴールデンクロス**と呼びます。相場の上昇が鮮明になったことを意味し、買いのサインです。

反対に、期間の短い短期移動平均線が急激に下がりながら、長期移動平均線を上から下に突き抜けるのが**デッドクロス**で売りのシグナルとされます。

期間に定義はありませんが、25日線と75日線、5日線と25日線の交差を使うのが一般的です。中期的な方向性をみるために13週線と26週線を比べたり、あるいは２００日線や5年平均という超長期の期間を使うときもあります。

【ニュース例】日経平均株価の下落基調が鮮明で、チャート上にはほぼ４カ月ぶりに「デッドクロス」が出現した。

移動平均線を使った分析

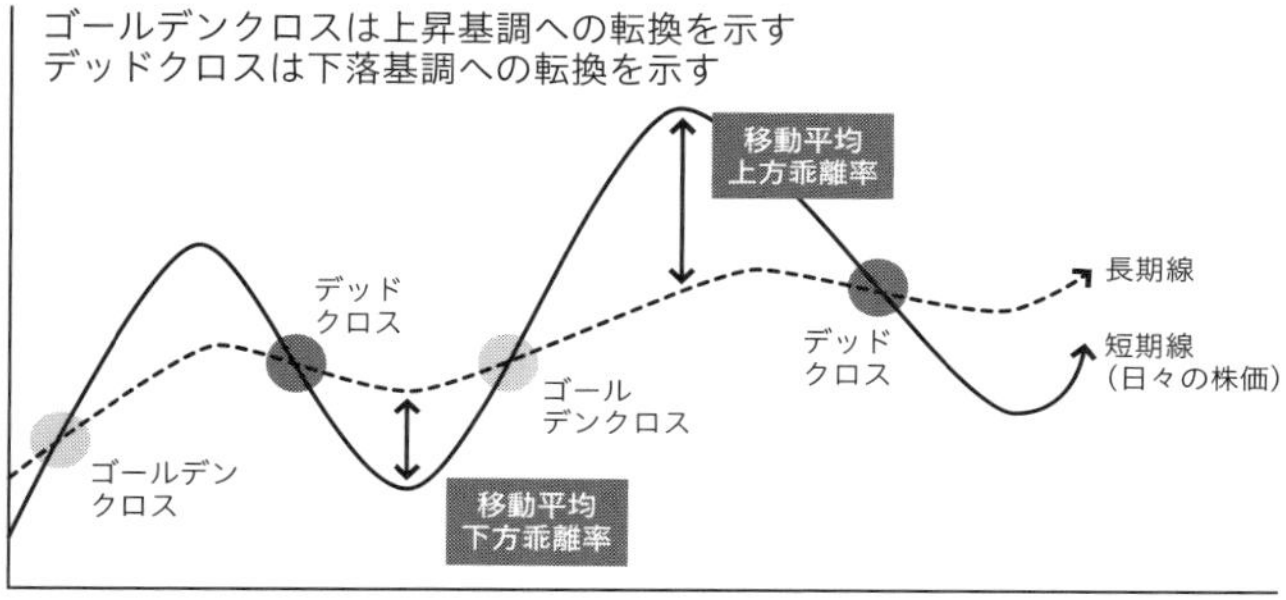

ゴールデンクロスは上昇基調への転換を示す
デッドクロスは下落基調への転換を示す
移動平均
上方乖離率
長期線
短期線
（日々の株価）
デッド
クロス
デッド
クロス
ゴール
デンクロス
ゴールデン
クロス
移動平均
下方乖離率

大切なことは移動平均の本質を理解することです。移動平均は単に株価をならすのが目的ではありません。25日線なら25営業日、つまり過去約１カ月間の平均的な売買コストを意味するわけです。株価が25日線を下回ってくると、直近１カ月間に買った投資家の多くに含み損が生じたとも解釈できます。投資心理が悪化して損切りなどが出やすくなるわけです。逆に上回ると含み益の状態になり、投資心理が楽観的に傾いて株高につながります。

その意味で、日々の終値と25日線を比べることが、足元の基調をもっとも正確に判断できる方法と考えられます。２００日線は過去１年間の平均投資コストともいえ、中長期の投資家の含み損益をみる目安になります。

株価と移動平均線がどれだけ離れているかを示す**移動平均乖離《かいり》率**も、株価トレンドの変化を見極める材料として注目されます。株価が25日移動平均線から上下に５％以上差が開くと「買われすぎ」「売られすぎ」と判断されます。

Q42 **トレンドライン**――株価の上値や下値のメドはどうやってわかるのでしょうか。

代表的なテクニカル分析に**トレンドライン**があります。チャートには山＝高値や、谷＝安値がありますが、一定期間の高値と高値を結んだ線を**上値抵抗線**、安値同士をつなげた線を**下値支持線**といいます。

上昇相場のときは谷の部分が徐々に切り上がり、下値支持線が右肩上がりになります。上昇トレンドが変わらないときには、株価は多少調整しても下値支持線近辺で下げ止まります。下方に突き抜けてしまうと株価は下落トレンドに転換したと予想します。下落基調のときは、山の頂が次第に切り下がるパターンとなり、下値支持線ではなく、上値抵抗線をみます。反発してもたいていは上値抵抗線に近づくとはね返されます。株価が上値抵抗線を上抜けすると上昇相場入りとみなします。

上値抵抗線と下値支持線がほぼ平行状態で、株価がこのゾーンで行ったり来たりしている状態を「**ボックス圏**」「**レンジ相場**」などと呼びます。

トレンドラインが信頼できる手法として定着しているのは、需給と投資家心理によって形成されるためです。下落トレンドを考えましょう。含み損を抱えている投資家が大勢います。株

【ニュース例】日経平均株価はバブル期以降の歴史的な上値抵抗線を突き抜けた。

トレンドラインの見方

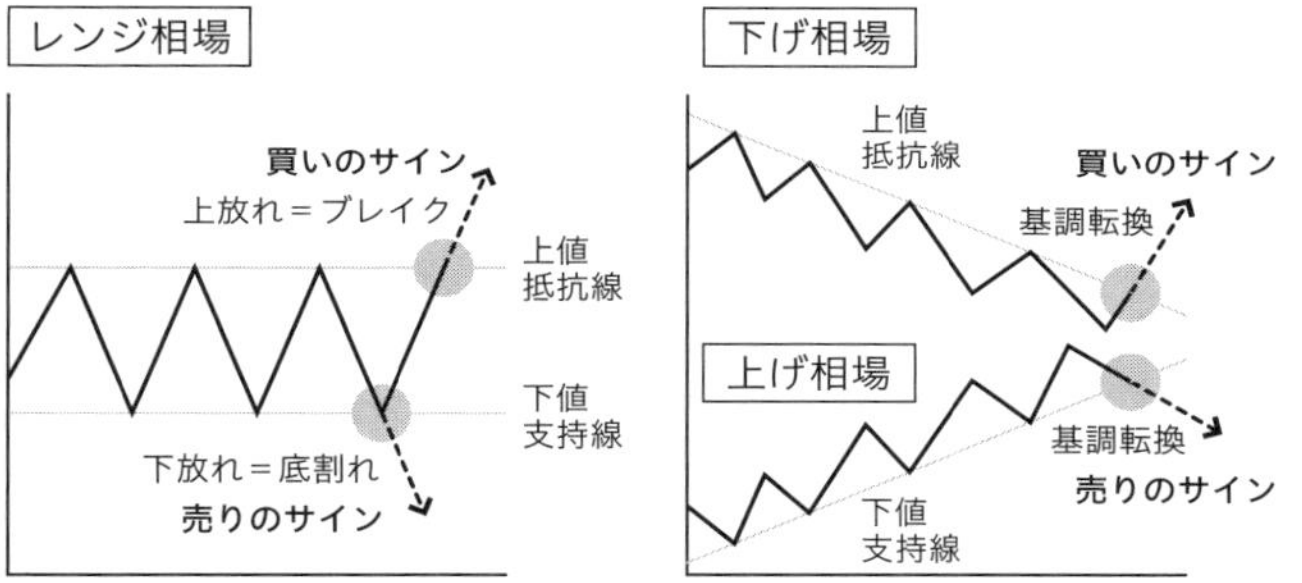
レンジ相場
買いのサイン
上放れ＝ブレイク
上値
抵抗線
下値
支持線
下放れ＝底割れ
売りのサイン
下げ相場
上値
抵抗線
買いのサイン
基調転換
上げ相場
基調転換
売りのサイン
下値
支持線

価が少しでも戻ってくると含み損が縮小した時点で早めに処分売りを出そうとします。この売りでさらに上値が抑えられ、前回つけた高値より戻り高値が切り下がるのです。

上値抵抗線や下値支持線を足元の株価が突き破るとトレンド転換のサインです。一定期間続いた売り（買い）の勢いを買い（売り）の勢いがしのぐ需給状態、あるいは心理状態に変わったことを示します。期間が長いほど強力なトレンドラインで、長期のトレンドを破ったときほど歴史的な転換局面になります。

日経平均株価が史上最高値をつけた１９８９年12月の３万８９１５円とＩＴバブル期の高値２万８８３３円を結ぶと、この大きな上値抵抗線ができあがります。この抵抗線を破ったのが２００５年です。小泉政権下の「郵政相場」で、半世紀に１度といわれる記録的な上昇をみせました。リーマンショック前の高値と結んだ抵抗線は12年末に突破し、「アベノミクス」相場が始まりました。

Q43

三角もちあい

株価が大きく動く前触れを知ることはできますか。

上値抵抗線と下値支持線を結ぶと三角形の旗＝**ペナント**のような形になるときがあります。株価が近い将来、上昇あるいは下降トレンド入りする可能性を示唆しており、**三角もちあい**といいます。

投資家が相場の方向性に自信を持てないと、株価がわずかに上昇すればすぐに利益確定売りを出そうとします。逆に下がっても押し目買いが入り、下げ幅が限られます。山（＝高値）と谷（＝安値）が小さくなり戻り高値を結んだ上値抵抗線は右肩下がりに、下値をつないだ支持線は右肩上がりになり、一点に収斂《しゅうれん》するチャートが描かれます。この過程で投資家の買いポジションは損切りなどで徐々に減り、売りポジションを持っている投資家は買い戻しで持ち高が解消します。持ち高が整理され、中立＝身軽になった投資家は株価がどちらに振れてもその動きに乗じる体制が整います。「マグマが蓄積している」ともいい、需給面での爆発力が増していることを意味します。三角もちあいを抜け出すと、相場は上か下のどちらかに大きく動きやすくなります。

相場の底入れを示す**ダブルボトム**、天井を示す**ダブルトップ**と呼ぶ形もあります。文字通り

【ニュース例】医薬品メーカーX社の株価は三角もちあいが鮮明で、市場では上放れする公算が大きいとの声が出ている。

上値抵抗線・下値支持線が示すサイン

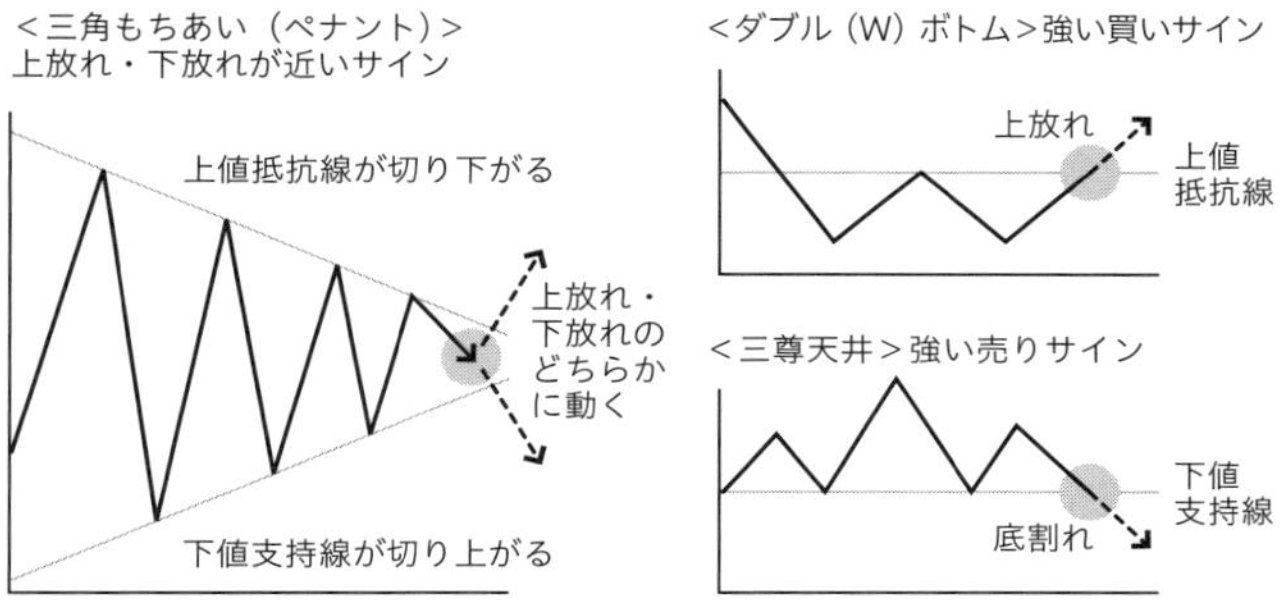
＜三角もちあい（ペナント）＞
上放れ・下放れが近いサイン
上値抵抗線が切り下がる
上放れ・
下放れの
どちらか
に動く
下値支持線が切り上がる
＜ダブル（W）ボトム＞強い買いサイン
上放れ
上値
抵抗線
＜三尊天井＞強い売りサイン
下値
支持線
底割れ

「W」字で底入れのサインです。ほぼ同じ水準で2度押し目買いが入って反発し、最初の押し目買いで反発したときの戻り高値を抜くと上昇基調入りとみなします。その逆のダブルトップはWのさかさまの形で、M字型になります。山の真ん中に安値があり、直近の株価がその谷を下回ると下げ基調に転じるサインとされます。

さらに強いサインが**三尊天井**です。図のように寺社でみられる仏様の並び方に似ていることからこの呼称がつきました。人にたとえて**ヘッド・アンド・ショルダー**（頭と肩）ともいいます。株価が3つの山ができ、真ん中の山がもっとも高くなります。3つの山の間にある2つの谷を結んだ下値支持線を下回ると強い売りサインがともります。上昇が3度もはね返され、買いのエネルギーが尽きた状態です。この反対が**逆三尊**で、三尊天井の逆さまの形になります。ほぼ同水準の1番底と3番底が、もっとも安い2番底を挟み、相場底入れのサインとなります。

Q44 先物取引

個人投資家でも簡単にできるデリバティブ（金融派生商品）取引はありますか。

【ニュース例】この日の株式相場は株価指数先物主導で下げる展開になった。

先物は**デリバティブ（金融派生商品）**の代表格です。個別株を対象にした信用取引と違って、先物は主に相場全体が対象になります。2014年秋には**JPX日経インデックス400先物**が上場し、東京市場活性化の目玉として注目を集めています。本書では、個人投資家も参加しやすい**ミニ日経平均先物**（日経225mini）を例に説明しましょう。

先物取引をするには、数万円～十数万円程度の**証拠金**を預けます。信用取引（Q48で解説）の保証金にあたります。ミニ日経先物なら1枚（取引単位）の売買で先物価格の100倍の取引ができます。日経平均が1万6000円なら、先物を1枚買うと160万円相当の株を買ったのと等しく、100円変動すれば損益が1万円という計算になります。

日経平均株価に連動する上場投資信託（ETF）を200万円分保有していると仮定します。短期的に値下がりが予想される場合、先物を1枚（約160万円相当）を売ります。実際に相場が下がって現物株に損失が生じても、先物の含み益で8割を埋め合わせした計算になります。

先物売買の4パターン

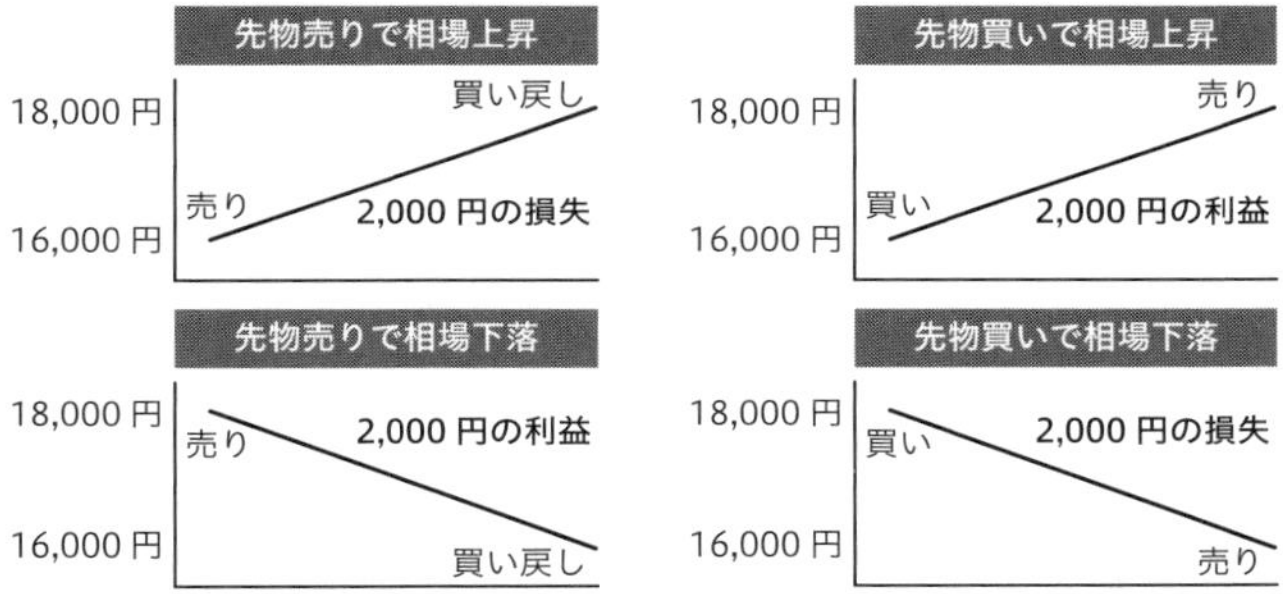
先物売りで相場上昇
18,000円
16,000円
買い戻し
売り
2,000円の損失
先物買いで相場上昇
18,000円
16,000円
売り
買い
2,000円の利益
先物売りで相場下落
18,000円
16,000円
売り
2,000円の利益
買い戻し
先物買いで相場下落
18,000円
16,000円
買い
2,000円の損失
売り

先物の新規売りを売り建てる、新規買いを買い建てるといいます。現物株と違って保有はできません。決済期日（**限月**（げんげつ））が決まっており、日経平均先物の場合は3、6、9、12月の直近5限月です。その月の第2金曜日に「**特別清算指数（SQ）**」と呼ぶ最終決済金額を確定します。オプション決済日とも重なっているので、**メジャーSQ**というときがあります。反対売買されていない未決済の注文を**建玉**（たてぎょく）、建玉の量を**持ち高**、あるいは**ポジション**といいます。相場の先高観から買い建玉を増やしたり、先安観から売り玉を増やしたりすることをポジションをかたむけるといいます。反対売買で持ち高を減らすことをポジション整理といいます。

持ち高はすべてSQの値で自動清算されるので、通常はSQ前に売りポジションを買い戻すと同時に、翌限月を新たに売り建ててポジションを維持する形にします。これを**ロールオーバー（乗り換え）**といいます。

Q45

裁定取引

裁定買いや裁定解消売りのしくみがわかりません。

裁定取引は株式相場全体に影響を与える売買手法の1つです。やや乱暴な言い方をすれば、市場で間違った価格がつくときがあるので、それを利用して利益を得る手法です。たとえば、1万円の株価が正しいのに1万10円になるときがあります。割高なので1万10円で売れば、早晩正常値1万円に戻ったときに買い戻すと10円のもうけが発生するという理屈です。

株式市場では、主に先物相場が理論価格に対して高いか安いか、で裁定取引の機会が発生します。現物株指数の日経平均株価と、日経平均先物で説明しましょう。先物は将来の日経平均の値段なので、短期金利を上乗せしたり、配当利回りを除いたりして理論値を求めます。仮に、**先物理論価格**が1万円としましょう。しかし、先高観が強いと旺盛な買いが入り、現物株より早いテンポで値上がりするケースが頻繁に発生します。仮に1万100円をつけたのであれば、割高な先物を売って現物株を買うのが**裁定買い**です。先高観が強いと裁定買いも入りやすく、現物株が押し上げられます。

しかし、先物もいつまでも理論値より高い状態ではありません。決済日が近づくと、どんな

> **【ニュース例】** 裁定買い残が約3年ぶりの高水準に積み上がり、先行きの需給懸念につながっている。

裁定取引のイメージ図

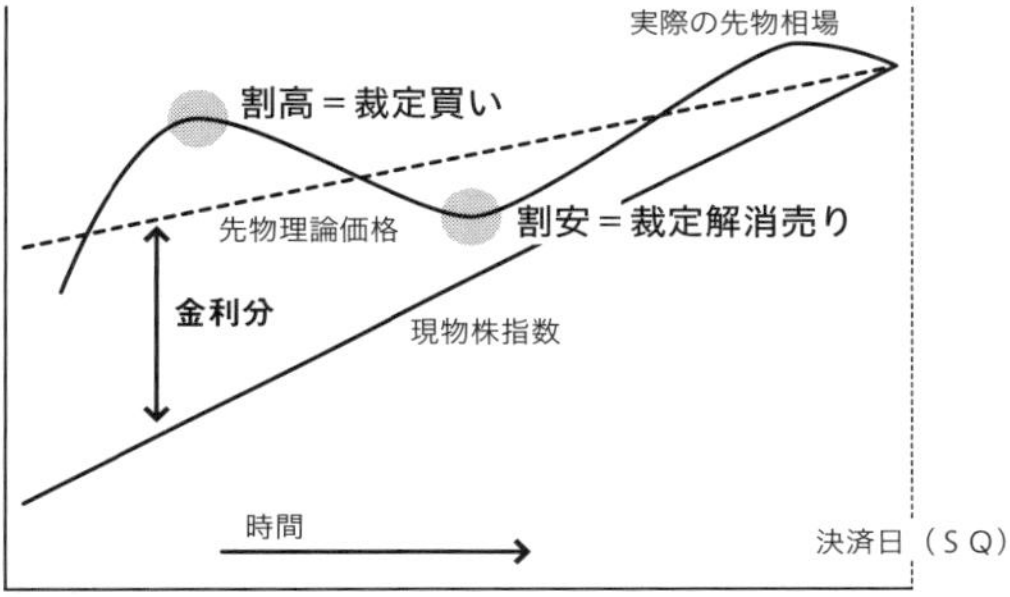
実際の先物相場
割高＝裁定買い
先物理論価格
割安＝裁定解消売り
金利分
現物株指数
時間
決済日（SQ）

に上下に振れていても理論値に収斂《しゅうれん》していきますし、そうでなくても市場が落ち着けば適正水準に戻ります。先物の割高感が消えれば反対売買の機会、つまり「先物の買い戻し・現物売り」を実行して最初の裁定ポジションを解消します。これが**裁定解消売り**です。

　理論上、先物は売って買い、現物も買って売る行為なので需給に変化はなく、相場に中立要因です。しかし、実際に裁定解消売りが出やすいときというのは、相場の先安観が強いときが一般的なため、実体以上にインパクトが大きくなります。相場に中立というのは机上の論理であって、実際には下げを加速し、悪役視されます。東証は裁定残高を定期的に公表しており、残高が増えれば将来の潜在的な解消売り要因になることを意識する必要があります。

　先物が理論値を下回るときがまれにあって、割安な先物を買って現物株を売るまったく逆の裁定ポジションを取るときがあり、**逆裁定取引**とか売り裁定などといいます。

Q46 コール

相場全体が膠着《こうちゃく》してももうかるような取引や金融商品はありますか。

利用価値の高いデリバティブとして株式の**オプション**があります。オプションは**コール**（買う権利）と**プット**（売る権利）の2種類があります。この項ではコールについて説明します。イメージするのは整理券や引換券です。テーマパークの人気アトラクションや話題の飲食店に行くと、たいてい長い行列ができていてうんざりします。すぐに入場できる整理券や優待券が50円で売られていたら完売してしまうかもしれません。さらに1時間待ちの行列が3時間待ちに延びたらどうでしょう。整理券の価値は一段と高まって、１００円でも買いたいという人が出てくるかもしれません。

行列の長さを日経平均株価に、整理券をコールに置き換えてみましょう。コールは日経平均株価を決まった水準で買える権利です。この水準を**権利行使価格**といいます。日経平均が上がれば上がるほどコールの利用価値が高まります。

図は、日経平均を１万７０００円で買えるコールを持っていると仮定した場合の損益分岐点を描いています。株価がどんなに上がっても１万７０００円で買えます。コールを手に入れる

【ニュース例】日経平均株価が大台に乗せたことで、オプション市場でも1万7000円近辺のコールの買いが膨らんだ。

コール（買う権利）のしくみ

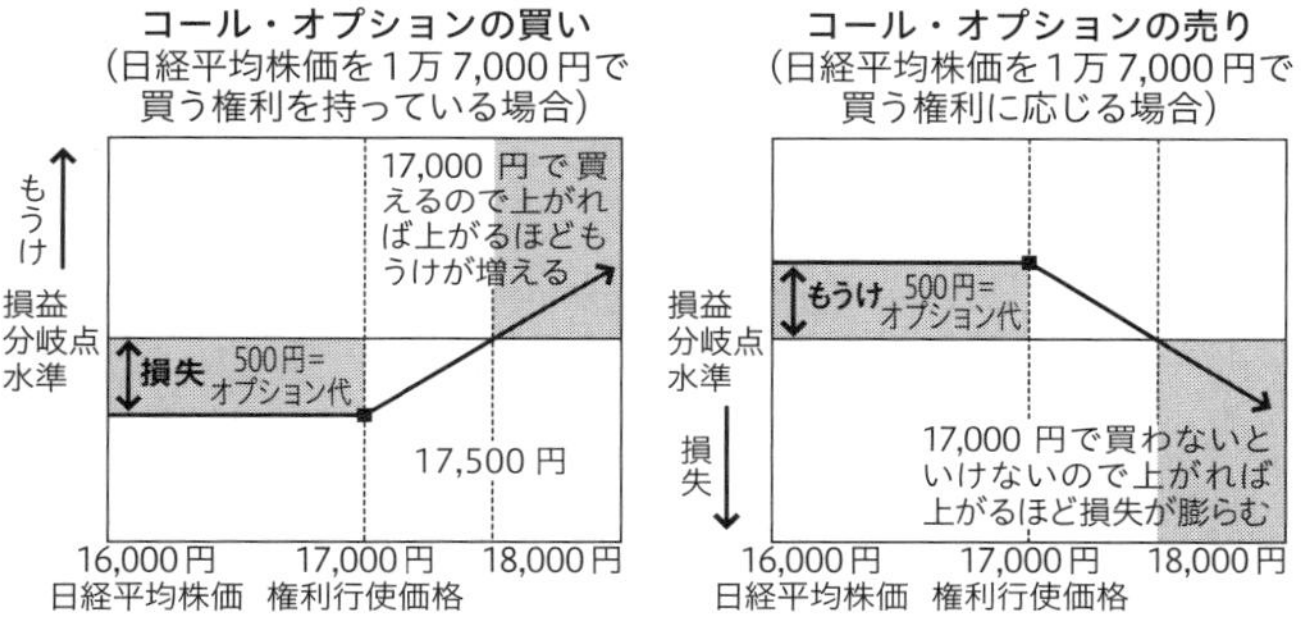
コール・オプションの買い
（日経平均株価を1万7,000円で
買う権利を持っている場合）
もうけ
損益
分岐点
水準
損失
500円=
オプション代
17,000 円で買
えるので上がれ
ば上がるほども
うけが増える
17,500 円
16,000 円
日経平均株価
17,000 円
権利行使価格
18,000 円
コール・オプションの売り
（日経平均株価を1万7,000円で
買う権利に応じる場合）
損益
分岐点
水準
損失
もうけ
500円=
オプション代
17,000 円で買わないと
いけないので上がれば
上がるほど損失が膨らむ
16,000 円
日経平均株価
17,000 円
権利行使価格
18,000 円

のに５００円を支払ったとすれば、１万７５００円が損益の分かれ目になります。権利を行使して１万７０００円で日経平均を買い、すぐに売れば５００円のもうけが発生しますが、オプション料を５００円支出しているので損益がゼロになるという意味です。１万７５００円を超えて上がれば、上がった分がもうけになります。

　では、株価が下がったらどうなるでしょう。そのときは権利を放棄すればよいわけです。その場合、オプション代の５００円だけ損することになります。相場の上昇局面でメリットが大きいので、コールの人気化は相場の先高観の裏返しともいえるわけです。仮に相場が上がって、保有しているコールが５００円から８００円に上がれば、市場でコールそのものを転売すれば値ざやを稼げます。

　コールを売ってオプション料を稼ぐのも手です。相場が下がったり、動かなかったりすれば、コールの買い手は権利を放棄するのでオプション代金がまるまる懐に入ります。

Q47 プット

相場が下落しても損失を埋めてくれる保険のような商品はありませんか。

【ニュース例】株式相場の下振れリスクを警戒して、オプション市場ではプットの売買が膨らんだ。

「イエレン・プット」「バーナンキ・プット」「グリーンスパン・プット」――。世界の株式・金融市場が揺らぐ不安・混乱状態になっても、米金融当局が何らかの政策発動で救ってくれるという意味です。米連邦準備理事会（ＦＲＢ）議長は「保険」の役割を果たすとの期待が込められています。

プットとはまさに損害保険です。正確には「売る権利」のことで、買う権利であるコールと対をなします。相場の先行き不透明感が増したり、リスク要因が浮上すると需要が高まり、プットの価格自体が上昇していきます。プットを買うにはオプション料を払わなければなりませんが、持っていれば株式相場が下がった際、決まった値段で売ることができます。権利を行使することで一定以上の損失拡大を食い止めることができるのです。

相場の下げを見込む場合は「プットの買い」が基本になります。たとえば1万5000円で買った上場投資信託（ＥＴＦ）を保有していたとしましょう。このＥＴＦの資産目減りをヘッジしようと、1万5000円のプットを500円払って手に入れたとします。そして、日経平

プット（売る権利）のしくみ

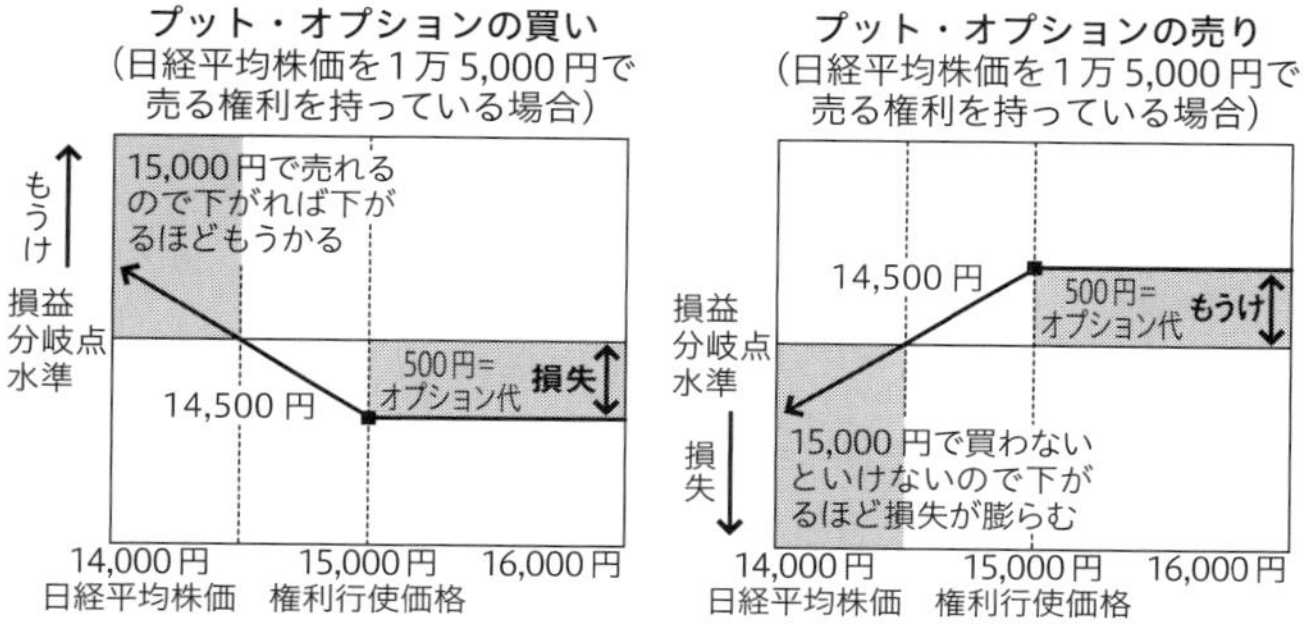
プット・オプションの買い
（日経平均株価を1万5,000円で売る権利を持っている場合）
もうけ
損益分岐点水準
15,000円で売れるので下がれば下がるほどもうかる
14,500円
500円=オプション代
損失
14,000円
日経平均株価
15,000円
権利行使価格
16,000円
プット・オプションの売り
（日経平均株価を1万5,000円で売る権利を持っている場合）
14,500円
500円=オプション代
もうけ
損益分岐点水準
損失
15,000円で買わないといけないので下がるほど損失が膨らむ
14,000円
日経平均株価
15,000円
権利行使価格
16,000円

均が１万４０００円に下がったとしましょう。心配いりません。権利を行使すれば１万５０００円で売れるからです。差額の１０００円が売買益とみなせますが、オプション代を除くと実質５００円の利益になります。

意に反して日経平均がどんどん上がればプットはどうすればよいのでしょうか。権利を放棄すればよいわけです。実際に保有しているＥＴＦは資産価値が上がっていきますから、まさに掛け捨て保険といえます。

相場が動かないという前提に立てばどうでしょうか。プットを売る手があります。相場が狙いどおりの展開なら、プットを買った投資家は権利を放棄するはずなので、まるまるオプション料が手に入ります。その逆は要注意です。相場がどんなに下がっても相手の権利行使に応じて高い値段で買わないといけません。日経平均が１万円を割っても１万５０００円で買い向かう義務が生じます。このときは別のヘッジ手法を使ってこのリスクを回避しないといけません。

Q48 信用取引

手持ち資金が少なくても効率よく稼げる個別株の売買手法はありますか。

信用取引は証券会社から資金や株式を借りて売買するハイリスク・ハイリターンの取引です。一定の担保（**保証金**）を差し出すことで、自己資金の３・３倍の取引が可能になります。

自己資金が１００万円あり、P株を１００万円買うとします。１２０万円に値上がりすれば利益は20万円、20％のリターンです。これが通常の**現金取引**です。信用取引ではこの１００万円を保証金として差し出すと、証券会社から３００万円強の融資が受けられます。買い付け可能額は３００万円以上になるので、同じ20％の値上がりならもうけは約60万円となります。もともとの手元資金は１００万円でしたから、信用取引だと60％にリターンが増えます。このように少額の資金で大きな取引ができることを**レバレッジ効果**（てこの原理）といいます。売却したら証券会社に資金を返済します。

ただし、値下がりしたら大変です。損失も最大３・３倍のスピードで拡大します。下落率が30％と仮定すると3割×３・３倍＝99％、つまり単純計算で保証金全額が消し飛びます。保証金が足りないと追加担保を差し入れないといけません。これを**追い証**といいます。追い証がい

【ニュース例】 個人の信用買いが膨らみ、中小型の材料株を中心に高値を付ける動きが目立っている。

現金取引・信用取引・貸借取引のイメージ図

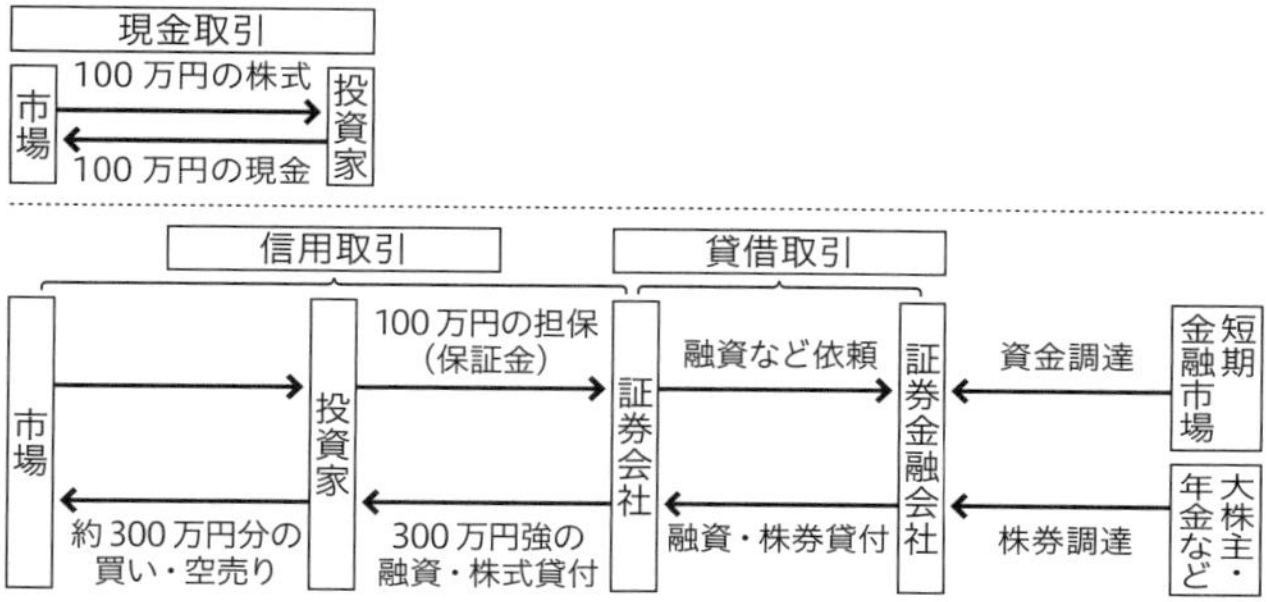
現金取引
市場
100万円の株式
100万円の現金
投資家
信用取引
貸借取引
市場
約300万円分の
買い・空売り
投資家
100万円の担保
(保証金)
300万円強の
融資・株式貸付
証券会社
融資など依頼
融資・株券貸付
証券金融会社
資金調達
株券調達
短期金融市場
大株主・年金など

やなら手じまい、つまり損切りする必要があります。株価が20%前後下がると損切りが出始めるのはこのためです。

信用売りは証券会社から株式を借りて売り、あとで買い戻して株式を返却します。見通しが外れて上昇すると損失が無限に拡大するので、信用買い以上に株価動向に注意を払う必要があります。

２０１３年から規制が緩和され、反対売買で決済すれば同じ保証金を何回でも使えるようになりました。保証金を繰り返し使うことで数百万円、数千万円の売買ができるようになります。デイトレーダーであれば、回転売買でもうけを膨らませる機会が増えることを意味します。

信用取引は返済期日が6カ月と決まっており、それまでに反対売買で資金や株式を返済しなければなりません。インカムゲイン（配当金収入）が目的ではないので、投資ではなく投機です。株式が極端に足りなくなる場合に**逆《ぎゃく》日《ひ》歩《ぶ》**という借り賃が発生するときがあります。

Q49 信用残

信用売りや信用買いの影響力をみる指標はありますか。

「類は友を呼ぶ」ということわざがありますが、「信用取引は信用取引を呼ぶ」といっても過言ではありません。信用取引が活発になると銘柄の値動きが荒くなり、それがさらに投機マネーを呼び込む材料になるからです。信用取引は金利や手数料、株式のレンタル料などコストがかかってくるので、プレーヤーは少しでも値幅を取ろうとして値動きの軽い中小型株や固有の材料がある銘柄を好んで売買します。

信用買いや信用売りの注文がどの程度入っているかをみるには、信用残高をチェックします。反対売買されていない未決済残高のことで、**信用買い残**が多ければ足元の上昇を加速させるけれど、6カ月以内に反対売りが出る上値の圧迫要因になります。**信用売り残**が高水準だと株価の足を引っ張りますが、一定の時間がたてば買い戻し要因として働きます。

信用買い残を売り残で割った水準を**信用倍率**といいます。1倍を超えていると買い方の勢いが強く、1倍未満だと売り方優位になります。通常は信用買いが引っ張る形で株価が上がっていき、一定の水準になると割高感から信用売りが膨らんできます。やがて強気と弱気が対立し、

> **【ニュース例】** 農薬を手がけるI社の株価が動意付いている。信用倍率が接近し、取り組み妙味があるとの見方が出ている。

信用倍率や信用残で株価の動きがわかる

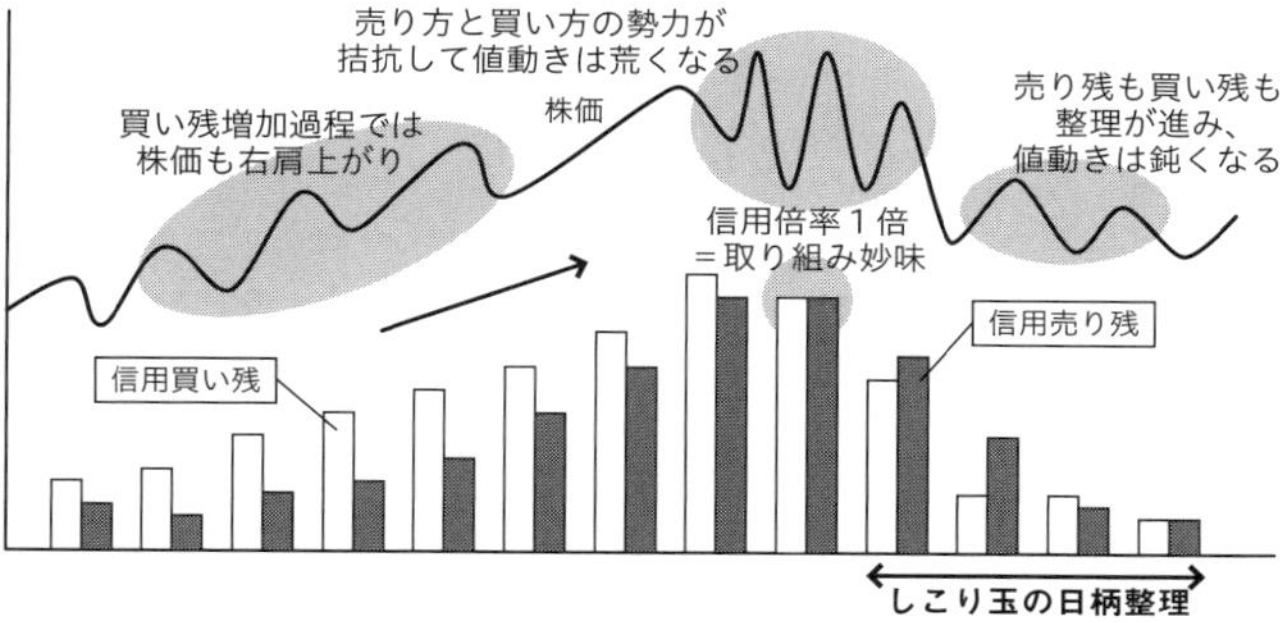
売り方と買い方の勢力が
拮抗して値動きは荒くなる
買い残増加過程では
株価も右肩上がり
株価
売り残も買い残も
整理が進み、
値動きは鈍くなる
信用倍率１倍
＝取り組み妙味
信用買い残
信用売り残
しこり玉の日柄整理

売り買い両方の残高が増えながら信用倍率が1倍に接近していきます。

信用売りは損失が無限ですから、売り方を負かしてやろうと買いがさらに入り、ますます株価が急騰し、商いが膨らみます。このヒートアップ現象を信用の**取り組み妙味**があるといい、信用倍率が1倍近辺なら**がっぷり四つ**と形容します。株価が乱高下し、売り方、買い方ともに利益を確定するチャンスが増えるので、さらに投機資金が入り、売買が膨らみます。

この局面では保証金率が引き上げられたり、**注意喚起銘柄**として指定されたり、信用規制がかかります。すると株価が下がり、買い方に含み損が生じます。これを**しこり玉**といいます。時間の経過とともにこの買い残が減っていきますが、これをしこりがほぐれるとか**日柄整理**が進むといいます。日柄整理一巡を見越して入ってくる買いが**期日向かいの買い**です。

第5章

会社の行動を知る

050～068

Q50 自社株買い ― 株主にとってお金も優待特典ももらえない自社株買いが、なぜ株価の好材料になるのですか。

自社株買いが株主配分につながるのは3つの理由からです。1つ目は自社株買いによって直接、株式の需給が改善します。2つ目は**自己資本利益率（ROE）**を高める効果があります。3つ目は自社の株価は割安だというメッセージを市場に送ることで投資家の評価を高めます。

自社株買いは**エクイティファイナンス**（Q54で解説）による希薄化とは逆の効果があると考えてください。分母である株式数が減るため、純利益÷発行済み株式数で求められる1株利益が増えます。外部環境や需給など他の条件に変化がないとすれば、自社株で株式が減った割合だけ1株価値が高まり、株価も上がります。予想PER（**株価収益率**）も自社株買いした分下がり、割安感が生まれます。

図のように会社は手元資金で自社株を買い上げるので、現金が減った分、自己資本も減ります。自社株買いをするまでは自己資本50に対して利益が5だったので、ROEは5÷50＝10％になります。自社株買いをすると自己資本が40に減るので5÷40＝12・5％と、ROEが上がることがわかります。ROEが上がれば投資家の評価は上がり、資金流入が増えるかもしれま

【ニュース例】医薬品会社のJ社は来期、500億円の自社株買いを実施する方針を決めた。

自社株を買うとROEが上がるしくみ

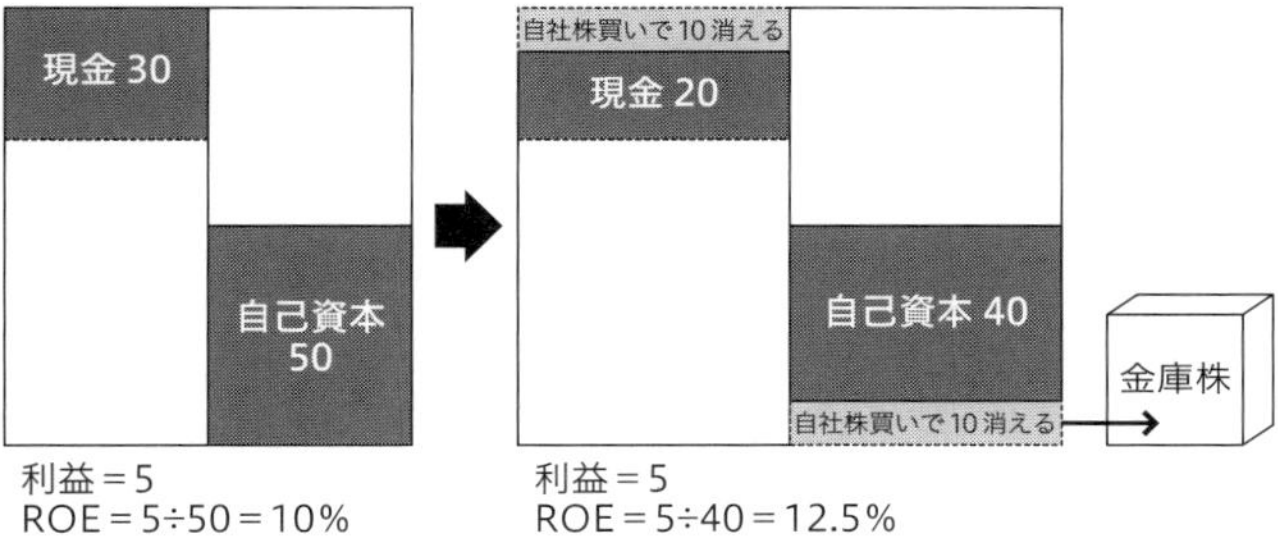
現金 30
自己資本 50
利益＝5
ROE＝5÷50＝10％
自社株買いで10消える
現金 20
自己資本 40
自社株買いで10消える
金庫株
利益＝5
ROE＝5÷40＝12.5％

せん。これも結果的には需給面での株高要因になります。**手元資金**が余り、ほかに使い道がないのであれば自社株買いによって株主に報いることが可能になるわけです。

自社株買いは取締役会の決議で機動的にできます。株価が低迷しているときに自社株買いを発表すれば、「割安に置かれている」というシグナルを市場に発信することにもなります。会社にとっても、企業価値に比べて安い水準で放置され、しかも現預金がたっぷりあれば買収の対象になります。自社株買いで時価総額を高めようとすることは、買収防止につながるだけでなく、株価と投資家と常に向き合っていることをアピールすることにもなるので、市場の評価を高めるのです。

買い入れた株式は資本から控除され、会社が**金庫株**として保有します。本当に金庫にしまうのではなく、もう市場に出てこないというたとえです。M&Aなどで通貨の代わりとして再び使われる場合もあります。完全に処分してしまうことを**消却**といいます。

Q51 **繰り延べ税金資産**

繰り延べ税金資産を計上するという会計処理の意味がわかりません。

1億円もうけた会社が、宴会費や交際費で1億円使いこみ、利益がゼロになったので税金は支払えません、という理屈はとおるでしょうか。税法上そのような費用は**損金**として認められません。会社が費用だ、損失だといっても上限があります。財務会計で出た利益よりも税務上の**益金＝課税所得**が大きくなるときこのずれを調整します。これを**税効果**といい、その処理のために実体のない資産を計上します。これが**繰り延べ税金資産**です。

図のように、１００億円を稼ぐ会社があったとします。取引先の経営が危うい状態で、売掛金を回収できるメドがたちません。そこで、引当金40億円を積み、特別損失として処理しました。税前利益は60億円で、税率が40%とすれば法人税24億円、純利益36億円になるはずです。

ところがそうは問屋がおろしません。税務署は「本当に取引先が破綻したら40億円の引当金を認めてあげます。課税対象は１００億円のままです」として、１００億円×40%＝40億円を課税します。会計上は24億円支払ったのに実際には40億円を払うので16億円のズレが生じます。

ここで登場するのが繰り延べ税金資産です。いずれ取引先は破綻するので税金は戻ってくる

【ニュース例】ノンバンクのQ社は黒字回復の見通しが立ちにくくなったとして繰り延べ税金資産を取り崩した結果、最終損益が赤字に転落した。

繰り延べ税金資産の会計処理（イメージ）

（税率 40％と仮定、単位＝億円）

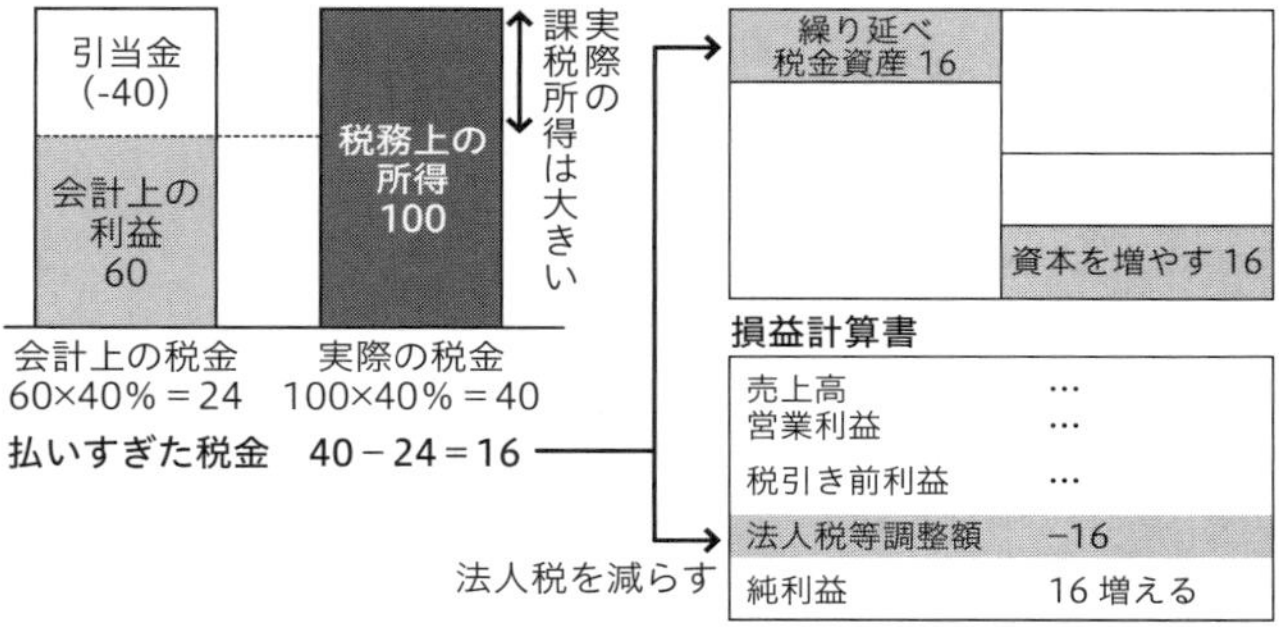
引当金
(-40)
会計上の
利益
60
税務上の
所得
100
実際の課税所得は大きい
会計上の税金
60×40％＝24
実際の税金
100×40％＝40
払いすぎた税金　40－24＝16
法人税を減らす
繰り延べ
税金資産 16
資本を増やす 16
損益計算書
売上高 …
営業利益 …
税引き前利益 …
法人税等調整額 −16
純利益 16 増える

と考えます。今期の税金は払いすぎだ、とみなして一種の資産扱いをするのです。

　図のケースでは16億円を資産計上します。その見合いで資本＝**税効果資本**を増やします。損益計算書では**法人税等調整額**として16億円を差し引く処理をします。これが純利益を押し上げる要因になります。

　注意点は繰り延べ税金資産が資産性を帯びるには、会社自身が将来も黒字を出し続けることが条件になります。もともと払いすぎた税金は将来の税金から引いてあげますよ、という意味なので利益が出て初めて、そこから税金を削ってくれるわけです。

　ところが、会社が赤字になった場合は削ろうにも削れません。赤字になれば最初から課税所得が生じないためです。繰り延べ税金資産は価値のない資産になり、取り崩すという会計処理をし、再び損失を計上します。

繰り延べ税金負債は資産と逆の会計処理になります。

Q52 フリーキャッシュフロー ― 会社が自由に使える資金はどこをみればわかりますか。

フリーキャッシュフローは**純現金収支**のことで、会社が一定の期間（通常は決算期）に自由に使える資金を得られるかどうかを示す財務指標です。企業価値を算定したり、会社の成長ステージをみたりするためのものさしになり、投資判断には非常に重要な概念です。決算資料には掲載されていませんから、キャッシュフロー計算書から自分で算出します。

事業活動によって手元に入ってくる現金収入を**営業キャッシュフロー**といいます。利益が出ていれば、通常はプラス（収入超過）になっています。設備投資や企業買収による株式取得などで出ていく現金支出は**投資キャッシュフロー**といいます。資金を投じているので投資キャッシュフローはほとんどの場合でマイナス（支出超過）状態にあります。

営業キャッシュフローから投資キャッシュフローを差し引いたのがフリーキャッシュフローです。会社が事業拡大期にあり、成長投資のための資金需要が旺盛なときにはフリーキャッシュフローはたいてい赤字です。事業で得た現金収入より多額の投資をするケースが多いためです。では、赤字になって足りなくなった資金はどこで補い、どう会計処理するのでしょう。

【ニュース例】自動車部品メーカーのH社は来期、フリーキャッシュフローを黒字化し、成長資金の確保に努めることを明らかにした。

キャッシュフロー全体の概念図

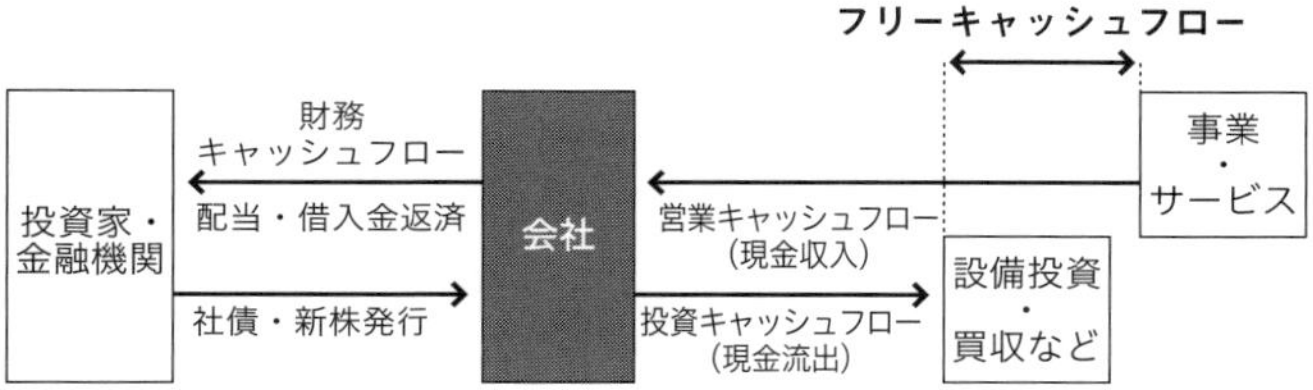

ここで登場するのが**財務キャッシュフロー**です。現金を借り入れたり、増資をしたりして資金を調達することで補います。ファイナンスをすれば財務キャッシュフローが黒字になるわけです。反対に、借入金を銀行に返済したり、株主に配当を支払ったりした場合は支出扱いとなり、財務キャッシュフローは支出超過となります。

経営環境が悪化したり、経済の先行き不透明感が強まったりしたときは、一般に会社は設備投資を営業キャッシュフローの範囲内に抑えようとします。すると、フリーキャッシュフローが黒字になり、会社の手元資金が積み上がっていくことになります。この資金は将来の設備投資やＭ＆Ａの軍資金にもなりますし、配当や自社株買いに使ってもかまいません。有利子負債が多ければ返済の原資にあてることもあります。経営戦略や資本政策の選択肢が広がるので、投資家にとっては注目度が高まることになります。

ちなみに決算書では、前年度末の**現預金同等物**にこれらのキャッシュフローを加減すると、１年後の現預金残高とほぼ同じ水準になります。

Q53 総還元性向

会社の株主に対する利益配分の姿勢は、何をみればわかりますか。

会社が稼いだ利益の一部を株主に分配することを**株主配分**や**株主還元**といいます。**配当**と**自社株買い**（Q50で解説）の2種類の方法があり、合計額が純利益に占める割合を**総還元性向**、あるいは**総配分性向**と呼びます。

配当は1株5円といったように、会社が株主に直接現金で還元します。純利益のうち配当に回した比率を**配当性向**といいます。配当総額÷純利益で計算します。一方、自社株買いは文字どおり会社が自社の流通株式を**手元資金**で買い戻す行為です。直接株主にキャッシュが払い戻されるわけではありませんが、実質的に保有株式の値上がり益という形で利益をもたらします。

総還元性向は、配当と自社株買いに使った金額を純利益で割って求めます。図のケースでは配当性向だけなら25%にとどまりますが、自社株買いを含む総還元性向でみると50%に高まります。ある板金加工機械メーカーが利益の全額を配分すると表明し、株式市場に驚きを与えました。純利益のすべてを株主へ戻すのであれば、総還元性向は１００％になります。減益や赤字決算でも安定配当を優先して手元資金を取り崩す場合、総還元性向は１００％を超えます。

【ニュース例】運輸会社のＹ社は今期、増配と100億円の自社株買い実施などで株主配分を強化する。総還元性向は約５割に達する見通しだ。

利益配分のイメージと総還元性向

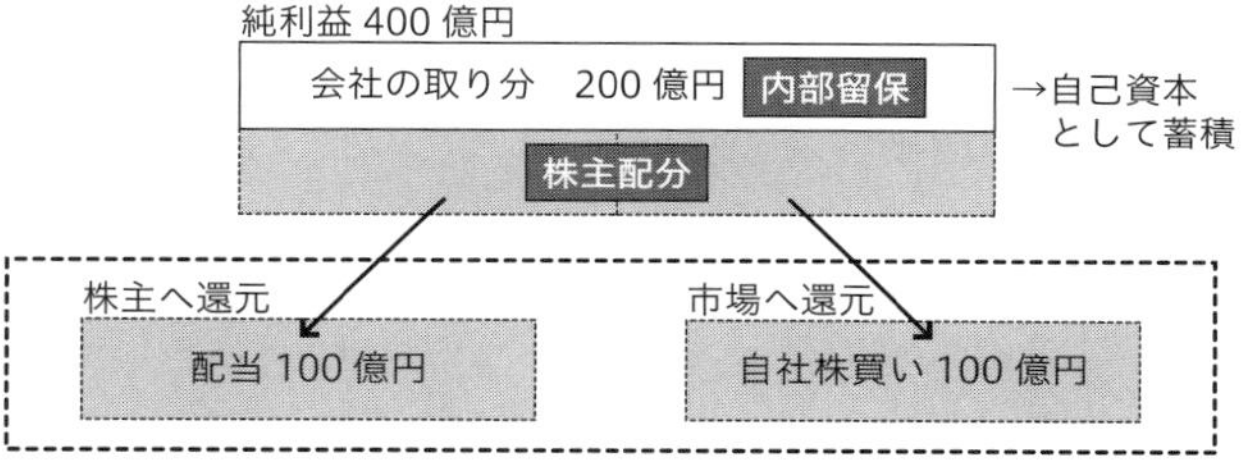
純利益 400 億円
会社の取り分　200 億円
内部留保
→自己資本として蓄積
株主配分
株主へ還元
配当 100 億円
市場へ還元
自社株買い 100 億円

【計算例】

$$\frac{\text{配当＋自社株買い}}{\text{純利益}} = \frac{\text{100 億円＋100 億円}}{\text{400 億円}} = \text{総還元性向 50\%}$$

ほかの有力企業も利益配分の方針を示す指標として総還元性向を使い始めており、今後、投資指標として定着していく可能性が高いでしょう。

日本企業の場合、配当性向は30～40%が多いようですが、総還元性向は何%が適切かどうかはわかりません。注意点は、総還元性向が低いといって必ずしも投資魅力が下がるわけではないということです。成長のための資金が必要な会社であれば、もうけを設備投資や企業買収などの原資に回すことを優先します。投資家の会社に対する期待が利益成長力に寄せられているのであれば、事業拡大に資金を使ってもらったほうがいいので、還元どころか無配のほうが歓迎なわけです。

逆に成熟産業で、市場拡大がそれほど望めず、利益を蓄えておいても仕方がないような会社は、増配などで総還元性向を引き上げると市場の評価が高まる傾向があります。数値だけをみて投資魅力を短絡的に決めるようなことは避けましょう。

Q54 ファイナンス——会社の資金調達方法の違いを教えてください。

ファイナンスとは**資金調達**のことです。返済期限があって、負債の増加につながるファイナンスを**デットファイナンス**といいます。銀行からの借り入れや社債の発行などが主なデットファイナンスです。一方、新株発行をともなう資金調達は資本の増加につながり、返済する必要はありません。これが**エクイティファイナンス**です。普通株の増資や**第三者割当増資**などが代表的なエクイティファイナンスです。**転換社債**の発行も新株に変わる可能性があるのでエクイティファイナンスの一種です。

銀行からの短期借り入れや**シンジケート・ローン**、あるいは融資枠だけを設けて必要に応じて借り入れる**コミットメントライン**などを**間接金融**といいます。これに対して幅広く、不特定多数の投資家から資金を募るのが**直接金融**です。公募増資や社債発行などを指し、成長資金を供給する資本市場のもっとも大事な役割の1つです。

ファイナンスは資金の使途に応じて返済期限でも区分できます。**買掛金**の決済や給与支払いなど事業の**運転資金**は期間が3カ月程度です。一般につなぎ融資など銀行からのファイナンス

【ニュース例】株式市況の回復や旺盛な設備投資を背景に、上場企業のエクイティファイナンスが昨年の水準を上回るペースで推移している。

ファイナンスと一口にいってもさまざま

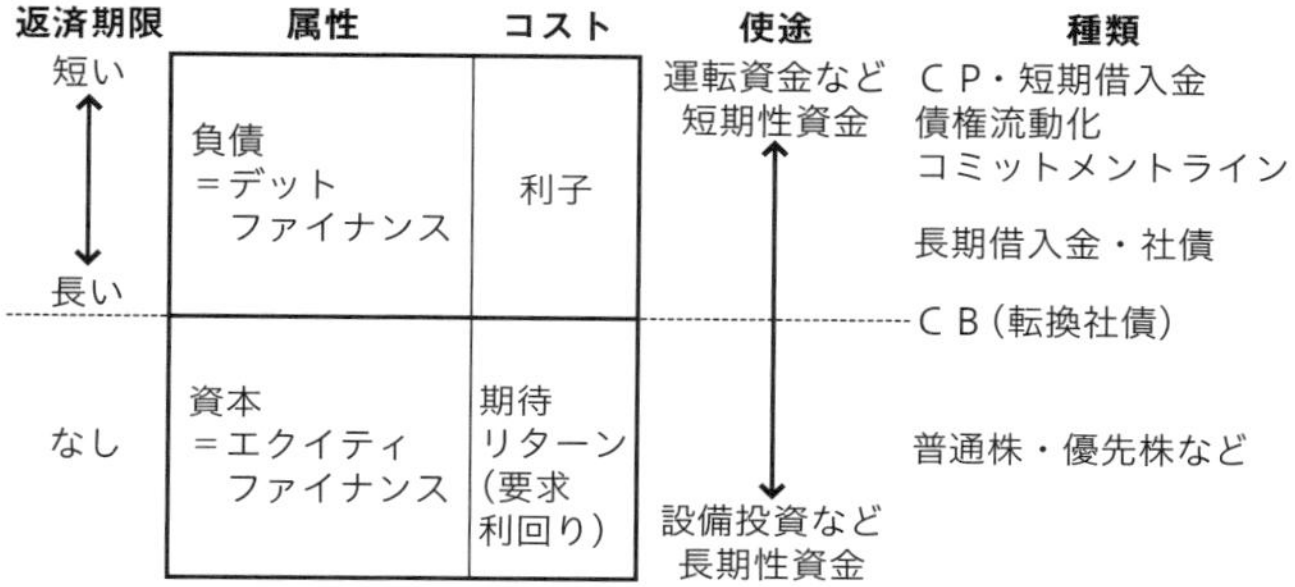

返済期限	属性	コスト	使途	種類
短い ↕ 長い	負債 ＝デット ファイナンス	利子	運転資金など 短期性資金	ＣＰ・短期借入金 債権流動化 コミットメントライン 長期借入金・社債 ＣＢ（転換社債）
なし	資本 ＝エクイティ ファイナンス	期待 リターン （要求 利回り）	設備投資など 長期性資金	普通株・優先株など

で間に合わせるか、**コマーシャルペーパー**などを発行するケースもあります。

　エクイティファイナンスは返済期限がありません。会社の資本として組み入れるので返す必要がないわけです。使途が設備投資や事業拡大のための買収資金など5年や10年という長い期間を展望している場合は、エクイティファイナンスを活用したほうが経営メリットが大きくなるわけです。

　資金を融通してもらったら見返りをわたすのがルールです。ファイナンスにはコストが発生するわけです。負債コストは利子です。エクイティファイナンスには決まったコストはありませんが、投資家は配当や値上がり益などの見返りを求めます。**投資収益率**のことで**期待リターン（要求利回り）**ともいいます。会社はこのリクエストに報いる義務を負うので**資本コスト**と呼び、ROEと密接なつながりがあります。資本コストは一般にリスクのない長期国債の金利水準に、一定の期待利回りを足し合わせた数値になります。

Q55 希薄化

会社の発行済み株式数が増えるのはよくないことなのですか。

株式の**希薄化**とは株式が増えることによって、1株当たりの価値が下がる現象をいいます。1株の価値が下がれば、外部環境や需給など他の条件が同じであれば理論上、株価は必ず下がります。株式が増えるのは会社が**エクイティファイナンス**を実施するときです。希薄化を「**ダイリューション**」と呼んだりもします。公募増資は株式数が発行分増えますが、**転換社債**の場合は、株価が上がれば株式に転換されるので**潜在株式**があるといいます。

1株の価値とは**1株利益**で決まります。1株利益は「純利益÷発行済み株式数」で計算します。利益水準が変わらなくても、分母の株式数が増えると1株利益が減ってしまいます。

図で純利益が4億円で発行済み株式数が4株だったとしましょう。4億円÷4株で1株利益は1億円です。もし、もう1株を発行して5株になったとすると1株利益は8000万円になります。1株の価値は20％減ったわけです。理論上は株価も20％下がります。ちなみに発行済み株式数に対する新株発行数、つまり株式の増加数を**希薄化率**ともいいます。実際には株価が下がらないときもあれば、もっと下がるときもあります。

【ニュース例】不動産会社M社の株価が一時5％安まで下落した。公募増資を発表したことで1株利益の希薄化を警戒する売りが出た。

希薄化で１株利益は薄まるが、長期的には増える可能性も

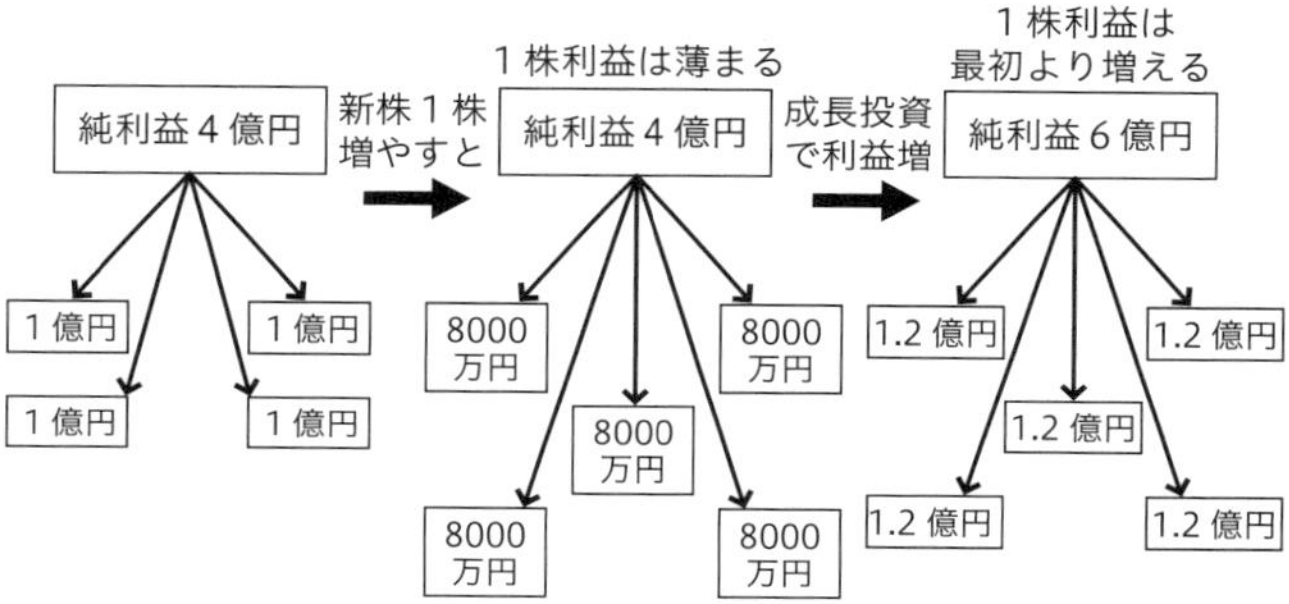

純利益４億円
新株１株
増やすと
１株利益は薄まる
純利益４億円
成長投資
で利益増
１株利益は
最初より増える
純利益６億円
１億円
１億円
１億円
１億円
8000
万円
8000
万円
8000
万円
8000
万円
8000
万円
1.2 億円
1.2 億円
1.2 億円
1.2 億円
1.2 億円

会社が不特定多数の投資家に呼びかけて新株を発行し、資本を増強するときはほとんどが買収や新鋭設備の投資などを計画しているケースです。調達資金が成長戦略に振り向けられ、純利益が６億円に増えたと仮定します。１株利益は１億２０００万円となり、公募増資前の１億円から２割増えたことになります。株式数が増えても稼ぐ力がそれを上回るようになれば、株価は当然上昇します。エクイティファイナンスの直後に株価が下がるのは、短期的な売買を繰り返す投資家が、目先の需給悪化や投資指標の魅力低下などを理由に売ることが多いためです。図の例では、４億円から６億円に増えるには、２割強の増益が２年続くと達成できます。

　増資を発表したときに希薄化率と連動して株価も下がるかどうかはそのときの市場の評価によって決まり、資金使途や利益成長シナリオの実現性で期待にも不安にも変わります。株価下落率が希薄化率より小さいと、市場は調達資金が成長投資に有効に使われると評価したことになります。

Q56 株式分割

株式分割をしても計算上、資産価値は変わらないのに、なぜ買い材料視されるのでしょうか。

【ニュース例】 食品会社のBメーカーは来年春をメドに1株を２株に分割すると発表した。

株式分割とは、1株を2株、あるいは3株というように株式を細かく分割して発行済み株式数を増やすことです。最初に1株保有していれば持ち株数は自動的に2倍、3倍に増えますが、株価は2分の1、3分の1、というように分割数に応じて下がります。計算上はたしかに資産価値に変化はありません。しかし、株式分割をすると、結果的に３つの理由で資産が増える可能性があります。

図のように1株６０００円の**値がさ株**があったとしましょう。**売買単位**は１００株で最低投資金額は60万円になります。２０１４年から始まった**少額投資非課税制度**（ＮＩＳＡ）はこれから非課税枠が増えていくとみられますが、現在は１００万円が上限です。個人投資家からみると、この枠をフルに使い、いろいろな銘柄を詰め込んで**分散投資**をしたほうが資産形成のうえで都合が良くなります。

ところが、一気に60万円も使ってしまうと他の銘柄と組み合わせることが難しくなります。もし１：２の分割で株価が30万円になったら、１００万円の枠内に３銘柄ほど分散運用できま

株式分割は分散投資をうながし、個人株主が増えて株価形成が変わる

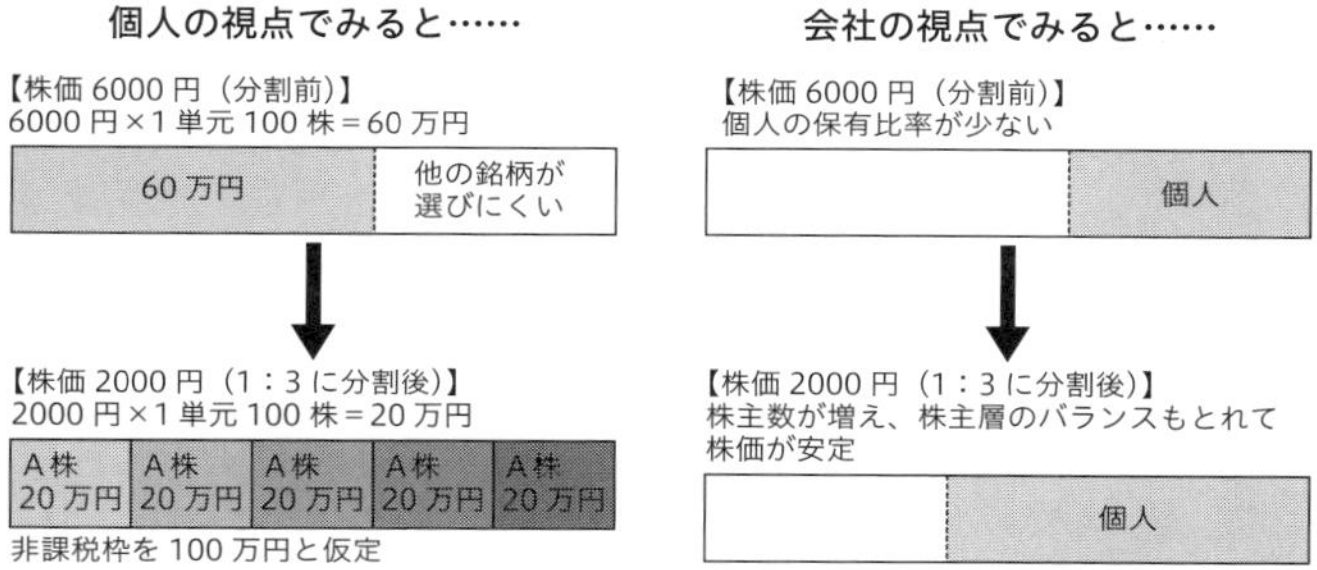
個人の視点でみると……
【株価 6000 円（分割前）】
6000 円×1 単元 100 株＝60 万円
60 万円
他の銘柄が
選びにくい
【株価 2000 円（1：3 に分割後）】
2000 円×1 単元 100 株＝20 万円
A株
20 万円
A株
20 万円
A株
20 万円
A株
20 万円
A株
20 万円
非課税枠を 100 万円と仮定
会社の視点でみると……
【株価 6000 円（分割前）】
個人の保有比率が少ない
個人
【株価 2000 円（1：3 に分割後）】
株主数が増え、株主層のバランスもとれて
株価が安定
個人

す。１：３で20万円なら、５銘柄を投入してバランスがよりとれたポートフォリオを組むことが可能になります。つまり、株式分割で少額投資を可能にすることは小口の個人マネーを呼び込む強い触媒になると考えられます。

個人マネーが増えると、株価形成にも影響を与えます。大口の資金で売買する外国人の存在は重要ですが、米国の金融・経済政策や地政学リスクなど外部環境によって投資スタンスが大きく変わります。保有者が外国人にかたよっていると、外部環境で株価がふられやすくなるのです。個人という属性の違う株主を増やすことは、株価の安定につながります。

小口売買が可能になると流動性も高まり、これも株式の評価を高めます。何より、会社が株式分割をすることは個人投資家に買ってほしいと秋波《しゅうは》を送っているわけで、そうした会社の姿勢そのものが株価にプラスに働きます。

ちなみに、株式分割の反対で、２株を１株にしたり、10株を１株へくくり直すことを**株式併合**とよびます。

Q57 監査

会社が公表している決算は信用できるのですか。

会社が公表した決算は真実なのでしょうか。業績をよくみせようと売り上げや在庫を水増ししたり、ありもしない資産を計上したりしていないのでしょうか。

虚偽の記載をして意図的に決算内容を変える行為を**粉飾決算**といいます。この粉飾を見破るプロフェッショナルが公認会計士です。通常はどこかの**監査法人**に所属しています。監査法人は適正な会計処理によって間違いのない決算が作られているかをチェックし、最終的に「この決算書はウソ、いつわりなく作られていますので安心してください。わたしたちのお墨付きです」という意味の書類を示します。

この書類を**監査報告書**といい、財務諸表に対するコメントを**監査意見**といいます。監査人が「大丈夫」と太鼓判を押せば問題ありませんが、「正しくありません」としたり「何ともいいかねる」と保留されたりすると事実上の粉飾とみなされ、市場から退場を命じられます。要するに上場廃止の対象になるわけです。監査意見には4種類あります。**無限定適正意見**は、決算内容に特に問題ない、という意見です。通常はこの意見が出ます。**限定付適正意見**は、一部に問

【ニュース例】 音響機器メーカーのS社は「監査意見を表明しないとの監査報告を受領した」ことで特設注意市場銘柄に移り、株価は連日のストップ安となった。

上場廃止や経営危機の主なサイン

サイン	具体例	リスク度
ゴーイング・コンサーンの注記	「継続企業の前提に重大な疑義がある」という注記がある	中
債務超過	貸借対照表で残高が【(左の) 資産＜(右の) 負債】の状態になっている	中
財務諸表監査における不適正意見	財務諸表の監査報告書に「適正に表示していない」などと記載される	高
財務諸表監査における意見不表明	財務諸表の監査報告書に「意見を表明しない」と意見を差し控えられている	中
内部統制監査における意見不表明	内部統制報告書の監査報告書に「結果を表明できない」などと意見を差し控えられた	低
営業キャッシュフロー	現金が流出し、手元資金も乏しい	高

(注) リスク度は推定

題はあるけれど「全体としてはまあOK」という程度の見解です。次の2種類の場合は上場廃止対象になります。1つは**不適正意見**です。明らかな虚偽の表示などがあり、「その決算書は信用できない」と烙印を押されたときです。もう1つは**意見差し控え**です。監査人が妨害にあったり、帳簿が消えて照合できなかったりした場合などに**意見不表明**となり、上場廃止基準に抵触することになります。

もう1点、重要なのが**内部統制監査報告書**です。**内部統制**とは、会社が法を順守して健全な経営を続けるためのフレームワークです。内部統制については、**日本版SOX法**が制定され、経営者が機能しているかどうかを評価・判断することになっています。

もちろん、問題ありとなった場合にすぐに上場廃止になるわけではありません。投資家を保護するためです。その場合「灰色」扱いになり、**特設注意市場銘柄**へ移して一定期間内に改善できるかどうか猶予期間がもうけられます。

Q58 企業統治

会社の不正はどのようにして防ぐのですか。

企業統治は一般に**コーポレート・ガバナンス**といわれます。組織や体制よりもっと広く深い概念で、企業価値を高めるためのフレームワークの一種といえます。アベノミクスの成長戦略に組み込まれ、理想的な統治を目指すことで資本市場の活性化につながると期待されています。

まず「会社はだれのものか」。つい最近まで、株主総会に出席するとたいていの社長は「わが社の業績は……」と切り出しました。欧米ではわが社ではなく「Your Company」（あなたがたの会社は……）で始まります。株式会社は株主が所有者で、取締役は株主から経営をまかされている立場です。日本企業はその意識が希薄なわけです。日本の投資家にも意識は乏しく、物言わぬ株主が大半でした。

しかし、ＩＲ（投資家向け広報）活動の普及、自己資本利益率（ＲＯＥ）の浸透、アクティビスト（物言う株主、Q65で説明）登場など次々と資本市場先進国の「常識」が日本に押し寄せ、会社も投資家も劇的に意識変革が進みました。

２つめの機能は不正防止です。２０００年前後には、**エンロン事件**やワールドコム事件など

【ニュース例】政府は企業統治のあり方を見直し、日本経済の成長戦略に位置づける考えを示した。

企業統治の改革は企業価値向上につながる

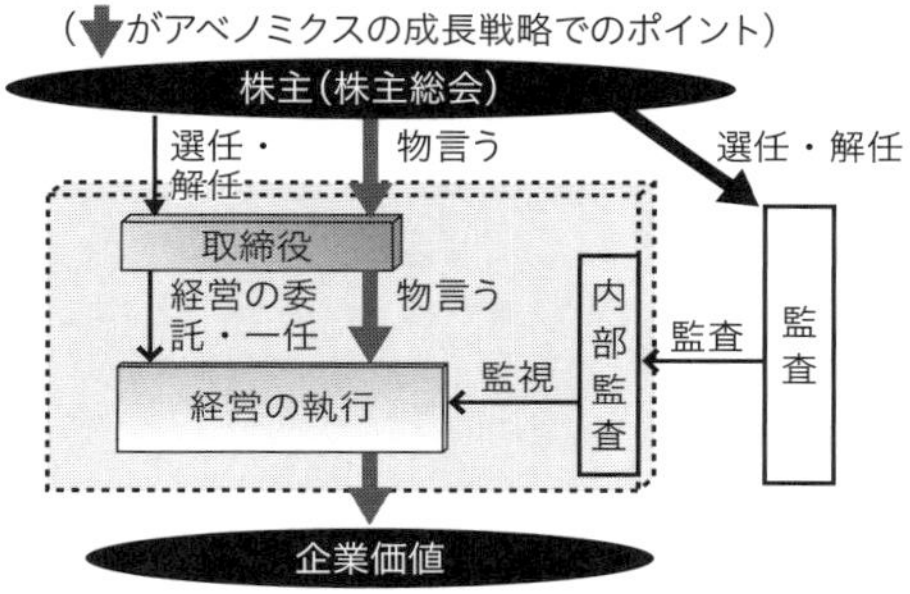

米国の資本市場を揺るがす最大級の**粉飾決算**が発覚しました。日本でも近年、オリンパスやカネボウなどの粉飾決算が起きています。資本市場が正常に機能するには、不正を未然に防ぐメカニズムが働く必要があります。これを会社に当てはめたのが**内部統制**で、米国では**サーベンス・オクスリー（SOX）法**が制定され、日本でも**金融商品取引法**に内部統制報告義務などを定めました。

3つめが企業価値の向上につなげる試みです。日本では入社すると課長→次長→部長→本部長→役員（取締役）という昇進のプロセスをたどります。終身雇用の支えの1つです。ところが、新しい企業統治では、見ず知らずの人が外から入ってきて取締役になりなさい、ということを奨励します。

取締役は経営の重要な意思決定機関です。内部昇進者だけで占められていると、縦の関係に縛られて自由な発言がしにくくなり、企業価値を損なう温床になるためで、**社外取締役**の導入をうながしています。

Q59 CEOとCFO

社長に取締役にCEO——だれが一番えらいのですか。

【ニュース例】Ｄ社の業績修正の記者会見には、６月に就任したばかりのＣＥＯとＣＦＯの２人が臨んだ。

決算会見でおなじみのＣＦＯや財務担当取締役、どう違うのでしょうか。会社によって責任や立場はばらばらですが、一般的な定義を解説します。法的にもっとも重要なのが**取締役**と取締役会です。**ボードメンバー**といい、経営の実質的な意思決定機関です。国会を株主総会になぞらえると、取締役はさしずめ大臣、取締役会は内閣の閣議といったイメージです。取締役会の親分は代表取締役、要するに総理大臣に当たります。総理大臣を首相といいますが、会社では社長ということになります。

取締役と混同されやすいのが**執行役員**です。執行役員は、取締役会で決まった決議や戦略を執行する立場にある人です。ＣＥＯは「Chief Executive Officer」の略で最高経営責任者です。決算会見でよく登場するＣＦＯとは「Chief Finance Officer」つまり最高財務責任者を意味します。ちなみにＣＯＯは「Chief Operating Officer」で最高執行責任者、運用の世界では最高投資責任者、ＣＩＯ（Chief Investor Officer）というのもあります。

現実には取締役と執行役員を別々にはできません。人材がいないというのも理由ですが、業

執行役員と取締役は本来別物

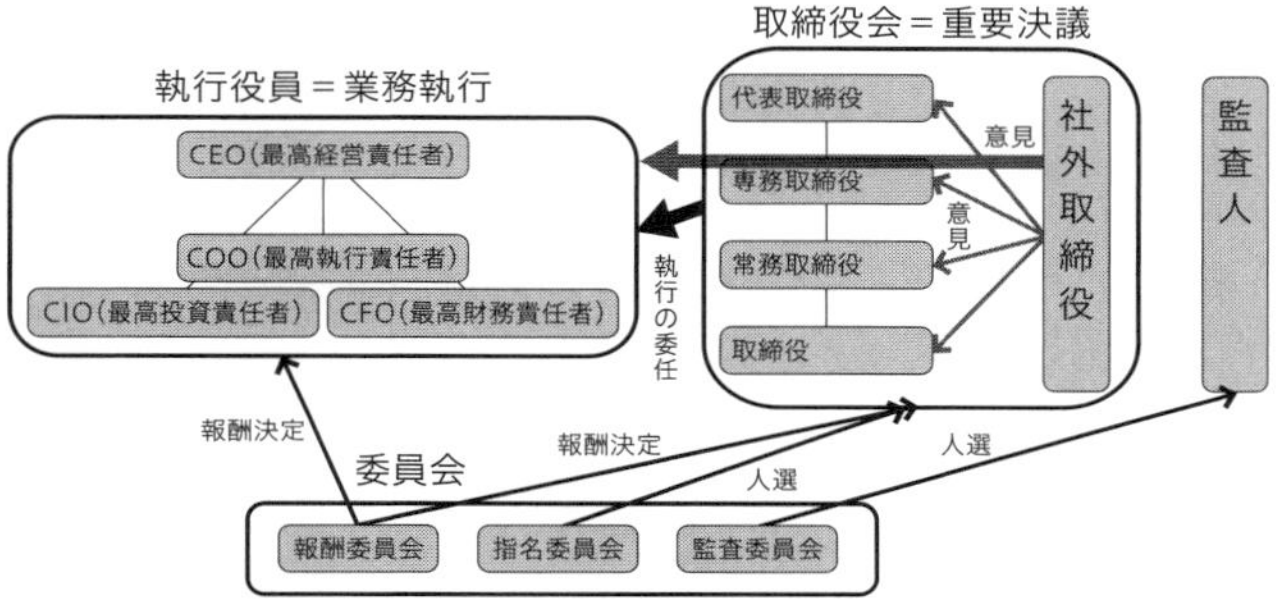
取締役会＝重要決議
執行役員＝業務執行
CEO（最高経営責任者）
COO（最高執行責任者）
CIO（最高投資責任者）
CFO（最高財務責任者）
代表取締役
専務取締役
常務取締役
取締役
社外取締役
監査人
意見
意見
執行の委任
報酬決定
報酬決定
人選
人選
委員会
報酬委員会
指名委員会
監査委員会

務の決定と執行を分けるのはそもそも効率が落ち、合理的ではないからです。大企業でも、社長（会長）＝代表取締役＝ＣＥＯ、副社長＝取締役＝ＣＦＯ（ＣＯＯ）というように兼務するのが一般的です。

通信やアパレル、電子部品などの業界では、「失われた20年」というデフレ下で企業価値を飛躍的に伸ばした会社があります。これらの会社の特徴はほとんどがオーナー系という点です。創業者の場合、ワンマンだけれど求心力が高いため、Ｍ＆Ａなどでも決断が速く、かつ大胆な投資に動けます。リストラでも同じことがいえ、民主的な合議制に頼る会社ほど意思決定のスピードが遅く、構造改革も中途半端になる傾向がみられます。

監査人は表舞台には出てきませんが、決算やコンプライアンス（法令順守）について外部から目を光らせています。国会、内閣の流れで行くと司法をつかさどる役割に近いといえます。

Q60 中期経営計画

2～3年先の会社の業績展望や資本政策は何をみればわかりますか。

中期経営計画（中計）とは3～5年程度の経営目標や資本政策の指針をいいます。投資判断の材料として重要ですが、信憑性に疑問があって6掛け、7掛けでみておかないといけないケースもあります。中計の本気度を読み解くコツを教えます。

「10年後にスター歌手になる」と話す子どもと、「3年後に〇〇大学に進学したい」と話す子どものどちらをより信じられるでしょうか。言わずもがな、ですね。中計も「10年後の夢」タイプと、「3年後の目標」タイプに分かれます。前者は見送り、後者は投資の機会を探りましょう。

ポイントの1つは時間軸です。3年が一般的ですが、資源発掘などにかかわる会社では5年までが許容範囲です。それ以上は絵空事です。創業者企業でも10年後に経営のかじをとっているかどうかわかりません。

2つめは成長戦略の具体性です。設備投資の計画とファイナンスの裏付けがあるかどうかをチェックしてください。どこからキャッシュを捻出し、いつまでにどの分野に投じるのか、な

【ニュース例】 家電量販店のF社は3カ年の中期経営計画で、住宅リフォーム分野に経営資源を投入する方針を明らかにした。

中期経営計画の見方

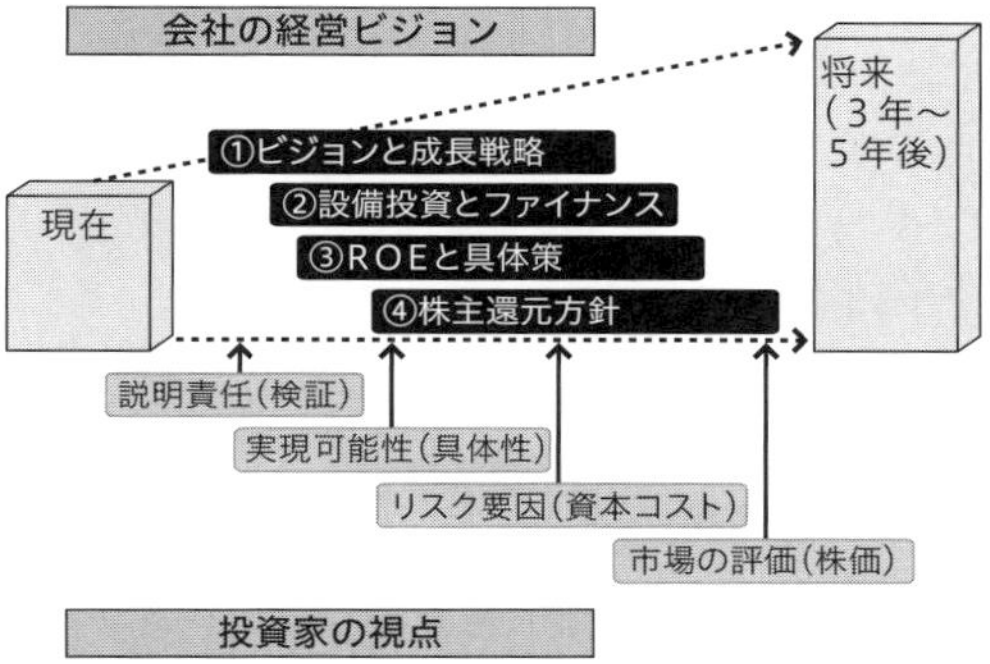
会社の経営ビジョン
将来
(3年～
5年後)
現在
①ビジョンと成長戦略
②設備投資とファイナンス
③ROEと具体策
④株主還元方針
説明責任(検証)
実現可能性(具体性)
リスク要因(資本コスト)
市場の評価(株価)
投資家の視点

ど計画性が開示されていることが実現可能性を探るポイントです。事業のリスク要因がきちんと明示されていればなおよしです。**資本コスト**を考えるヒントを与えてくれており、信頼性が高まります。

計画のゴールである収益や利益配分の目標値をみる前に、過去の中計を検証してください。中計の最大の落とし穴は、未達に終わっても表面化しないことです。毎期の業績見通しについては修正発表が義務付けられていますが、中計は会社の任意の方針・資料なので、未達に終わっても知らんぷりができるのです。ひどい会社は中計が終わっていないのに、新しい中計を作って高らかに目標を宣言します。

世界首位のエレクトロニクスメーカーS社は過去、壮大な経営ビジョンを打ち上げて大風呂敷をたためず、凋落《ちょうらく》の道をたどり続けています。IRにすぐれ**説明責任**を果たす会社の場合、中計についても市場からの評価を得られます。

ＩＲとはどのような企業活動ですか。通常のＰＲとは違うのですか。

【ニュース例】 上場企業の間で、個人を対象にしたＩＲ活動が広がっている。

ＩＲ（アイアール）はInvestor Relationsの略で、投資家向け広報と訳します。会社が投資情報を提供して適正な株価形成につなげようとする活動の総称です。「わが社の株価は割安で今がお買い得です」というような投資勧誘ではありません。自社製品の広告やサービスの宣伝とは異なります。

具体的には、投資家や株主が的確な売買判断をできるように経営状況や財務に関する幅広い情報を開示することです。たとえば、決算発表時に会社が、ビジュアルでわかりやすい補足資料を自発的に作成して配ることがあります。業績・財務分析がしやすくなる利点があり、重要なＩＲ活動といえます。決算資料を英文などさまざまな言語で表示することもＩＲの１つです。外国人の投資判断の機会を増やすからです。インターネットの普及を利用して、決算説明会の様子を動画配信する会社も増えています。説明会に参加できる機関投資家と、出席できない個人投資家との情報格差を解消できます。

昔は経理や財務を担当する部長クラスの責任者が決算発表することが多かったのですが、最近ではトップ自ら説明会に臨んだり、会社から大口の投資家や株主を直接訪問して説明したり

ＩＲとＰＲは別物だが終着点は同じ

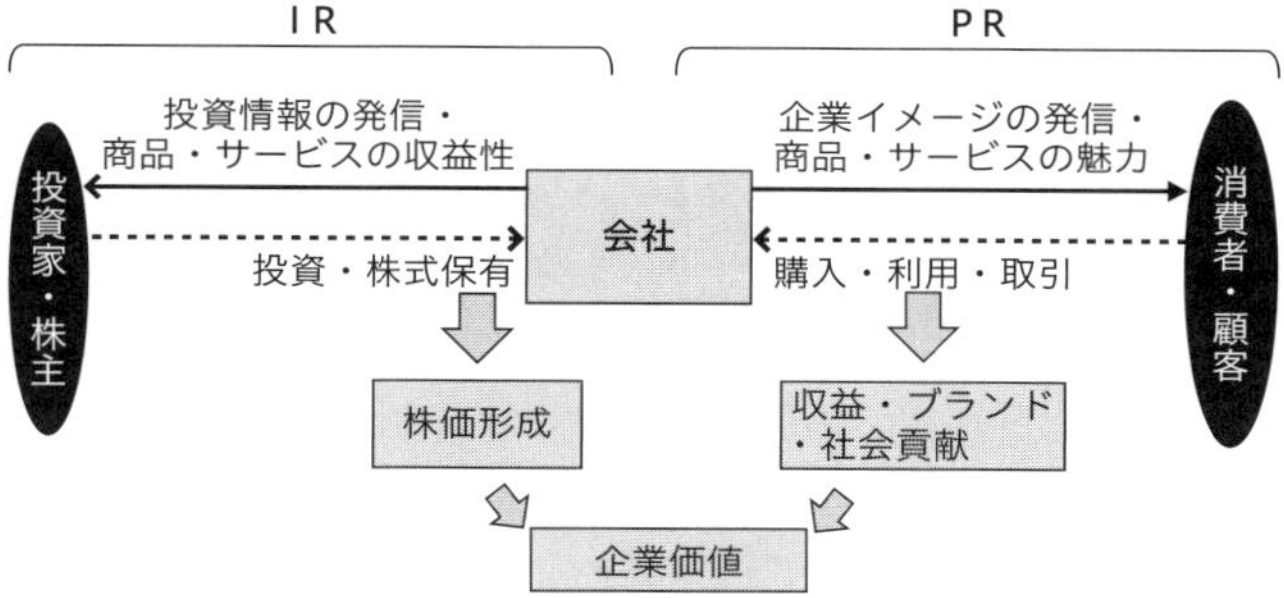
ＩＲ
ＰＲ
投資情報の発信・
商品・サービスの収益性
企業イメージの発信・
商品・サービスの魅力
投資家・株主
会社
消費者・顧客
投資・株式保有
購入・利用・取引
株価形成
収益・ブランド
・社会貢献
企業価値

することもあります。ＮＩＳＡのスタートもあって、個人だけを対象にした説明会を開く会社も目立ちます。

ＩＲの積極さはどれだけ市場を意識しているか、会社の姿勢の表れで、熱心な会社ほど株価が高くなる傾向があります。アジアでＩＲを展開すれば、現地の投資家に投資の機会を与えることになり、新たなマネーの流入が期待できるわけです。個人向けＩＲで個人の比率が増えれば、下げ相場に強くなる可能性があります。

外国人投資家は海外にリスク要因が発生した場合でも日本株の運用比率を引き下げることがありますが、個人投資家はそういうことはしません。

業績見通しの公表もＩＲの一環ですが、過度に低く見積もった業績予想を出す会社が多い点に注意しましょう。ＩＲ活動として不適切ですが、「会計保守原則」を持ち出して是正する気配がないので、会社の本音を読み解くことが大切になります。

Q62

転換社債

CB（転換社債）やリキャップCBという商品を聞きましたが、特徴とメリットを教えてください。

【ニュース例】前日にリキャップCBを発表した時計メーカー、C社の株価が急騰した。

CBはConvertible Bondの頭文字で**転換社債**、あるいは**新株予約権付社債**のことです。株式と債券の中間的な商品です。**リキャップCB**はファイナンスの手法で金融商品ではありません。

CBは社債の一種ですが、株価が一定の水準に上がると株式に転換できる権利がついています。さしずめ株式引換券のおまけのついた社債といったところでしょうか。投資家は保有していれば債券として利子収入が入ってくるし、株価が上がれば株式に変えて値上がり益を狙えます。

会社にとってもメリットはあります。株価に転換できる、という特典をつけることで利率を社債に比べてうんと低く設定できます。市場環境によってはゼロ近くになるケースもあり、低コストで資金を調達できます。発行済み株式数を減らして、低金利の負債を増やすことで全体の**資本コスト**（Q54で解説）を押し下げるメリットもあります。株価が上がって転換が進めば、図のように負債から自己資本に入れ替わっていくので、社債を償還しなくてすみます。社債を株式に変えられる価格を**転換価格**、転換価格と発行時の株価の差を**アップ率**と呼びます。

CB 発行後のバランスシートの変化（イメージ）

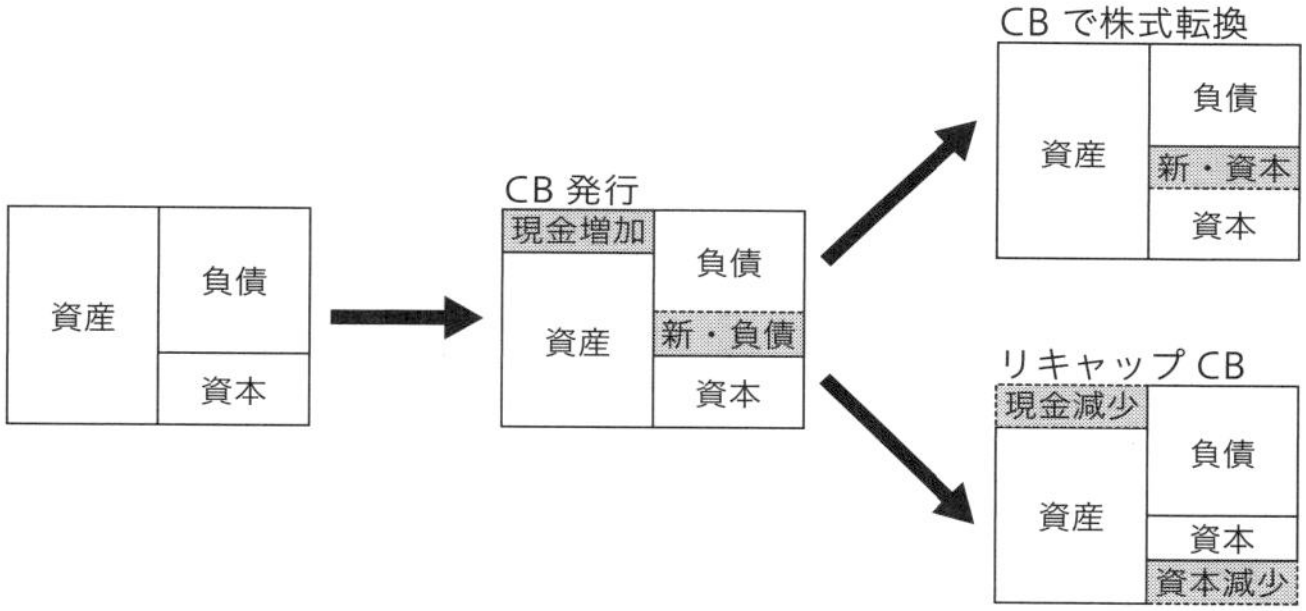

リキャップＣＢは、ＣＢ発行と同時に自社株買いをする手法です。図のようにファイナンスで得た現金の一部、あるいは全部を自社株買いにあてます。ＣＢは社債ですから、負債が増える一方、自社株買いで資本が減ってＲＯＥが一気に上がります。短期的には株価にプラス要因となり、大きく値上がりしやすくなります。

注意点もあります。調達資金は投資に回る分が少なくなるため、中長期的な成長性への魅力が乏しくなります。リキャップＣＢを好感して株価が上がった結果、転換価格を超えてしまうと、（社債）負債が再び（株式）資本に乗り変わっていきますので、収益力が上がらないと自己資本が増えてＲＯＥが再び低下する可能性があります。

もし、株価が上がらなければ、社債の形で投資家の手元に残ります。将来、株式になるかもしれない潜在的な株式なので、需給悪化要因とみなされて株価の上昇を抑えることにもつながります。

Q63 CCC

キャッシュフローを重視する会社は、どんな経営管理指標を取り入れているのですか。

CCCは**キャッシュ・コンバージョン・サイクル**の略です。会社が生産・サービスのために現金を投入してから、現金として回収するのにかかる日数を示す指標です。短いほどキャッシュフローが増え、手元資金が潤沢になります。投資余力が高まり、事業環境の変化への対応力が改善します。**キャッシュ・マネジメント**にすぐれた会社は投資家に高く評価されるので、同じ利益水準ならCCCの短い会社を選びましょう。

大仰なネーミングですが、いたってシンプルな指標です。飲食店なら、客のツケは早く回収し、店のツケはできるだけ払わない、という意味です。わずかな改善で零細企業なら資金繰りがぐんと楽になるし、大企業では数十億円ものカネを浮かせられるようになります。

一般に会社は仕入れに現金を支払ったあと、売上代金が回収されるまでの数カ月間資金が足りなくなることが多いので、運転資金として短期の借り入れでまかなわないといけません。

CCCの計算方法は、正確には「売り上げ債権（売掛金）回転日数」と「棚卸資産回転日数」の合計から「仕入れ（買掛）債務回転日数」を差し引いて計算します。仕入れで払ってから、

【ニュース例】モーター世界首位のN社は今年から新たな経営指標としてCCCを導入し、これまでの90日から60日へ短縮を目指す。

キャッシュ・コンバージョン・サイクル（CCC）のイメージ

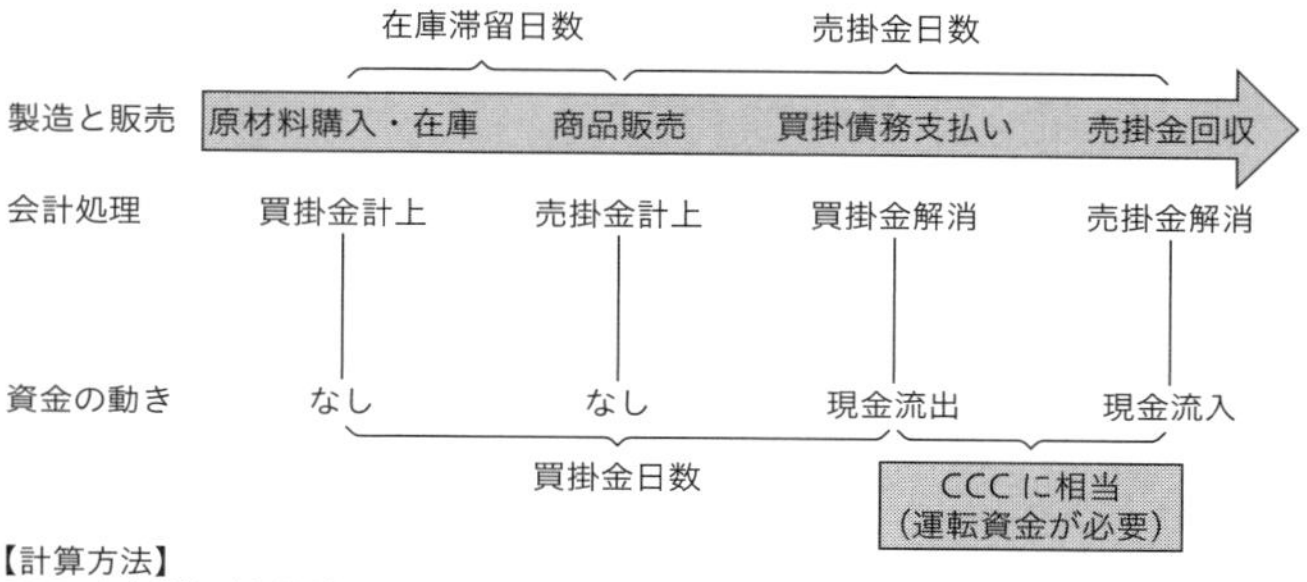
在庫滞留日数
売掛金日数
製造と販売
原材料購入・在庫
商品販売
買掛債務支払い
売掛金回収
会計処理
買掛金計上
売掛金計上
買掛金解消
売掛金解消
資金の動き
なし
なし
現金流出
現金流入
買掛金日数
CCCに相当
（運転資金が必要）

【計算方法】
CCC＝売上債権（売掛金）回転日数＋棚卸し資産（在庫）回転日数－買入債務（買掛金）回転日数

代金回収までの必要な日数と思えばよいでしょう。

ＣＣＣを短くするには在庫を圧縮すればよいわけです。作った商品をすぐに売る、裏返せば売れる商品しか作らないようにすれば自然とＣＣＣは短くなります。しかも、在庫圧縮は値引き販売による採算悪化を食い止める効果もあります。ＣＣＣが改善して運転資金を外部から調達しなくてすむようになると、手元資金が厚くなります。設備投資などに回すなど資金に余裕が生まれます。

ＣＣＣの向上には、資金を一元管理する**キャッシュ・マネジメント・システム（ＣＭＳ）**を導入している会社が多いようです。ＣＭＳによって世界中に散らばる資金を効率的に管理し、グローバル競争力を高めるのが狙いです。統括口座をもうけて、グループ会社の資金を一括管理することを**プーリング**といいます。グループ会社間の債権債務の相殺を**ネッティング**、地域ごとの拠点に支払業務を集中させることを**ペイメントファクトリー**といいます。

Q64

M&A

会社が合併や買収をした場合、その会社の保有株式はどうなるのでしょうか。

M&A（会社の合併・買収）が報じられた場合、買収されたり、合併で消えたりする会社の株式を持っていたらどうすればいいでしょうか。

買収や合併は相手企業の株式＝議決権の過半（支配力）を握る行為です。**TOB（株式公開買い付け）**を実施し、現金で相手方の株主から株式を買う手法もあれば、**株式交換**といって自社株を相手方の株主に与える方法などがあります。後者は借入金などファイナンスの必要がないため、会社に活発に利用されています。

買収されるのは会社に魅力があるためで、市場価格よりも高い値段で買ってもらうのがふつうです。買収価格が株価より上乗せされた分を**プレミアム**といいます。買収する側にとっては、相手方の株式を効率よく買い集めるための必要なコストともみなせます。一般には、株価に対して30～50％程度上乗せされるようです。

図のように買収・統合される会社の価値が50、買収・吸収する側が１００だと仮定しましょう。企業価値を考えると、買収される会社の株式１株は、買収する会社の株式０・５株と交換

【ニュース例】学習塾のＬ社がＭ社を株式交換で吸収合併すると発表したことで、Ｍ社の株価は交換比率にさや寄せする形で上昇した。

M&Aの一般的なイメージ

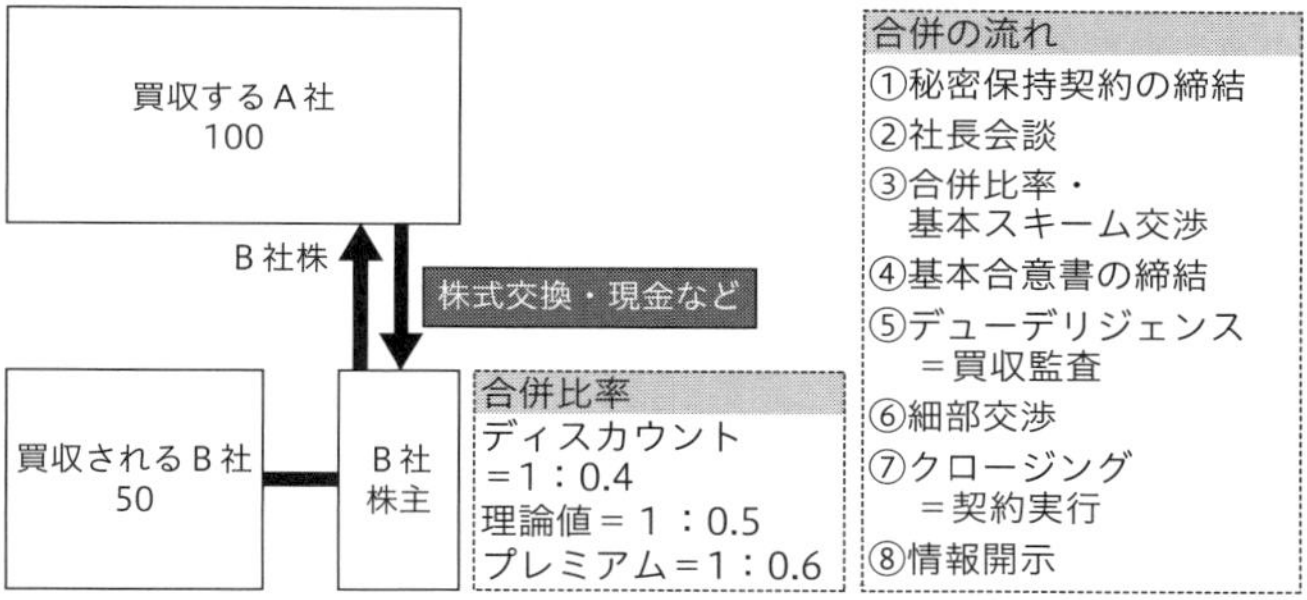
買収するA社
100
B社株
株式交換・現金など
買収されるB社
50
B社
株主
合併比率
ディスカウント
＝1：0.4
理論値＝1：0.5
プレミアム＝1：0.6
合併の流れ
①秘密保持契約の締結
②社長会談
③合併比率・
基本スキーム交渉
④基本合意書の締結
⑤デューデリジェンス
＝買収監査
⑥細部交渉
⑦クロージング
＝契約実行
⑧情報開示

してもらえる計算になります。これを1：0・5の**交換比率（合併比率）**と表します。1：0・6のようにより多くの買収企業の株式をもらえるときは、被買収企業にプレミアムがついている状態です。救済合併のときは逆に安く買われ、値引き＝**ディスカウント**状態になります。株価がさや寄せするというのは、交換比率に見合う水準へ訂正が進むことです。

買収企業の株式を持っている場合は、被買収企業に払った対価を何年で回収できるかに着目しましょう。被買収企業を100億円で買収し、1年間に10億円のキャッシュを稼ぐとすれば10年で元を取れる、という一種の皮算用です。時価総額と純有利子負債（有利子負債―現金・同等物）の合計額を企業価値と仮定し、**EBITDA**で割ります。EBITDAとは金利や税金、償却費を差し引く前の利益で、事業活動が生み出すキャッシュフローに近くなります。割った値が10倍なら10年で回収可能ということになり、短いほどよい買い物をしたことになります。

Q65 アクティビスト

物言う株主とは具体的にどのような投資行動を起こすのですか。

株式を大量に取得したうえで、投資先の企業価値を向上させるために経営改革などを働きかける株主を「**アクティビスト**」といいます。Q58で解説していますが、企業統治の仕組み上、株主は受け身の姿勢にならざるをえないのですが、アクティビストは文字どおり活動する投資家で、積極的に経営に関与しようとします。

時には無理な増配を要求したり、リクエストが通らないと取締役の解任を迫ったり、横暴な態度や姿勢をみせるときがあります。このため日本では、かつての**総会屋**と比べられることもあります。総会屋は株主総会出席のためだけに少数の株式を持ち、株主総会で発言して議事を混乱させたりします。総会屋を取り締まる総会屋もいて、いずれも会社に金品をせびるのが目的です。アクティビストは正当な議決権を盾に年中、経営に圧力をかけてきますから、経営者の中には総会屋より始末が悪いと漏らす声もあります。

アクティビストが投資対象にするのは、株価が割安で比較的豊富なキャッシュを持っている会社です。増配や自社株買いなどの資本政策のほか、事業のリストラまで要求するケースも目

【ニュース例】食品メーカーのＫ社は、アクティビストとして知られるＳファンドから配当を引き上げる要求の旨の書簡が届いたと発表した。

経営に口を出すことで企業価値を上げる

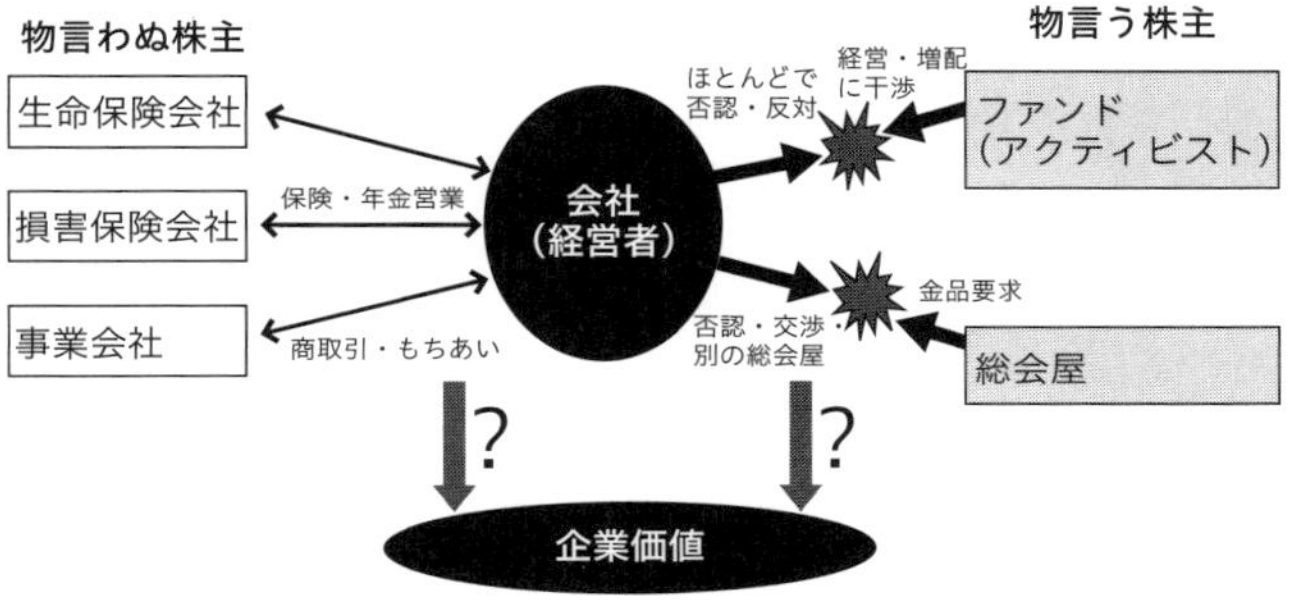
物言わぬ株主
生命保険会社
損害保険会社
事業会社
保険・年金営業
商取引・もちあい
会社
（経営者）
ほとんどで
否認・反対
経営・増配
に干渉
物言う株主
ファンド
（アクティビスト）
金品要求
否認・交渉・
別の総会屋
総会屋
?
?
企業価値

立っています。株価を一定の水準まで上げた時点で売って投資収益を得るのが目的です。過去の例では1年〜2年半というのが平均的な投資期間です。

最近は年金基金などの支持も味方につけて影響力を強めており、経営の主導権をめぐる攻防が激しさを増しています。仮に経営陣と対立した場合は、株主総会での多数決で議案を決めます。これが**委任状争奪戦（プロキシーファイト）**です。投資先をメディアに公表して、一般の個人マネーを巻き込んで株価をつり上げる「劇場型」を演出するアクティビストもみられます。一般投資家や短期投資家にとっては強烈な材料になるので、株価は急騰します。

アクティビストの提案には、中長期の利益成長を損なう提案も数多くあります。アクティビストはせいぜい数年の期間でもうけを得ようとするので、要求をそのままのむと経営も短期主義に陥ってしまいます。企業価値の創造ではなく価値の破壊との批判も出ています。

Q66 買収防衛策

ポイズンピルや焦土作戦って何のキーワードですか。

【ニュース例】Ｔ社は昨日開いた株主総会で、定款から買収防衛策を削除する議案が否決されたと発表した。

ＴＯＢ（株式公開買い付け）などによる敵対的買収を防ぐため、定款に**買収防衛策**を盛り込む会社が数多くあります。代表的なのは**ポイズンピル（毒薬条項）**です。敵対的ＴＯＢなどで株式の一定割合を保有されると、新株予約権を使って既存株主が時価を下回る価格で新株を引き受けられるようにするしくみです。買収者の議決権比率を低めて、交渉力と支配権を弱めることができます。また、特定の株主に、合併決議などの拒否権を与えるのが**黄金株**です。友好的な株主に割り当てておけば、敵対的買収者の提案を否決してもらえます。譲渡制限をつけておけば裏切りも防げます。

スーパー・ボーティング・ストックは複数議決権の付いた種類株です。日本でも近年、創業者が上場株式の10倍の議決権を持つ種類株を活用した新規株式公開（ＩＰＯ）が実現して話題になりました。**ホワイトナイト**は助っ人のイメージでしょうか。都合のよい投資家や友好的な別の会社を引き込んで第三者割当増資を引き受けてもらったり、傘下に入ったりして、買収者の影響力を排除します。**ゴールデンパラシュート**（黄金の落下傘）と**ティンパラシュート**（ブ

買収防衛策は多彩だが、市場に評価されるのは2種類

防衛策（通称）	要するに……
ポイズンピル（毒薬条項）	株式の一定割合を保有されると既存株主に有利な価格で新株を引き受けられるようにする
黄金株	合併決議などの拒否権を持つ株式
スーパー・ボーティング・ストック	1株に多くの議決権を付ける複数議決権付き株式
ホワイトナイト（白馬の騎士）	会社にとって都合のよい投資家や友好的な別会社を抱き込む
ゴールデンパラシュート	被買収側の経営陣が解任されたら巨額の退職金を受け取る契約
ティンパラシュート（ブリキの落下傘）	買収された会社の従業員に割増退職金を支払う
焦土作戦（クラウン・ジュエル）	買収前に経営資源を売却して魅力を減らす
パックマンディフェンス	買収企業に対し、逆に買収をしかける戦法
株式非公開化	経営陣自ら自社株を買い集めて上場廃止する
大幅増配	株価を上げ、買収コストを膨らませる
もちあい	友好的企業と相互に「安定株主」となり浮動株を減らす
IR強化	経営戦略を市場に信任させ、投資家の裾野を広げる
企業価値向上	ROEと時価総額を高める

リキの落下傘）は、買収後に不当な解任・解雇を受ければ多額の退職金を支払う契約を結ぶことです。買収コストではなく、買収後のコスト増をちらつかせて断念させます。**焦土作戦（クラウン・ジュエル）**は侵略・侵入者に武器や食料を残さないように街を焼き尽くす軍事作戦です。買収前に経営資源を売却して魅力を減らしてしまいます。

パックマンディフェンスは攻守ところを変えて買収に打って出る戦略で、あるテレビゲームにちなんで命名されました。MBO（マネージング・バイアウト）などによる**株式非公開化**や上場廃止は究極の防衛策です。また、大幅増配も有力な手段です。株価をつり上げて買収コストを膨らませ、標的となる豊富な現預金を社外に流出させて魅力を減らすのです。

以上が代表的な買収防衛策ですが、資本市場と企業統治の健全性からは、IR強化と企業価値向上こそが最強の防衛策とされます。

Q67 大量保有報告書
注意を払うべき海外の投資ファンドと情報入手方法を教えてください。

上場会社の株式を発行済み株式の5%を超えて保有した場合、その投資家は財務局に開示書類を提出する決まりが定められています。これを**大量保有報告書**提出義務（通称**5%ルール**）と呼んでいます。保有者の名称や所在地はもちろん、持ち株比率や保有株数、目的などを記載します。提出後、持ち株比率が1%以上変動した場合はその都度、**変更報告書**で状況を開示しないといけません。

情報の入手先は金融庁が運営するサイト「EDINET」がおすすめです。有価証券報告書などとあわせてすべての報告書の閲覧ができます。「50音検索」で知りたい会社名から探すこともできるし、○○ファンドというように提出する側からも調べることが可能です。

では、実際どのようなファンドが登場すると注意を払わないといけないのでしょうか。かつて日本企業の大株主として名を連ね、市場の話題をさらったファンドの一覧を表にまとめてみました。一般にアクティビストといわれます。彼らは書簡で経営陣に要求を伝えたり、株主総会に自ら利益配分や経営戦略に関する議案（**株主提案**）を提出して決議をはかったりします。

【ニュース例】米有力ファンドのGアセット社が、素材メーカーS社の発行済み株式数の6%を保有していることが明らかになった。

大量保有報告書で注目度の高いファンド

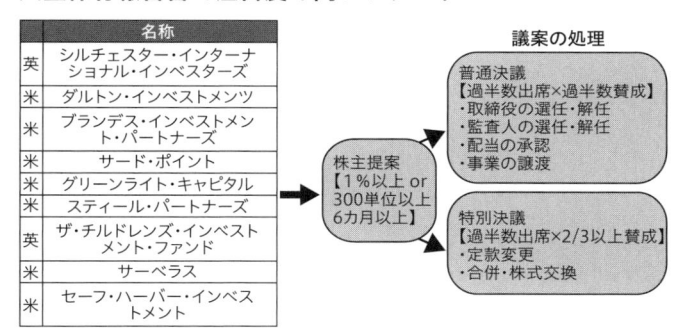

	名称
英	シルチェスター・インターナショナル・インベスターズ
米	ダルトン・インベストメンツ
米	ブランデス・インベストメント・パートナーズ
米	サード・ポイント
米	グリーンライト・キャピタル
米	スティール・パートナーズ
英	ザ・チルドレンズ・インベストメント・ファンド
米	サーベラス
米	セーフ・ハーバー・インベストメント

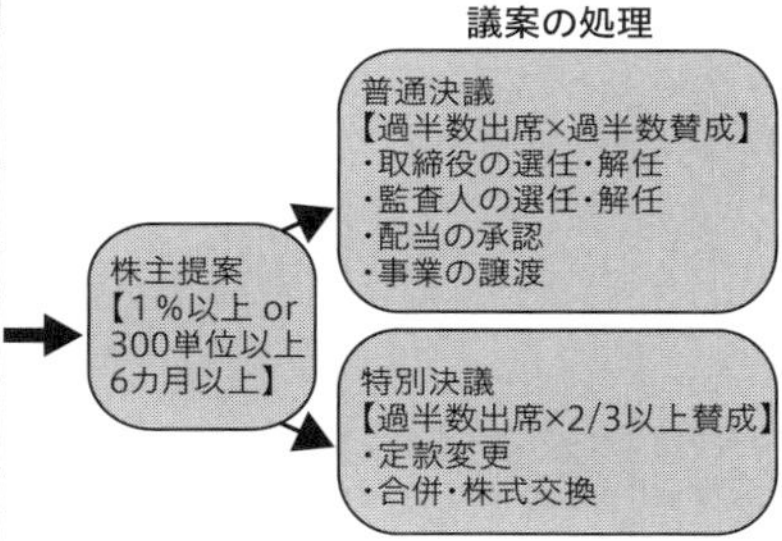
議案の処理
株主提案
【1％以上 or 300単位以上 6カ月以上】
普通決議
【過半数出席×過半数賛成】
・取締役の選任・解任
・監査人の選任・解任
・配当の承認
・事業の譲渡
特別決議
【過半数出席×2/3以上賛成】
・定款変更
・合併・株式交換

株主は議決権の1％以上、または売買単位の300個以上を6カ月以上保有すれば**株主提案権**が与えられます。一定の期日までに提案すれば、会社側の招集通知に内容を記載するよう求めることもできます。増配を求めたり取締役の交代を要求したりする提案は、一般には普通決議で処理され、可決には出席者の過半数の賛成が必要になります。

3％以上保有する株主は新たに**帳簿閲覧権**や、取締役や監査役の解任請求権などが与えられます。帳簿閲覧権は経営者の不正や不法行為を証明しようとする際に、帳簿を閲覧できるという意味です。10％以上では、経営危機時に解散請求が可能になり、同時に6カ月以内の売買で得た利益は会社に返さなければいけないインサイダー取引規制の義務（**短期売買益返還義務**）を負います。15％以上では支配関係によっては連結グループに入ります。投資ファンドはこうしたルールも勘案して、5％以上10％未満の間で保有するケースが多いようです。

Q68 スチュワードシップ・コード

なぜ生保や損保は株主総会で何の意見もいわず、賛成票しか投じないのですか。

【ニュース例】 金融庁は、機関投資家に求められる行動規範を公表し、受け入れを表明するよう求めた。

これまでにはない新しいアプローチで日本企業の成長を加速させようとする試みが始まりました。**日本版スチュワードシップ・コード**と**コーポレートガバナンス・コード**です。もともとは英国の制度で、コードとは規範や指針を意味します。銀行や保険会社など機関投資家に求められる行動規範が日本版スチュワードシップ・コードで、経営の枠組みへの指針がコーポレートガバナンス・コードです。２つのコードは日本経済の成長の車の両輪になると期待されています。

日本版スチュワードシップ・コードでは、投資先企業の状況把握、対話を通じた問題改善、議決権行使の方針など7つの行動原則を記しました。要するに**対話**が大事、という意味です。機関投資家は会社と「目的を持った対話」（**エンゲージメント**）をすることで利益成長と企業価値向上につながる可能性が高くなるとしています。**年金積立金管理運用独立行政法人**（**GPIF**）など多くの機関投資家がコードの受け入れを表明しています。生保は保険加入の見返りに、株主総会では黙って賛成票を投じていましたが、今後姿勢が変わる可能性があります。

2つのコードが会社と日本経済の成長をうながす

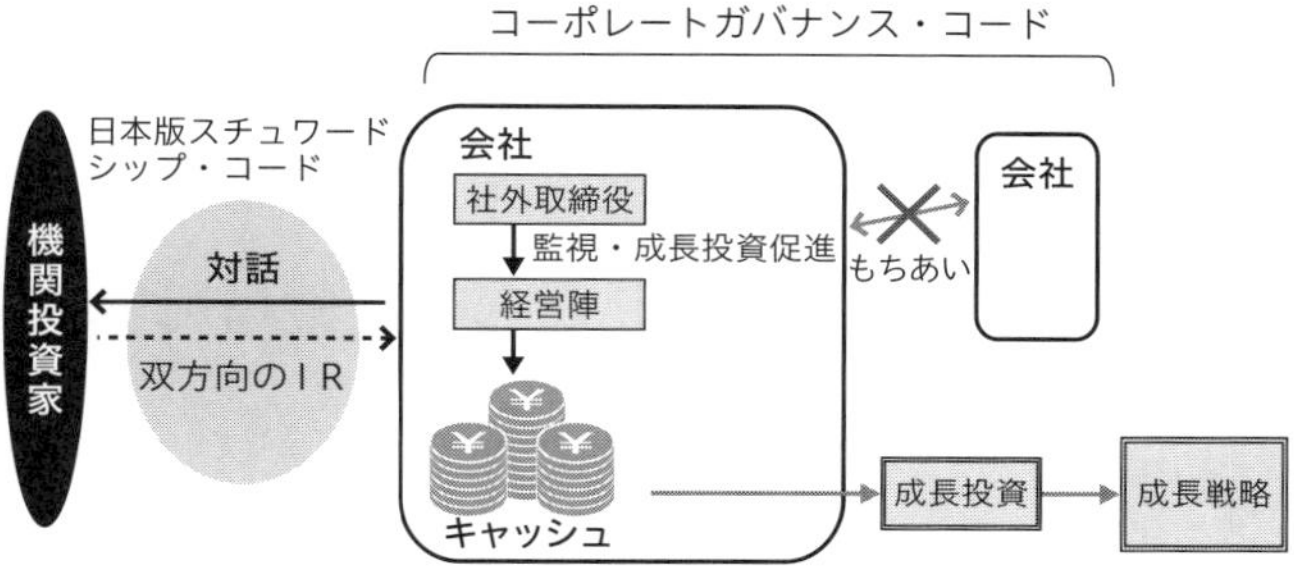
コーポレートガバナンス・コード
日本版スチュワードシップ・コード
機関投資家
対話
双方向のＩＲ
会社
社外取締役
監視・成長投資促進
経営陣
キャッシュ
もちあい
会社
成長投資
成長戦略

かみくだいていえば、「対話」とは企業価値向上を意識した投資家の提案活動、あるいは意見具申です。「要求」というレベルになってしまうと投資家＝**アクティビスト（物言う株主、**Q65で説明）と受け止め、会社は抵抗を示します。一方、**物言わぬ株主**というのも一種の怠慢であるという考えが根っこにあります。対話とは言い得て妙で、物言う株主では出過ぎだが、ほどほどに声を出し、会社も抵抗なく受け入れる落としどころが「対話」なのです。市場から意見を吸い上げる考え方そのものは、企業の情報発信活動であるＩＲの延長線上に昔からあります。理想とされる「双方向のＩＲ活動」です。

コーポレートガバナンス・コードは金融庁と東京証券取引所が議論を進めており、２０１５年に骨子がまとまる予定です。ただ、社外取締役を入れても巨額の赤字を出し続けたり、粉飾決算をしたりする会社が相次いでいます。企業統治は形や数よりも、独立性や適切な助言など質が問われています。

第6章

新規公開株投資のコツ

069～075

Q69 ＩＰＯ

ＩＰＯ（新規株式公開）株はなぜいつも人気が過熱しているのですか。もうかるから？

【ニュース例】低金利と株高を背景に日米で大型のＩＰＯが相次いでいる。

ＩＰＯとは「Initial Public Offering」の略で、**新規株式公開**を意味します。ＩＰＯ株は短期の値上がり益を得る道具のような視点で報じられていますが、資本市場において非常に大きな意義を持っています。成長のための巨額の資金調達と見返りに、創業者一族や親族など内輪で保有していた株式をだれでも買えるようにし、文字どおり「プライベート」（私）から「パブリック」（公）へと生まれ変わるからです。ＩＰＯは資本市場へのデビューといえます。では、ＩＰＯ株投資が過熱するのはなぜなのでしょうか。もうかるから？

それでは理由になりません。会社が産声をあげてからのステージは大きく４つに分かれます。スタートが創業期。起業しようとする人は銀行から資本を借り入れたり、親族や有志から出資を募ったりして事業を興します。「夢」や「未来」への期待が大きければ、専門の投資会社**ベンチャーキャピタル（ＶＣ）**が資本を提供することもあります。

収益化に目鼻がついてくると、描いたビジネスモデルが正しかった、という裏付けになります。そこで業容をもっと広げようということになりますが、お金も知名度も足りません。ＩＰ

会社の成長ステージと収益状況

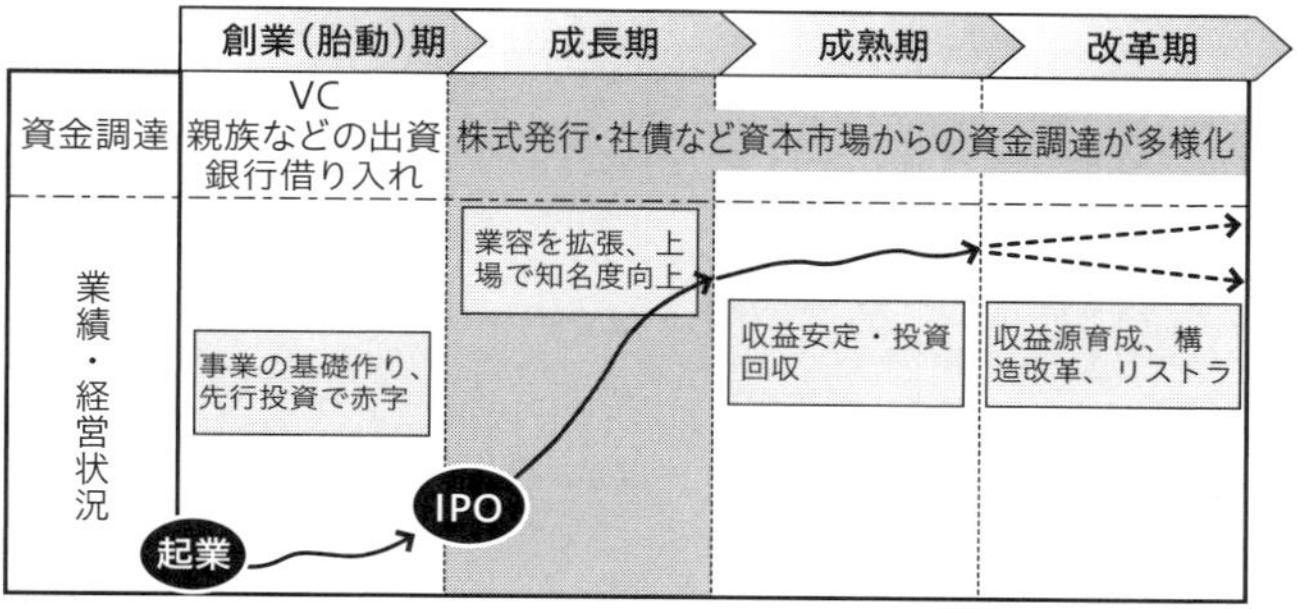
創業（胎動）期
成長期
成熟期
改革期
資金調達
VC
親族などの出資
銀行借り入れ
株式発行・社債など資本市場からの資金調達が多様化
業績・経営状況
事業の基礎作り、先行投資で赤字
業容を拡張、上場で知名度向上
収益安定・投資回収
収益源育成、構造改革、リストラ
起業
IPO

Ｏの機会到来です。ＩＰＯによって株式市場に上場すると、不特定多数の人から一気に資本を集めることができます。知名度やブランドも向上して、さらに顧客が広がる好循環が期待できます。図のようにＩＰＯ前後で成長の勢いが一番高まります。

なぜ、ＩＰＯ株に人気が出るのか、という問いかけに立ち返りましょう。答えはもっとも利益成長が期待できる過程に入った会社が多いから、です。人間でいえば思春期に当たります。伸び盛り、食べ盛りの年ごろでしょう。育て方を間違うと不良になる可能性もあります。ＩＰＯ株は玉石混交といえますが、若さに対する魅力が市場の期待を呼び寄せて、ＩＰＯ株投資という独特の市場を形成しているのです。

会社は先行投資が実って安定成長期に入り、さらに時間が経過して市場が飽和状態になってくると、競合も激しくなり成長力が鈍ってきます。やがて、構造改革やリストラが求められる時期になります。

Q70 オーバーアロットメント
――ＩＰＯ株投資を始めたいのですが難解な専門用語と格闘しています。

ＩＰＯではなじみのない用語がたくさん出てきます。まず、ＩＰＯそのものは**公募株**と**売り出し株**の２種類で構成されます。公募株はＩＰＯにあたって会社が新たに発行する株式です。売り出し株は創業者など大株主が売却、市場に放出する株式です。

上場後に**オーバーアロットメント**による売り出しが実施される場合があります。ＩＰＯ株は人気が過熱して、値段が妥当なゾーンを超えて上がりすぎるケースがあります。このとき、主幹事証券会社が大株主からあらかじめ借りておいた株式を追加的に売り出して上場直後の過熱感を抑え、適正な株価がつくようにします。熱を冷ますので**冷やし玉**と呼ばれます。ちなみに公募価格、売り出し価格、オーバーアロットメントの価格は同じ公開価格で売却されます。

主幹事証券会社は一定期間内に借りた株式を返さないといけないので、株価が公開価格を下回っていれば市場で株式を買い付けます。上場後の株価乱高下を抑え、需給改善をもたらすので多くのＩＰＯで導入されています。

【ニュース例】 Ｔ社のＩＰＯでは半年間のロックアップ期間が設けられた。

ＩＰＯにおける需給要因と株価のイメージ

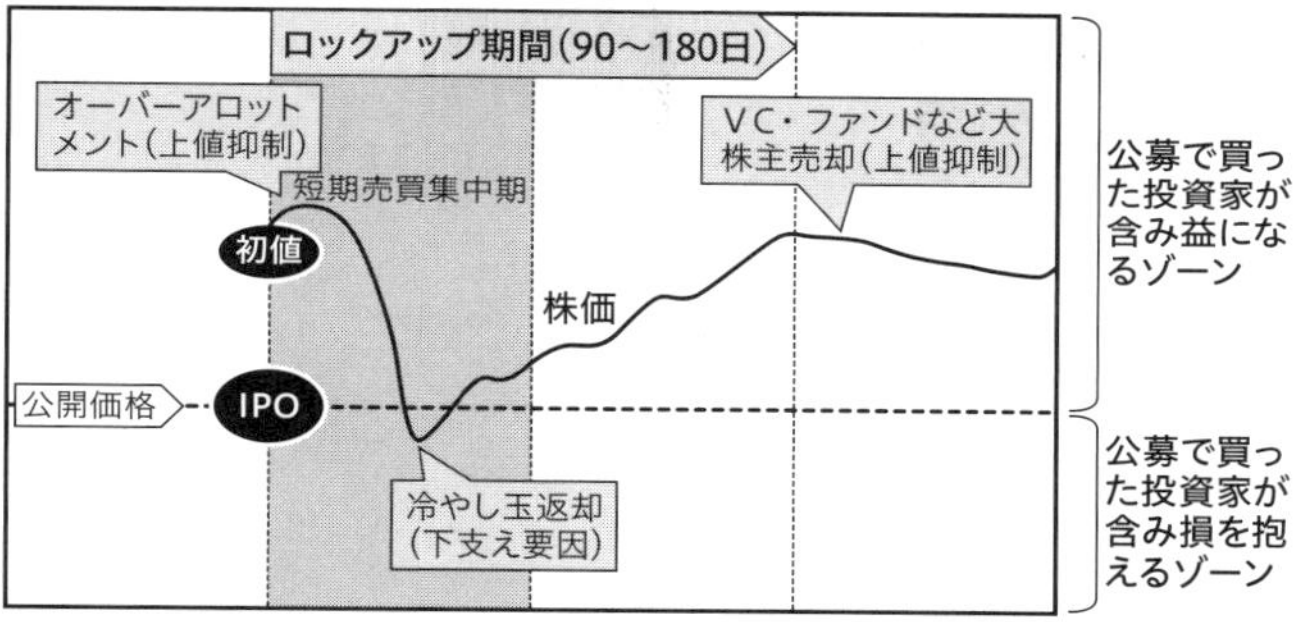
ロックアップ期間(90〜180日)
オーバーアロットメント(上値抑制)
短期売買集中期
VC・ファンドなど大株主売却(上値抑制)
初値
株価
公開価格
IPO
冷やし玉返却(下支え要因)
公募で買った投資家が含み益になるゾーン
公募で買った投資家が含み損を抱えるゾーン

株主構成にも目配りしましょう。**ベンチャーキャピタル（ＶＣ）**が大株主に名を連ねている場合は、上場後の値動きを警戒しないといけません。ＶＣとはベンチャーを育てる目的の投資会社なので、上場がゴールになるのです。上場時や上場後すぐに保有株を売って利益を稼ぐことが多いため、株価の上値が重くなる可能性もあります。これを防ぐのが**ロックアップ**です。既存株主が一定期間保有株を売らないよう合意するのです。上場日から90〜１８０日前後で定めるのが一般的で、ロックアップがあれば目論見書などに記載されます。

公募・売り出しの規模にも注意を払いましょう。規模が小さい銘柄は需給が逼迫《ひっぱく》しやすく、値動きが荒くなります。上場初日には目先の株価上昇を狙った短期投資家の買いが集中し、その後急落するケースが目立ちます。一方、時価総額が１兆円前後になるような銘柄は短期投資家は敬遠します。急騰劇は望みにくいのですが、株価が比較的安定しやすい特徴があります。

Q71 ブックビルディング

ＩＰＯ株投資の準備において手続き上のポイントは何ですか。

ＩＰＯにおいては**ブックビルディング**が**抽選**突破への登竜門になり、事実上の申し込みとなります。上場後の株価形成を占う最大の材料にもなります。主幹事証券会社は、ＩＰＯ企業の業績や財務、類似会社との比較や市場関係者へのヒアリングを重ね、こんなもんだろうという価格帯を算定します。これを**仮条件**といい「上限価格～下限価格」で示されます。

仮条件が決まったら、いよいよ実質的な申し込みとなるブックビルディングに参加します。日本語では**需要申告**、あるいは**需要申請**などと訳します。Ｋ社の仮条件が「１０００～１２００円」だった場合、「１０００～１２００円の範囲内で、みなさんはいくらで買いたいですか？」という証券会社からの問いかけに答える作業です。１２００円で買いたい投資家が大勢いれば１２００円で**公開価格**が決まるし、人気がないなら下限の１０００円に近づきます。投資家の反応を探る一種のオークションだと考えてください。

このブックビルディングに参加し、かつ自分の申告した価格が公開価格以上だった場合に抽選の権利を得られます。先の例でいえば１２００円で公開価格が決まり、自分が１１００円で

【ニュース例】 来月に上場するＷ社の発行価格は仮条件の上限で決まった。ブックビルディングで需要が旺盛だったとみられる。

新規株式公開までの流れ

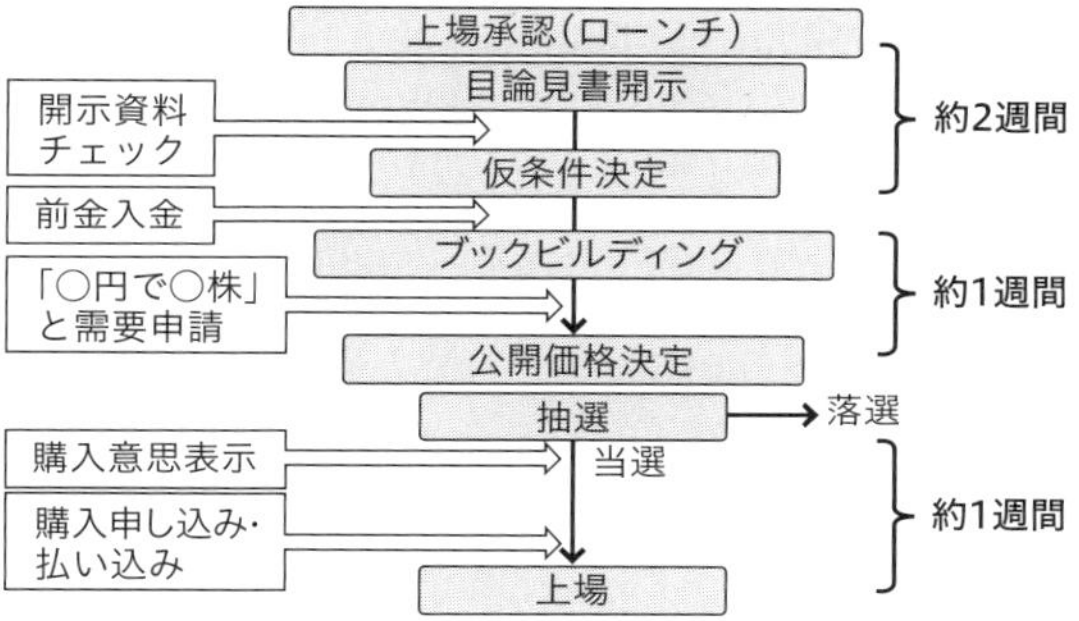
上場承認(ローンチ)
目論見書開示
開示資料チェック
仮条件決定
前金入金
ブックビルディング
「○円で○株」と需要申請
公開価格決定
抽選
落選
購入意思表示
当選
購入申し込み・払い込み
上場
約2週間
約1週間
約1週間

(注)個々の銘柄や証券会社によって異なる

需要申告していれば抽選の対象外、つまり、門前払いとなります。くじを引く権利を確実に得るためには、まず仮条件の上限で申告しないとお話にならないのです。

ブックビルディングが終わると公開価格が決まります。速やかに抽選が始まり、当選者が決まります。この当選者が実際に買い付ける権利を得ることになります。購入する場合はその旨の意思表示をして、入金します。開示資料の申込期間とは、現実には異なるので注意してください。また、ブックビルディングに参加する段階で、前金を預ける証券会社が多いようです。この点も開示資料の払込日とは異なります。

ちなみに市場環境が悪いときなどは、ブックビルディングの結果、公開価格が仮条件の下限で決まるときもあります。初値が公開価格を割るリスクが高まったと解釈してください。上限価格で申告して当選しても、購入の意思表示をしないようにするのも選択肢です。

Q72 目論見書

新規上場会社の事業内容や業績見通しをどうやって調べればいいのですか。

ＩＰＯ株は上場までは文字どおり「未公開」なので、事業内容などを調べるのも一苦労です。一番頼りになるのは新株式発行と株式売出届出目論見書です。通称、**目論見書**で、ＩＰＯ株販売用説明資料だと思ってください。東証のホームページにも上場の概要、有価証券報告書、売買単位などが掲載されていますし、取り扱う（引き受ける）証券会社の店頭やＷｅｂにも冊子やファイルがあります。

目論見書の情報量は膨大なので、要領を押さえないと読み疲れしてしまいます。チェックポイントの１つは事業内容の独自性と優位性です。競合相手の存在はどうか、利益率の高さを維持できそうか、市場規模になお拡大余地があるか、などを確認します。期待値が大きいとＩＰＯ人気が高まります。経営リスクも確認しましょう。新興企業は経営基盤が脆弱《ぜいじゃく》なので、業績変動要因のチェックは欠かせません。

ＩＰＯの醍醐味は何といっても成長性なので、調達資金の使い道も重要です。新規の出店やサービス、多角化など設備投資や業容拡大にあてる目的はプラスですが、借入金の返済に回す

【ニュース例】 今年最大のＩＰＯとなるＲ社は複合メディア事業が収益の柱だ。

目論見書で確認すべきポイント

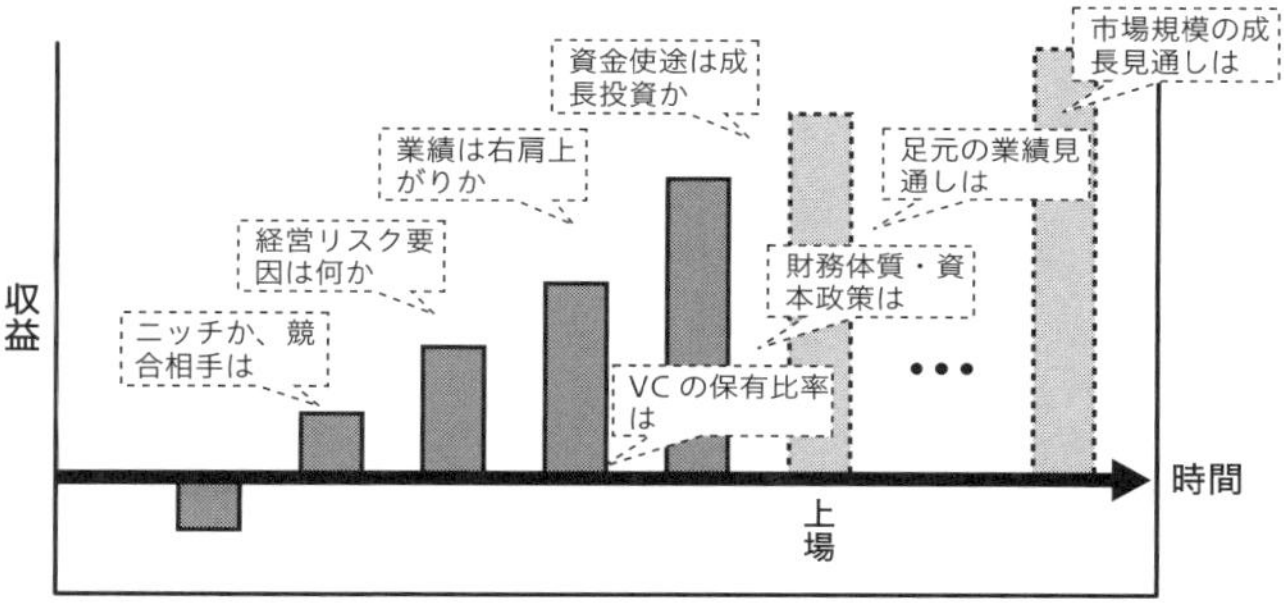
収益
時間
上場
ニッチか、競合相手は
経営リスク要因は何か
業績は右肩上がりか
資金使途は成長投資か
VCの保有比率は
財務体質・資本政策は
足元の業績見通しは
市場規模の成長見通しは

のであれば少々割引が必要になります。

資本政策にも目を配りましょう。一般の会社と発想を逆転することが大切です。たとえば、配当を出していない会社が自然な場合もあります。成長投資を優先するためあえて無配政策をとっているとすれば、それはそれで合理的な判断だからです。業績トレンドがなだらかな右肩上がりか起伏を繰り返しながら成長しているかなども、景気感応度をみるうえで要チェックです。

注意点は業績予想です。未公開企業には開示義務がないので、適時開示情報にもファイリング（登録）されません。自社のホームページにも掲載されませんので、データとしてはなかなか入手できないのです。

実はこの見通し、記者クラブなどには参考資料として配布されるのが一般的です。日本経済新聞の朝刊コラム「新規公開株の横顔」には必ず掲載しています。足元の業績のベクトルをきちんと確かめておきましょう。

Q73 抽選

ＩＰＯ株をなんとか手に入れたいのですが、うまい手はありますか。

ＩＰＯ株はもうかる確率が年によってはほぼ１００％になるため、募集枠に対して申し込みが殺到し、倍率が数百倍に達するときもあります。さながら宝くじやプラチナチケットの奪い合いのような状況になります。

上場承認がおりると、ＩＰＯ株に関する情報を入手できるようになりますが、何はさておき証券会社に口座を開設している必要があります。投信や保険と異なり、銀行や郵便局ではＩＰＯ株は買えません。

注意点は、上場株と違って、ＩＰＯ株を取り扱う証券会社と取り扱わない証券会社があることです。ＩＰＯ株を手がける業務を**引受業務**といいます。会社の代わりに株式（や債券）を引き受けて販売し、不人気で売れ残ってもそのリスクは証券会社が負います。引き受ける証券会社はシンジケートを結成し、ＩＰＯ株（や新株）をさばきます。このとき、事務手続きや割り当てなどを仕切って主導権を握る証券会社を**主幹事証券**といいます。親分、リーダーみたいなものですから、販売するＩＰＯ株も全体の６～８割前後になることがあります。**抽選**時の当選確率も断然高くなるので、ＩＰＯ株をゲットするためには引き受け主幹事証券

【ニュース例】 上場を予定している対話アプリのＬ社は抽選倍率が100倍を超えたもようだ。

抽選に有利な証券会社に複数口座を開き、網を張る

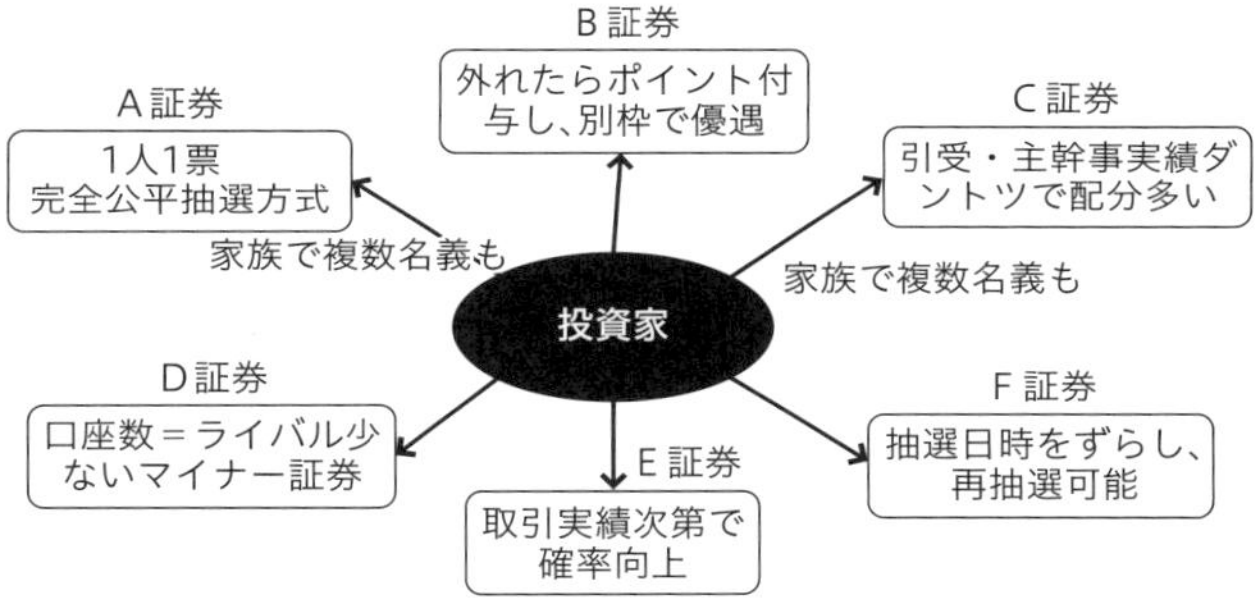
投資家
A証券
1人1票
完全公平抽選方式
B証券
外れたらポイント付与し、別枠で優遇
C証券
引受・主幹事実績ダントツで配分多い
D証券
口座数＝ライバル少ないマイナー証券
E証券
取引実績次第で確率向上
F証券
抽選日時をずらし、再抽選可能
家族で複数名義も
家族で複数名義も

に口座を持っていることが欠かせません。つまり、IPO株投資をするなら主幹事証券になるかもしれない有力証券会社の口座を前もって作っておくのです。家族名義で複数作るのも常套《じょうとう》手段です。主幹事証券を確認するには、開示資料「新規上場会社概要」の「元引受取引参加者等」の欄をみましょう。

このほか、証券会社の営業担当者の「お得意様」になる手もあります。コネというより、預かり資産が多い上客という意味合いです。最近、再上場をはたした大手航空会社の場合、破綻前に保有していた株主に優先的に声をかけた証券会社もありました。

ネット証券によっては外れた場合にポイントを与え、次回からはポイント枠から投資家を抽選する制度をとっているところもあります。また1人1票ずつの完全公平制度を導入したり、抽選日時をずらしたりする証券会社もあります。こうした優遇策のある証券会社にはすべて口座を設け、網を張ることが果報を呼び込みます。

Q74 初値

ＩＰＯ株投資でもうかる確率は何％くらいでしょうか。

　ＩＰＯ株投資が実際どれほどもうかるのかというデータはありませんが、個人の関心が非常に高いため本書で独自集計してみました。結論は７割の確率でもうかり、値上がり益は投資額の50％です。ブックビルディングで決まった**公募・売り出し価格**を**公開価格**と呼びます。ＩＰＯ株投資の元本です。一方、上場後に株式市場で初めて売買が成立した値段を**初値**と呼びます。初日にすぐ約定することもありますし、人気が過熱すれば２日目にやっと売買が成立することもあります。初値が公開価格を上回ると勝ち、下回ると負けという言い方をします。ギャンブルではありませんが、上場前に公開価格でＩＰＯ株を手に入れた投資家にとって、即座に利益が出るか、損を抱えるかの分かれ目になるためです。

　通常は２つの理由から初値は公開価格を上回ります。１つは、会社そのものに成長の魅力があると考えられるからです。もう１つは、公開価格そのものが、実勢の企業価値よりやや割安に決まる傾向があるためです。将来性があるといっても、認知度が低く業績も財務も安定していない若い会社が多いので、主幹事証券は価格決定の際、類似会社の株価を参考にＩＰＯディ

【ニュース例】この日上場したＪ社の初値は公開価格を２割上回り、これでＩＰＯ株50連勝と記録を延ばした。

IPOは7割の確率でもうかり利益率は5割

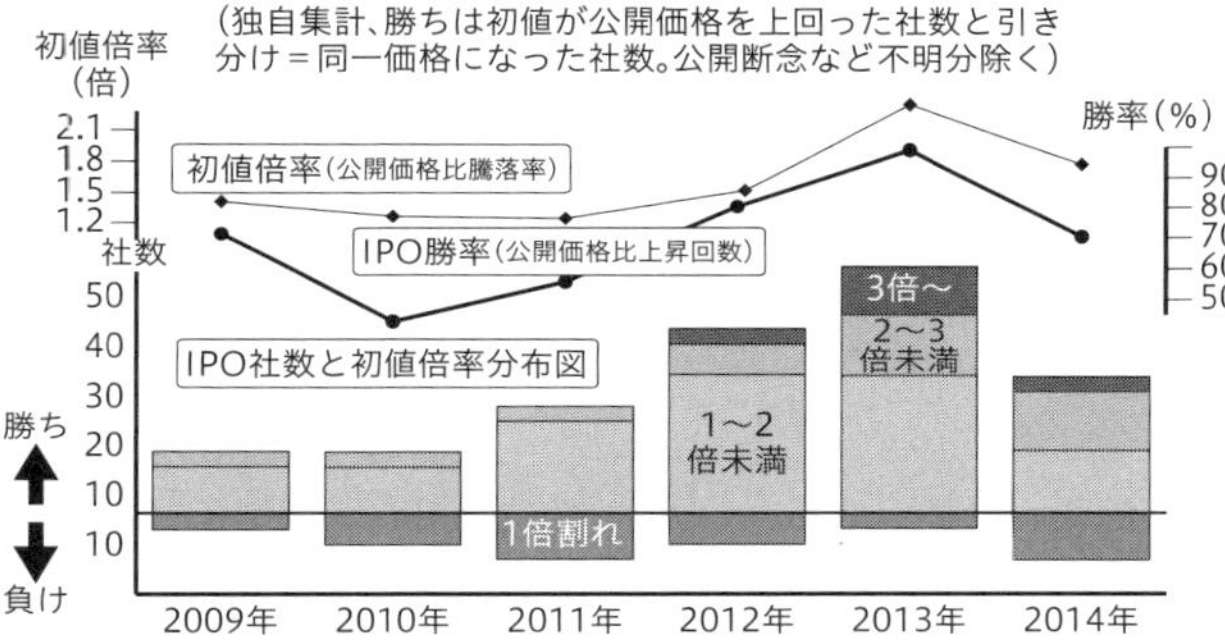
(独自集計、勝ちは初値が公開価格を上回った社数と引き分け＝同一価格になった社数。公開断念など不明分除く)
初値倍率(倍)
2.1
1.8
1.5
1.2
社数
50
40
30
20
10
10
勝ち
負け
勝率(%)
90
80
70
60
50
初値倍率(公開価格比騰落率)
IPO勝率(公開価格比上昇回数)
IPO社数と初値倍率分布図
3倍～
2～3倍未満
1～2倍未満
1倍割れ
2009年
2010年
2011年
2012年
2013年
2014年

スカウントという調整を加えるのです。

日本経済の最悪期からアベノミクスに至るまでの約6年間を調べたところ、初値が公開価格を上回る勝率は年別で45％～98％のゾーンに収まりました。98％というのはほぼ全勝ですから、IPOの抽選に当選し、上場日に成り行きで売り注文を出せばもうかります。6年間の勝率をならすと70％強です。

一方、初値は公開価格をどれだけ上（下）回るのでしょうか。分布図を独自作成したところ、投資環境が最悪だった2009年～12年で初値は公開価格の1・2～1・4倍に、市場環境が改善したこの2年は平均で2倍前後でした。人気の銘柄では4倍、5倍というケースもあり、平均では約5割の上昇が見込まれます。

このようなさや抜きは投資でも何でもないと説教くさいことをいっても、7割の確率で5割のもうけが得られるなら、IPO株専業の投資家が出てくるのもうなずけますね。

Q75 お宝株

資産価値が50倍や100倍にも増える株式など現実に存在するのでしょうか。

時価総額約9兆円、いまや小さな子どもでも知っているソフトバンク。1994年に新規公開したときは評価の定まらないベンチャー企業で、99年のネットバブル期に株価が急騰したときも、どこかあやしげなイメージがぬぐえませんでした。当時のIT企業の雄はソニーで、株価は3万円を突破しました。

それから15年。ソニーは地に落ち、ソフトバンクはソニーの時価総額の4倍以上に増えました。上場時にソフトバンクを買っていれば、配当を除いても20倍になった計算です。「ユニクロ」のファーストリテイリングはその上を行きます。97年の東証上場時の初値は株式分割考慮後で602円30銭。17年あまりで60倍に増えました。こうした銘柄をIPOで手に入れてもし保有し続けていれば、たしかに3000万円、4000万円という巨万の富を得られるわけでまさに**お宝株**そのものです。

重要なことは、お宝株発掘はIPOでなくても可能だということです。図にあげたようなお宝株が1カ月後、あるいは1年後にどのような株価水準だったかを調べてみたところ、いずれ

【ニュース例】 ネット通販のZ社は東証マザーズから1部へくら替えを発表したことも材料視され、上場来高値を更新した。

抽選で外れてもお宝株ゲットのチャンスは転がっている

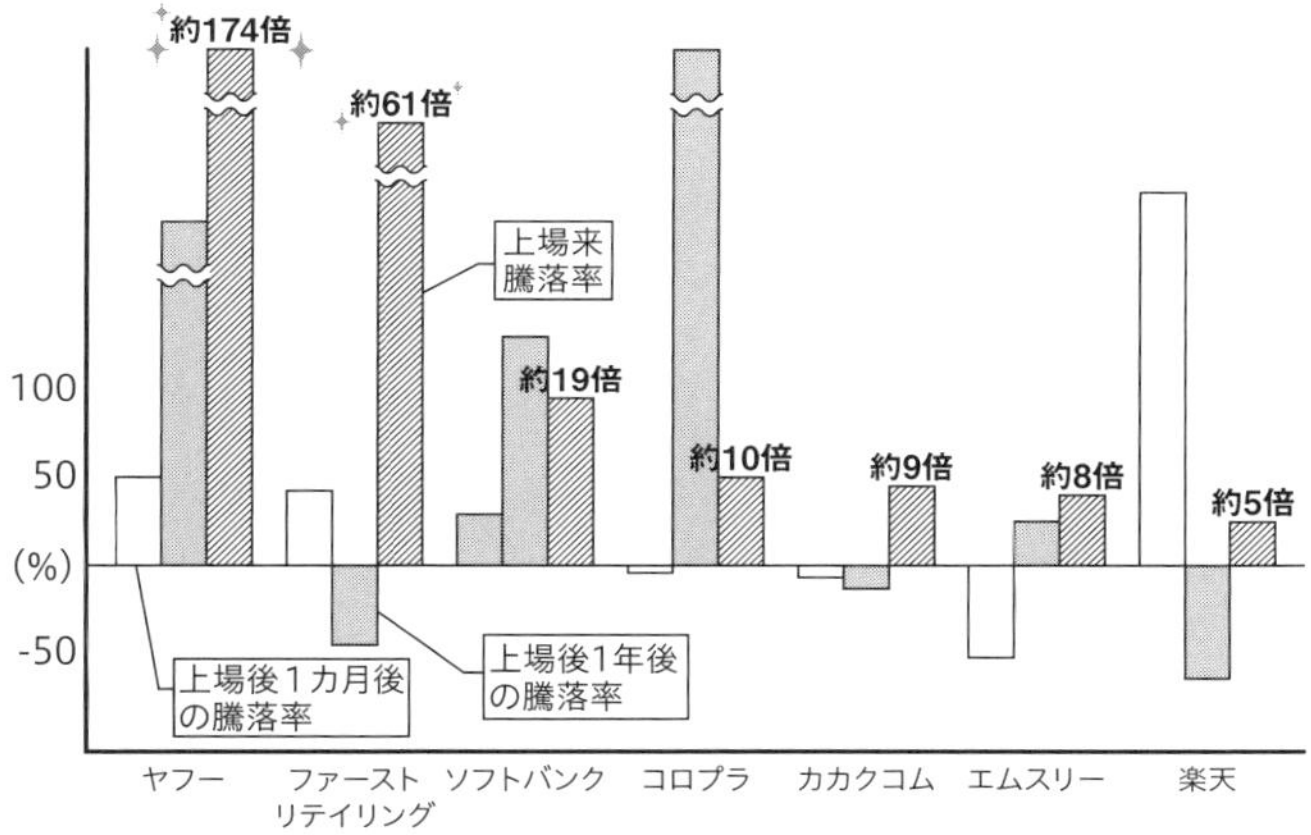
約174倍
約61倍
上場来騰落率
約19倍
約10倍
約9倍
約8倍
約5倍
100
50
(%)
-50
上場後1カ月後の騰落率
上場後1年後の騰落率
ヤフー
ファーストリテイリング
ソフトバンク
コロプラ
カカクコム
エムスリー
楽天

（注）2014年9月時点で算出。分割後調整済み株価。地方上場や旧店頭市場登録時を除く、上場初日の終値、翌月末終値、1年後の月末値を比較

も低迷期があり騰落率がマイナスになっています。楽天ですらＩＰＯ後1年で下落率が6割を超えました。

　ＩＰＯ株でなくても、お宝株は上場後いつでも買えるチャンスがあるのです。また、銘柄選びの判断さえ正しければ、ＩＰＯ株よりもはるかに安く買えるということです。

　さらに、お宝株に目立つのは創業者の経営力です。強烈な個性を持った指揮官が「大化け」に寄与しているということです。大賀典雄氏が去ったあとにソニーが凋落したことはその象徴です。

　一方で、財務が脆弱な中で拡大路線を走る若い会社は、一歩間違うと大きなリスクを背負い込みます。個人投資家には、経営力と経営者を見抜く慧眼《けいがん》が求められます。

第7章

トクする投資戦略

076～084

Q76 NISA

せっかく少額投資非課税制度（NISA）を利用するなら値上がり益を追求しないと損ですよね。

【ニュース例】 証券会社の集計で、NISA口座で保有している銘柄は配当利回りの高い銘柄が上位を占めていることがわかった。

少額投資非課税制度（NISA）は今後、制度が充実していくと考えられますが、ほとんどの投資家は非課税＝税制優遇と勘違いしています。正しくは課税対象外、つまり利益を出そうが損失を出そうが税務当局は関与しません、という意味です。ですから、**損益通算**はできないし、損失の翌年以降への繰り越しもできないなど、敗者への救済措置がありません。NISAをやるからには絶対もうける覚悟で投資しましょう。

そのための7カ条を独断であげました。大前提は株価の騰落で選んではいけないということです。保有して稼ぐので、投資の原則である**インカムゲイン＝配当収入**に立ち返りましょう。投資の有力候補は、連続増配、もしくは連続増益を達成している会社です。連続とは、最短でも5年を目安に考えましょう。5年あれば好不況の波が訪れ、1つの景気サイクルを会社が経験します。ここを乗り越えられる経営力や収益力があるかどうかを見極めることができます。リーマンショック後の2009年から東日本大震災に見舞われた11年あたりの大不況を乗り越えてきた会社なら、間違いなく底力があるといえるでしょう。

NISA銘柄を選ぶ金科玉条7つ

過去5年以上、配当を増やしている
→株主還元に積極的
過去5年以上、利益を伸ばしている
→成長力が安定している
過去3年以上、ＲＯＥが改善している
→経営力が向上している
同じ経営者で5年以上、売り上げを伸ばしている
→求心力と企業価値を高めている
中期経営計画に成長戦略と株主還元の数値目標がある
→説明責任を果たす
値がさ・増益基調・外国人比率大の3条件がそろう
→株式分割の可能性が高い
売上高営業利益率が高い
→収益環境のブレに強い

増配は株主還元の基本です。株式分割で1株配当が変わっている場合は、1株配当金×発行済み株式数で配当総額を算出しましょう。利益を伸ばし続けている会社も魅力があります。増益率が3％、5％と小さくても問題ありません。ＮＩＳＡの場合は「爆発力」ではなく安定性を重視しましょう。景気のブレに強い会社も有望です。「稼ぐ力」の有無で、財務指標でいえば売り上げに対する**営業利益率**が指標になります。利益率が数％という薄利多売の会社は赤字採算に陥りやすく、景気減速時に収益が落ち込むリスクが高まります。20％、30％という高収益企業は減益にはなっても経営のふんばりがきき、配当原資＝手元資金も確保できます。

次に自己資本利益率（ＲＯＥ）です。Q17で解説していますが、ＮＩＳＡの場合は低くても改善が続いている会社を追いましょう。**中期経営計画**で具体的な数値目標を出した会社は要注目です。

Q77 ポートフォリオ

金融商品はどのように組み合わせて買うのがよいですか。

【ニュース例】金利上昇観測が台頭し、デフレを前提としたポートフォリオを見直す動きが広がりつつある。

ポートフォリオは書類を入れるケースのことですが、運用の世界では金融商品の組み合わせや資産の構成を指します。有名な格言に「**卵を1つのカゴに入れるな**」があります。複数のカゴに分けておくとカゴを落として卵が割れても、ほかのカゴの卵は影響を受けずにすむからです。特定の商品だけに投資するのではなく、複数の商品に分散させたほうがよいという教えで、これを**リスク分散**（Q78で解説）といいます。

どのようなポートフォリオがよいかは諸説ありますが、図のように4つの資産に分けることが定石で、日本の公的年金もこの理論に沿って運用しています。ポイントの1つは、国内と海外に分けることです。国内と海外では経済状況が異なり、資産価格の動きにも違いが出るからです。近年は経済のグローバル化が急速に進み、日本とアジアは同じように動くときが増えていますし、米国とも歩調が似ることが多くなっています。

2つめは値動きが正反対になる株式と債券に分けることです。株式はリスク資産であり、債券は安全資産に近いからです。景気がよくなると株価は上がり、金利も上がるので債券価格は

理想的なポートフォリオは4分の1ずつ

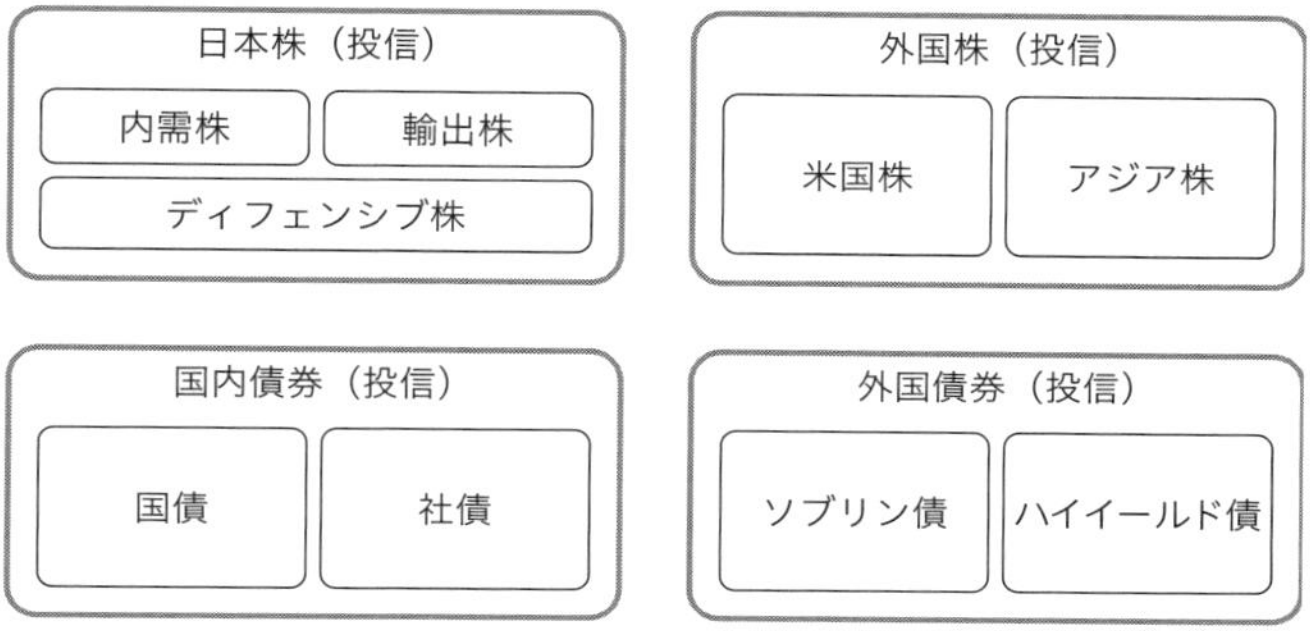
日本株（投信）
内需株
輸出株
ディフェンシブ株
外国株（投信）
米国株
アジア株
国内債券（投信）
国債
社債
外国債券（投信）
ソブリン債
ハイイールド債

下がります。景気が悪くなると株価が下がりますが、金融緩和を期待して金利が下がり債券価格は上がります。ただ、この相関性も近年は薄れています。世界全体に**デフレ**、ディスインフレが定着し、未曾有《みぞう》の金融緩和と運用難のなかで債券と株価の同時高が目立っています。

　国内債券は国債が基本ですが、社債を一部組み入れるのも選択肢の1つです。利率が固定された債券と物価連動型の債券に分けるのも脱デフレを展望すると好ましい戦略です。海外の債券を買う場合は、国や政府機関の出す安全性の高い**ソブリン**系と、利回りに魅力はあるけれど債務不履行に陥るリスクのある**ジャンク**系の商品に分ける手もあります。

　株式や債券など伝統的な金融商品以外の商品に投資することで、いっそうリスク分散の効いたポートフォリオを作ることができます。その代表が不動産投資信託（**REIT**）や**コモディティー**（国際商品）で、こうした商品への投資を**代替投資（オルタナティブ投資）**といいます。

Q78 分散投資

理想的な運用戦略を教えてください。

分散投資とは複数の市場や商品に投資すること——では40点の答えです。合格点は、リスクを相殺するように投資すること、つまり、商品ごとの価格変動を足し合わせるとゼロ、もしくはそれに近い状態になります。

スキー用品とスケート用品を2種類売っている店を考えてください。冬はもうかりますが、夏は売れません。収益は季節によってブレることになります。事業リスクが分散されていないあかしです。スキー用品とダイビング用品の組み合わせならどうでしょうか。夏、冬それぞれ売れる商品に散らばったので、年中、収益が安定します。

資産運用も同じ発想です。リスク商品とは価格変動商品のことなので、反対の値動きをする商品を組み合わせることが効果的な分散投資になります。**ベータ**（感応度、Q81で解説）でいえば、1とマイナス1の組み合わせで、具体的には株式と債券です。株式だけに限れば、輸出株と内需株、景気敏感株とディフェンシブ株が反相関の組み合わせとなります。外部環境の影響を受けやすい主力大型株と独自の材料で動く銘柄もよい組み合わせです。

【ニュース例】 秋以降、海外株投信や海外債券型のファンドに資金が流入している。日本株が上昇するなか、リスク分散を狙った乗り換えが活発だ。

相反する属性の組み合わせが「分散」

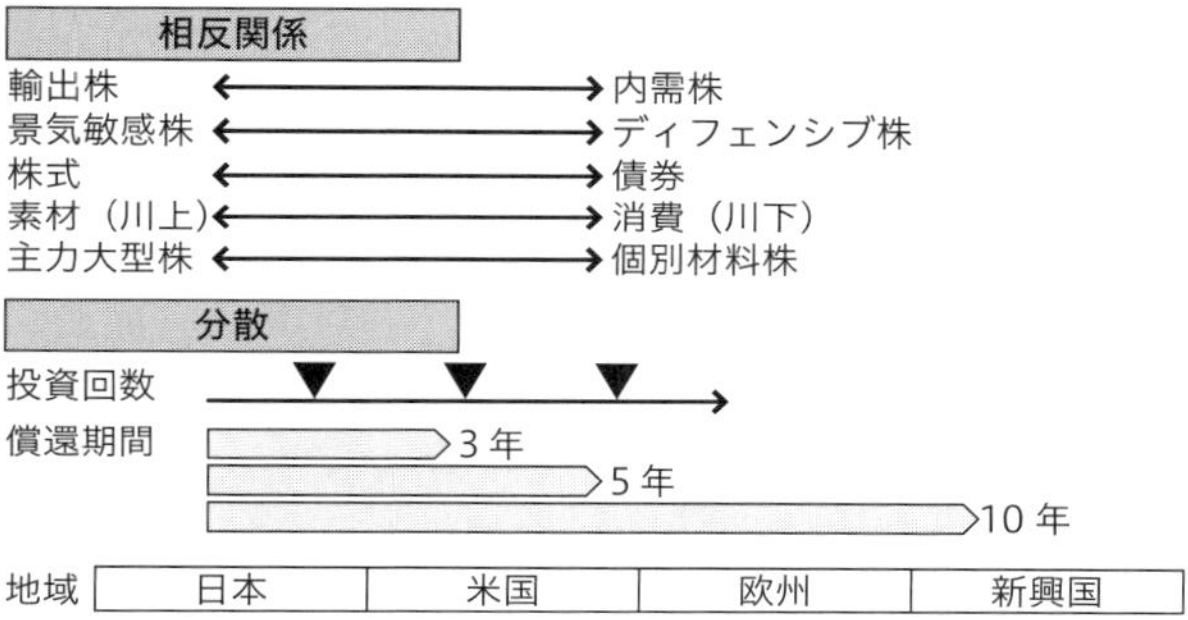
相反関係
輸出株 ⟷ 内需株
景気敏感株 ⟷ ディフェンシブ株
株式 ⟷ 債券
素材（川上）⟷ 消費（川下）
主力大型株 ⟷ 個別材料株
分散
投資回数
償還期間
3年
5年
10年
地域
日本
米国
欧州
新興国

時間の分散は見落としがちですが、もっとも意識しないといけないリスク分散です。ボーナスや退職金などまとまったお金は通常一度に手にするケースが多く、なぜかいっときに集中投資してしまいがちです。現金のまま眠らせておくのがもったいない、という心理状況に陥ってしまうのでしょう。冷静に毎月、毎四半期というように売り買いのタイミングを散らしていきましょう。定期的に一定額を買って投資コストを平準化する手法を「**ドルコスト平均法**」といいます。

債券を買う場合は償還までの期間をばらします。1〜3年の短期、5年前後の中期、10〜30年の債券などです。

リーマンショック時のように伝統的金融商品ではリスクの分散機能が働かないときもあるので、実物資産や不動産投資信託（REIT）などへ投じることも有効です。なお、**金**はリスク分散に極めて有効ですが、投資商品ではありません。インカムゲインを得られないためです。通貨の一種と考えるのが正解です。

Q79

外国株投資

アップルやグーグル、アリババやフェイスブックに投資したいです。

【ニュース例】米国ではネット系企業の大型上場が相次ぎ、空前の活況を呈している。

金融危機の震源地にもかかわらず、米国株は日本よりずっと早く立ち直り、最高値を更新しました。世界的に知られた大企業も数多く、**米国株**は分散投資の有力な選択肢になりえます。

実務的な作業は日本株投資となんら変わりません。専用の口座を開設すればだれでも簡単に投資できます。外国株は**少額投資非課税制度（ＮＩＳＡ）**の対象ですから、配当や値上がり益が出た場合に一定の枠まで非課税です。ただし、**株式売買委託手数料**は1回で10～30ドル前後と割高なうえ為替変動リスクを受けます。

日本と勝手が異なるのは銘柄の探し方です。日本は数字４ケタの証券コード、たとえば、６５０１＝日立製作所、６７０１＝ＮＥＣでゼロイチ番は主力株、といった感じで検索します。米国ではアルファベット４文字を組み合わせます。アップルはＡＡＰＬ、アマゾンはＡＭＺＮです。売買単位は1株単位が一般的なので、日本円で１００万円あれば数銘柄を購入できます。

銘柄選びの基本は日本と同じく業績です。というか、日本株以上に業績、ファンダメンタルズに忠実に株価が動きます。決算発表は完全な四半期決算で、日本のように４～12月期という

米国株投資のツボと、キーワードの和英対照表

市場・取引	
銘柄検索	証券コードでなくアルファベット4字の組み合わせ
ベンチマーク	S&P500種やナスダック総合株価指数
売買単位	1株、10株など
時価総額	Market Cap
口座	日本のネット証券などを通じて可能。手数料は割高
税金	ＮＩＳＡの対象、枠内なら非課税
リスク	為替変動、地政学など
決算・財務	
決算発表	四半期決算。1、4、7、10月に集中
決算発表日	各社の「Investor relations」（投資家情報）や「Events Calender」（イベント予定）で確認
会計基準	米国（ＳＥＣ）基準
損益計算書	Income Statement
貸借対照表	Balance Sheet
売上高	Revenue or Sales
売上総利益	Gross Profit
営業利益	Operating Income (from Continuing Operations)
純利益	Net Income
基本の利益指標	EPS（1株利益）
業績予想	アナリスト予想のみ。会社は業績予想を出さず、収益環境見通しなどを提示

ような半端な開示はしません。

米国基準なので財務諸表の注目点も微妙に違います。純利益（Net Income）は大事ですが、株式市場は**EPS（1株利益）**に注目します。市場予想の1株利益をどれだけ上（下）回ったかでサプライズが起こります。ほとんどの米国企業は、日本と違って会社の業績予想は公表しません。予想するのはアナリスト、会社はその材料を提供するというように、説明責任を明確に分担しています。

詳細な情報は会社のホームページや一般のポータルWebサイトから入手できます。なんといっても**投資家向け広報（IR）**の先進国なので、質・量はどの会社も充実しています。

Q80 脱デフレ

デフレからインフレに変わっていくとすれば、どんな銘柄に投資すればいいですか。

脱デフレでは物価や金利が上昇しますが、だからといって特別な対応は必要ありません。株式は**インフレ**に強い資産です。人口が縮む日本で本当に脱デフレが実現するかはわかりませんが、銘柄選別の着眼点は少し変わりそうです。

デフレ時代の「縮む経済」の下では減収増益企業に魅力がありましたが、脱デフレでは売り上げが伸びます。増収率に着目しましょう。**損益分岐点売上高比率**が多少高くても**増収効果**で利益が伸びます。

狂乱物価とかハイパーインフレなどといわれた昭和時代を振り返ると、その元凶は常にエネルギー価格の高騰がありました。いまも原材料や人件費が上昇する「**コスト・プッシュ・インフレ**」を前提にすると、好業績を保つために販売・サービス価格を引き上げるという値上げ力の有無が問われます。要は採算を維持できるかどうか。この指標は**売上高総利益率**に表れます。高いほど原材料費や人件費の上昇を吸収できます。

インフレ局面では、お金の価値が時間とともに低下するので投資に回すことが求められます。

【ニュース例】脱デフレ期待を背景に、不動産株や銀行株などの内需株の物色が活発になっている。

特別な銘柄選びは必要ないが……

財務指標と着眼点	
増収率	規模追求で利益増大
売上総利益率	価格転嫁力強く採算改善
フリーキャッシュフロー	投資余力あり潜在成長力
含み益	財務改善し株主還元も
有利子負債	金利上昇でコスト増の懸念

テーマ	
外食チェーン	低価格品は競争力低下
ディスカウント	「安売り」の集客力低下
人材派遣	人材・人手不足で需要増
健康・ヘルスケア	高齢化で市場は拡大
介護・医療	高齢化で市場は拡大
ネット通販	高齢化で需要は拡大
コンビニ	高齢化で需要は拡大
運用益	保険など資産運用益

その余力は**純現金収支（フリーキャッシュフロー）**でわかります。会社が営業活動で稼いだお金から投資に回したお金を差し引き、手元に残る現金ベースのもうけで設備投資やＭ＆Ａ（合併・買収）といった成長投資の原資になります。

デフレ時代の勝ち組とされた１００円バーガー、ワンコイン定食など低価格品を武器に成長してきた会社に曲がり角が訪れるはずです。脱デフレ時代では「価格競争力」ではなく「品質競争力」が問われます。

需要が増えることで自然に物価が上がる「**ディマンド・プル・インフレ**」が予想される業界も要注目です。人口減で人材が払底し始めており、人材派遣業は引っ張りだこでしょう。高齢化で、介護やヘルスケアは市場規模が拡大するとみられます。脱デフレが本当に実現するかどうか判断するためには、移民政策や東京五輪、リニア、カジノ構想などの政策にも注視する必要があります。

Q81 スマートベータ

市場平均を上回る収益をあげる運用手法はありますか。

スマートベータは「**賢い指数**」と訳し、ある特定の属性を持つ銘柄で構成します。相場全体の運用指標＝ベンチマークよりも高い収益が得られる期待が高く、上場投資信託（ＥＴＦ）などを購入する場合に重要な判断材料になります。**ベータ**は感応度、市場との連動性を指します。**アルファ**は超過収益です。

スマートベータの理解には、**アクティブ運用**と**パッシブ運用**について学ぶ必要があります。アクティブ運用は、ファンドマネジャーが銘柄を選び、随時中身を入れ替えてより高い収益を得る運用手法です。東証株価指数（ＴＯＰＩＸ）が10％上がれば、アクティブ運用はそれ以上のリターンを目指します。多くの投資信託がこのアクティブ運用です。

一方、日経平均株価やＴＯＰＩＸなどの株価指数と同じ値動きになるよう、組み入れ比率や資金配分を設計したファンドがあります。インデックス連動型ファンド、あるいは指数連動のＥＴＦが代表例です。運用会社が特別なことをしなくても日経平均が３％上（下）がれば同じだけ基準価格が上（下）がります。これがパッシブ運用です。

【ニュース例】 年金積立金管理運用独立行政法人（GPIF）は運用指標として複数のスマートベータを採用している。

ＪＰＸ日経インデックス400の構成銘柄の採用方法

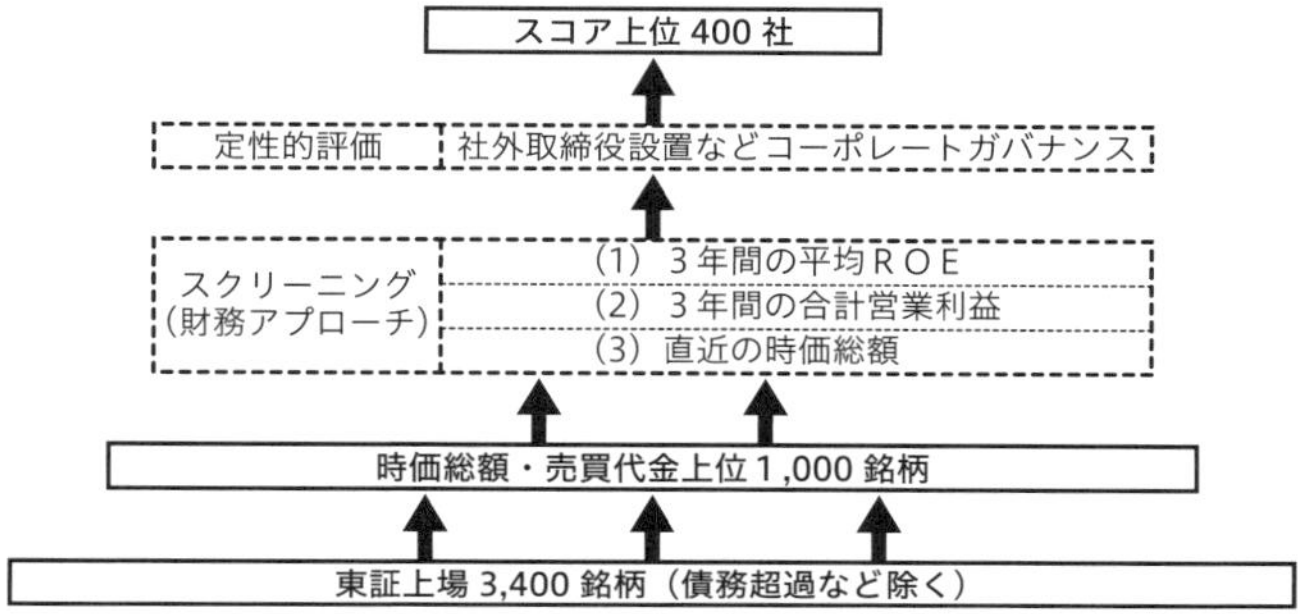
スコア上位400社
定性的評価
社外取締役設置などコーポレートガバナンス
スクリーニング（財務アプローチ）
(1) 3年間の平均ＲＯＥ
(2) 3年間の合計営業利益
(3) 直近の時価総額
時価総額・売買代金上位1,000銘柄
東証上場3,400銘柄（債務超過など除く）

過去のアクティブ運用とパッシブ運用の成績を比べると、圧倒的に後者に軍配が上がります。アクティブ運用はコストがかかり、株価指数の動きになかなか勝てません。

一方、パッシブ運用は株価指数に負けないけれど、アルファつまり超過リターンは期待できません。そこで開発されたのが市場平均に勝つ株価指数、スマートベータです。財務指標などを基準に魅力の高い銘柄を組み入れ、相場全体の動きを上回ることを目指します。パッシブでありながら、銘柄採用・設計段階でアクティブ手法を取り入れたともいえます。

その代表例が**ＪＰＸ日経インデックス400**です。利益が高水準で、ＲＯＥの高い銘柄を組み入れています。経営体制への定性的評価も加味して構成銘柄を選んでいます。**年金積立金管理運用独立行政法人（ＧＰＩＦ）**がスマートベータを採用したことで注目が集まっています。一方で、市場に勝つパッシブ運用が可能になることで、アクティブ運用、ひいてはファンドマネジャーの存在意義が問われています。

Q82

指し値

株名人といわれる個人投資家は売買の注文方法を使いこなしているそうですね。

売買注文の使い方次第で損益が大きく変わります。ものにしましょう。

値段はどうでもいいからとにかく早く買い（売り）たいときに有効なのが**成り行き注文**です。すぐに売買が成立しますが、買い値が予想より上がったり、売り値が予想より下がったりします。「そろそろ買い（売り）たいけど○円まで下（上）げたら買（売）ってもいい」ときは買い値、売り値を指定します。これを**指し値注文**といいます。押し目買いや利益確定売りで有効です。コストを固定できますが、いつまでたっても買え（売れ）ないケースが出てきます。

株名人といわれるような人は「**逆指し値**」注文を使いこなしています。指し値注文は「○円まで上（下）げたら売り（買い）」がふつうですが、文字どおり株価の動きとは逆で「○円まで上げたら買い」「○円まで下げたら売り」の注文方法です。

この注文の利点は「**ロスカット（損切り）**」を自動でやってくれることです。右のグラフで株価が1000円を割ったら含み損という場合、999円で逆指し値売りを出しておけば損失を最小限に防げます。取引時間中に不在のビジネスマンは急落に備えることができますし、な

【ニュース例】 日銀会合の結果が伝わると市場のムードは一変し、成り行き買いが活発に入って結局高値引けとなった。

逆指し値注文の利用で相場にほんろうされにくくなる

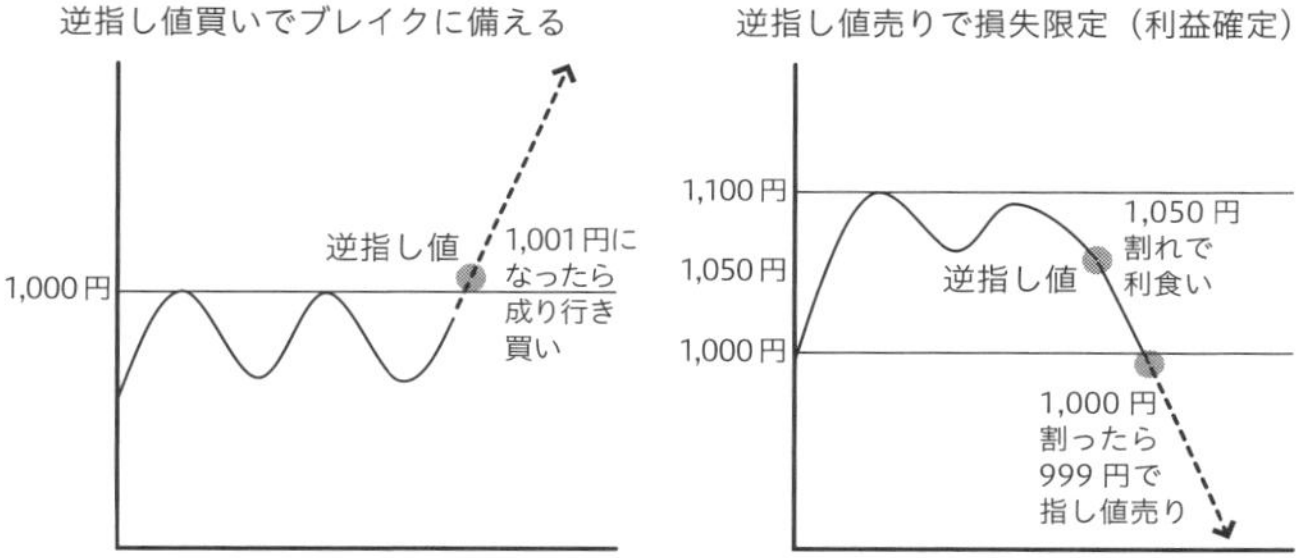
逆指し値買いでブレイクに備える
1,000円
逆指し値
1,001円に
なったら
成り行き
買い
逆指し値売りで損失限定（利益確定）
1,100円
1,050円
1,000円
1,050円
割れで
利食い
逆指し値
1,000円
割ったら
999円で
指し値売り

かなか損切りに踏み切れない人にも有効です。

また、含み益が出ているけれど、上昇が止まって上げ幅を縮め出したタイミングで売るときにも有効です。１０００円で買い、現在の株価が１１００円なら１０５０円の逆指し値で売ります。現在値より少し下で逆指し値の売り注文を出しておけば、その後下落が始まったとしても利益を確保できますし、含み益が増えるごとに逆指し値の水準を少しずつ引き上げれば、どの時点で下落に転じたとしても満足できる利益を出せるわけです。

株価は、ある水準を突き抜けると急速に基調が強くなって上昇力を強めるときがあります。これを**ブレイク**といいます。ブレイクに乗じれば売買益が大きくなります。このブレイクに有効なのが、逆指し値買いです。図の左のようなケースでは、上値抵抗線よりわずかに上の水準で逆指し値買いを出しておきます。これによって大化けする銘柄を買うことができます。

Q83 デイトレーダー——株式売買で生計を立てていきたいのですが、可能でしょうか。

デイトレードはデイ＝１日で売り買いして値ザヤを取ろうとする株式や外国為替証拠金取引（ＦＸ）などの超短期売買のことです。プレーヤーを**デイトレーダー**といいます。定職につかずデイトレードで生計を立てているような人を**専業デイトレーダー**ともいいます。配当が目的ではないので投資家ではありません。１００億円以上稼いだカリスマから、損失を出し生活に困窮している敗者までさまざまで、もうかる保証はゼロの投機です。

初心者がデイトレードに挑戦するなら、まず投入資金を決めましょう。少額でも、年間の趣味に費やす金額程度でもかまいません。失ってもいい余裕資金に限定することがもっとも重要です。次は実践練習です。比較的値動きが激しくて売買代金の活発な銘柄を１つか２つ選び、**仮装売買（バーチャルトレード）**をやってみましょう。損益はもちろん、相場観のミス、反省点などを細かく記録します。数カ月たつと銘柄のクセがわかってきます。たとえば、相場全体が上がると必ずそれ以上の上昇率になるとか、閑散なときほど物色される、といった具合です。自信がついたらいざ本番です。売買手法は千差万別です。全体の相場と連動しやすい主力株

【ニュース例】デイトレーダーなどの短期マネーが活発に流入し、中小型株の商いが膨らんでいる。

デイトレード実践の一例

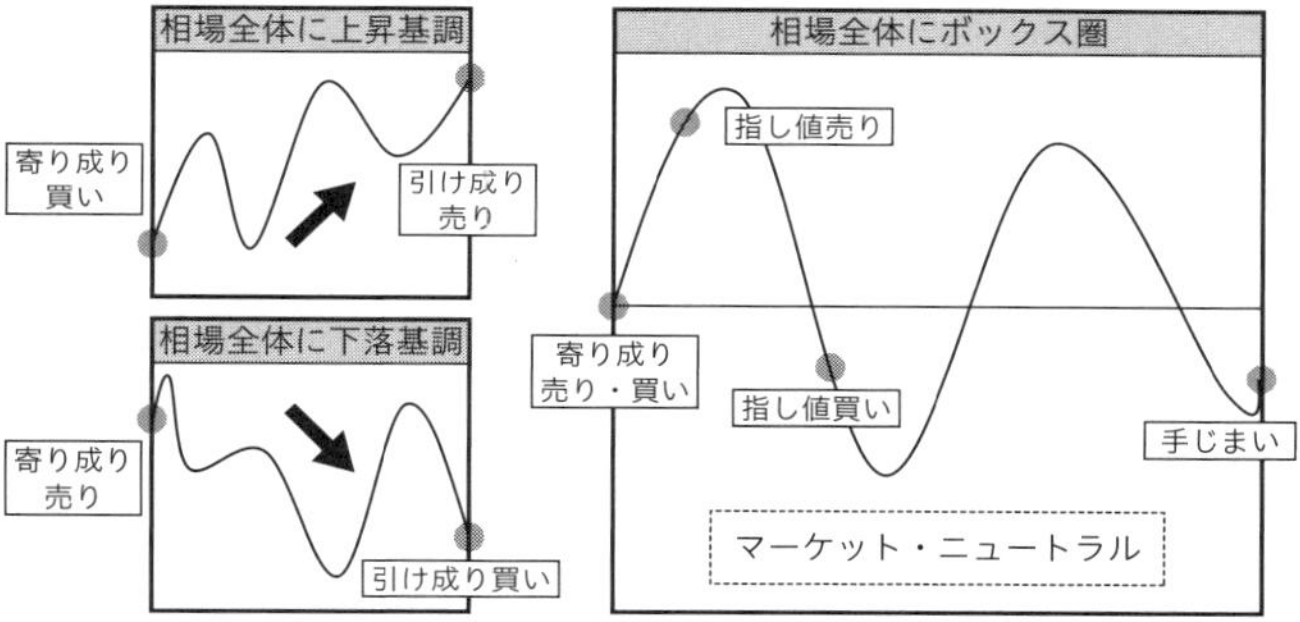
相場全体に上昇基調
寄り成り買い
引け成り売り
相場全体に下落基調
寄り成り売り
引け成り買い
相場全体にボックス圏
指し値売り
寄り成り売り・買い
指し値買い
手じまい
マーケット・ニュートラル

を選んだとして、一例を紹介します。円安基調で相場が強含みなら寄り付きより大引けが上がる陽線を引きやすいので、寄り付きに成り行き買い注文（＝**寄り成り**の買い）を出し、大引けで成り行き売り（＝**引け成り**の売り）を出します。円高などで相場が下げトレンドなら逆のパターンになります。

　相場がボックス圏なら「**マーケット・ニュートラル**」をやってみましょう。寄り付きに同じ株数で売り・買いの注文を出します。両建てのポジションで、株価がどちらに振れても利益を出せるようにします。上下どちらかに1％動けば、反対売買の指し値注文を出しておきます。先に株価が上がって利益を確定したら、その時点では売りに含み損が生じています。そこで、今度は株価が下がるのを待ち、含み損が縮小したときに買い戻します。差し引きでプラスが出るようにします。デイトレードの最大の武器は**時間リスク**を取らないことです。含み損があっても大引けには持ち高をすべて手じまいましょう。

Q84 気配値

上値のメド、下値の堅さなどを簡単に知る方法はありますか。

取引開始後、最初の売買成立（約定）のことを**寄り付き**、あるいは寄り付くといいます。**始値**ともいいます。**ザラバ**高値（安値）とは取引時間中の高値（安値）といいます。取引終了時の約定値を**引け値**といいます。

株価が上がった場合に、おそらくこのあたりで上昇は止まるだろうという水準を**上値**といいます。下がりそうなときに止まるとみられる株価を**下値**と呼びます。株価が上下どちらに動くか、動いた場合にどのあたりの水準で止まるかは**板**（板情報）が教えてくれます。値段ごとの注文状況で、ネット証券などで口座を開けば図のような一覧表を銘柄ごとに閲覧できます。

図で現在値が９９９円としましょう。１０００円だとまもなく売買が成立するでしょう。このように実際に売買は成立していないけれど、そろそろ約定しそうな雰囲気だ、という意味でこの株価を**気配値**と呼びます。気配は**買い気配**、**売り気配**の2種類があります。

図の９９７円の位置をみてください。大量に買い注文が集まっています。株価が９９７円まで下がったら買いたいという投資家が大勢いることを示し、目先の下値のメドになります。逆

【ニュース例】 新規上場したV社は取引開始直後から買い気配を切り上げ、結局ストップ高水準のまま大引けで比例配分になった。

板情報と地合いの読み解き方

売り注文（気配株数）	株価	買い注文（気配株数）	
1,200 株	over		
100 株	1,006 円		
300 株	1,005 円		上値
60 株	1,004 円		
40 株	1,003 円		
50 株	1,002 円		
25 株	1,001 円		
20 株	1,000 円		
	999 円	10 株	⇐現在値
	998 円	120 株	
	997 円	500 株	下値
	996 円	300 株	
	995 円	400 株	
	994 円	200 株	
	993 円	150 株	
	992 円	150 株	
	under	3,000 株	

売り注文が増えると上値が重くなる

全般に押し目買い意欲が旺盛で下値が堅い

に1005円では売り注文が多く、当面の上値を示唆しています。図の板では大量の買い注文が滞留しており、押し目買い意欲が強いことを物語っています。逆に売り注文が増えてくると上値が重くなるといいます。強烈な買い(売り)材料が出るといままでの売り（買い）注文は一気に取り消され、注文がどちらかにかたよることで気配値を切り上げる状況が起こります。

取引所では無限に株価が上がったり下がったりしないように、前日終値を基準に値動きの範囲に一定の制限をもうけています。上限いっぱいまで買われるともう上昇がストップするので**ストップ高**、逆が**ストップ安**です。この場合、大引けで注文量に応じて反対売買の株数を割り当てる**比例配分**という措置がとられるときがあります。

第8章

投信・REITの選び方

Q85 投信の種類

株式投信なのに公社債１００％で運用しているのはどういうわけでしょう。

投資信託（投信）は大きく2種類に分かれます。**公社債投信**は公社債にしか投資できない投資信託です。それ以外の投信を**株式投信**といいます。株式投信は株式に投資する投信ではありません。株式などに投資してもよい投信です。たとえ世界中のソブリン債で１００％運用する公社債投信でも、将来株式にも投資するかもしれないファンドなら株式投信の区分になります。過去は株式投信なら軽減税率のメリットがありました。

集めた資金を直接株式や債券で運用せず、別の投信を買う投信もあります。**ファンド・オブ・ファンズ**です。運用を放棄しているわけではありません。新興国の債券や先進国の不動産などリサーチしにくい市場については、専門のファンドや信頼できる海外投信を買い、分散の効き目と収益期待を高めるのです。ただし、二重投資なのでコストがかかります。

ファンド・オブ・ファンズの逆で、自分が買った資金が別の大きなファンドに組み込まれて運用されるのが**ファミリーファンド**です。マネーはまず**ベビーファンド**にプールし、**マザーファンド**に統合して運用します。家族のような形なのでこの名がついています。

【ニュース例】 今月の株式投信ではファンド・オブ・ファンズ型の設定が3000億円を超えたのが目立った。

種類が多いだけに商品性の理解が肝心

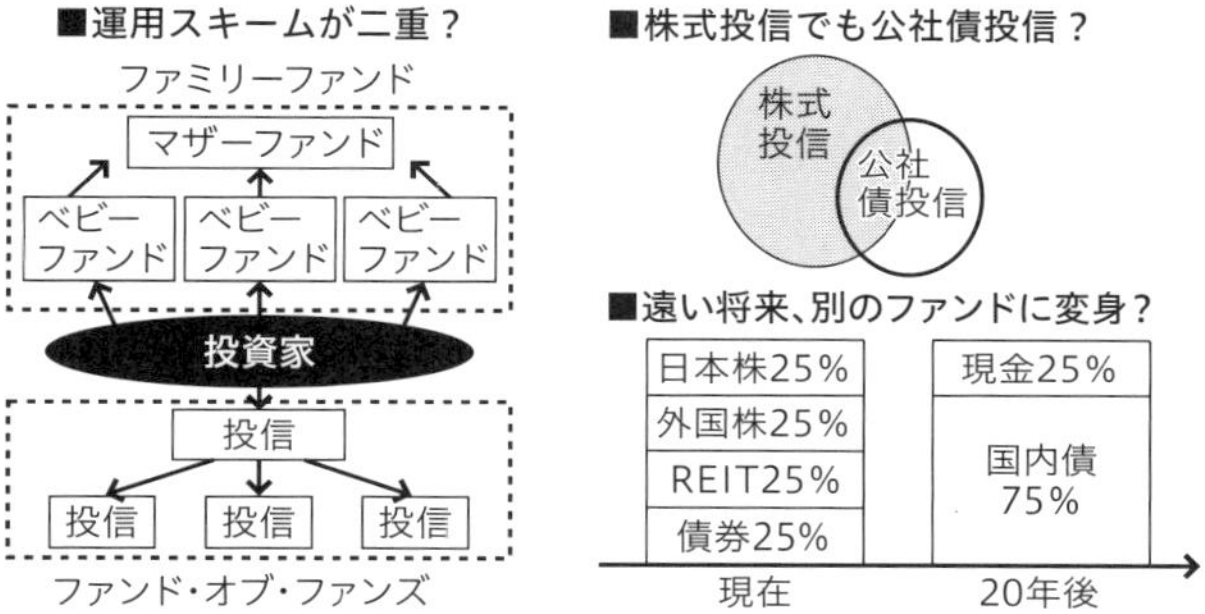
■運用スキームが二重？
ファミリーファンド
マザーファンド
ベビーファンド
ベビーファンド
ベビーファンド
投資家
投信
投信
投信
投信
ファンド・オブ・ファンズ
■株式投信でも公社債投信？
株式投信
公社債投信
■遠い将来、別のファンドに変身？
日本株25%
外国株25%
REIT25%
債券25%
現在
現金25%
国内債75%
20年後

ターゲット・イヤー型ファンドは文字どおり目標となる年代によって運用資産の構成を変えます。退職時を目標年に定めると、若いときは株式などリスク資産の比率を高め、定年近くになると年金生活に備えられるよう安全資産の比率を高めます。**ライフサイクル型ファンド**ともいい、米国で浸透しています。日本でも今後普及が進むとみられています。

追加型投信は**オープン型**と呼び、いつでも申し込みや解約ができます。通常、投信といえばオープン型を指します。最初の決められた募集期間を過ぎると解約できないのが**クローズ型**、**単位型**です。**マネー・マネージメント・ファンド（MMF）**と**マネー・リザーブ・ファンド（MRF）**は公社債や短期金融商品など比較的安全な市場で運用する公社債投信で、MRFは銀行口座のように資金を待機させるための商品として証券会社の口座に用いられています。上場投信（ETF）や不動産投信（REIT）も投信の一種です。だれでも買える投信を公募投信ともいいます。

Q86 シャープレシオ

運用利回りの高い投信や賞をとった投信はおすすめでしょうか。

【ニュース例】投信評価会社M社が選ぶ今年の最優秀ファンドが決まり、来月にも受賞式が開催される。

すぐれた会社に卓越した経営力があるように、すぐれた投信は卓越した運用力に支えられています。投信を選ぶ適切なものさしの１つは**シャープレシオ**で、収益から国債など**無リスク資産**の収益を差し引いて**標準偏差**＝ばらつき度で割ります。要するに運用リスク以上に効率的にリターンを確保できたか、という相対評価です。相対評価というのはテストと同じです。英語のテストが80点、数学のテストが50点だったとき、英語の平均点が90点、数学の平均点が40点なら、数学のほうが好成績だといえます。

たとえば、日本株のリターンが20％、社債が３％でした。日本株は好成績で社債は不振だった、と判断してよいでしょうか。景気後退局面であれば日本株はマイナスの成績になる可能性が高まります。社債は元本償還を期待できるかぎり、３％のリターンはそれほど変わらないでしょう。株式はハイリスク・ハイリターンで、債券はローリスク・ローリターン。リスクの大きさが異なる商品を同列に比べることはできません。

投信の運用成績をみる再投資利回りにしても、実績分配金リターンにしても、それだけでは運

投信を選ぶ主なものさし

ものさし	どうすればわかる?	何がわかる?	重要度
シャープレシオ	リターン÷リスク	運用リスクに見合う収益を得られたかどうか	★★★
累積リターン(再投資利回り)	分配金を再投資した合計÷起点の基準価格	分配金を複利運用した場合の収益率	★★☆
実績分配金利回り	実績分配金÷起点の基準価格	見かけの収益率	★☆☆
純資産総額	基準価格×口数	ファンドの規模、繰り上げ償還の可能性	★★★
純資産増減額	過去の一定期間の増減	資金流出額と人気度	★★☆
コスト	販売手数料+信託報酬+信託財産留保額	複利運用効果をどれだけ相殺するか、長期保有向きか	★★★
評価・レーティング	モーニングスター、R&Iなどのホームページ	総合的な商品性やクオリティーの参考材料	★☆☆
アワード・賞	モーニングスター、R&I、リッパーなどのホームページ	運用・販売会社の戦略商品	★★☆
運用会社の運用資産	会社のホームページなど	運用会社の実力や信頼性	★★☆

(注)★が多いほど重要(筆者推定)

用の巧拙はわからないのです。リスク以上に稼いだリターンが運用力です。シャープレシオはこれを測るものさしで、1を超えているファンドが優秀といえます。**純資産総額**はファンドの規模で、資金流入額や人気をみるバロメーターにもなります。運用が不振で規模が小さくなると、ファンドマネジャーなどの人件費をまかなえず、運用を勝手にやめてしまう繰上償還リスクが高まります。シャープレシオや定性的観点に基づく第三者機関の評価や**レーティング**も参考になります。

年に1度、定期的に優秀ファンドを選ぶ「**アワード**」や「表彰」が業者によって催されます。販売会社や運用会社が戦略商品とみなしているファンドが選ばれているようです。受賞ファンドは広告効果が高いためです。悪いファンドはありませんが、運用成績が格別よいわけではないし運用力がすばらしいということもないので、飛びつかないことが肝心です。

Q87 リターンと収益率と利回り

運用成績を表す単位や指標が多すぎて困っています。

金融商品の説明に登場するキーワードの定義をしっかり学んでおかないと、商品性の評価を誤ります。**インカムゲイン**に当たるのが株式では配当、投信では分配金、債券では利子です。インカムゲインが元本＝投資額に対してどの程度収益性があるのかをみるのが**利回り**です。配当÷元本が**配当利回り**、分配金÷購入額が**分配金利回り**です。**収益率**は**リターン**と呼び、**キャピタルゲイン**（値上がり益）や**キャピタルロス**（値下がり損）を加えます。

株式の場合、投資家が1年後にこれぐらいに値上がりしてほしいという期待値を**要求利回り**、あるいは**期待リターン**といい、会社にとっては狭義の**資本コスト**になります。

投信では**分配金再投資利回り**を目安にすることが多いようです。**累積リターン**ともいい、分配金をもう一度元本に組み入れて投資したら運用益はどうなるか、という複利運用の考え方です。純資産額が１００億円で、配当収入が2%だったとします。２億円を分配せずもう一度投資すれば元本は１０２億円に増えます。１０２億円に対する2%は１０４億４００万円です。この４００万円が再投資の効果になります。逆にコストも複利で効いて足を引っ張ります。毎

【ニュース例】投信Bの基準価格は1万円を割ったが、3年間の累積リターンではプラスを維持している。

リターンを求める一般式

$$\text{リターン（収益率）} = \frac{\text{（配当・利子－コスト・税）} + \dfrac{\text{キャピタルゲイン（ロス）}}{\text{期間}}}{\text{投資額＝元本}} \times 100$$

毎月分配の選択より信託報酬の差が運用リターンに響く

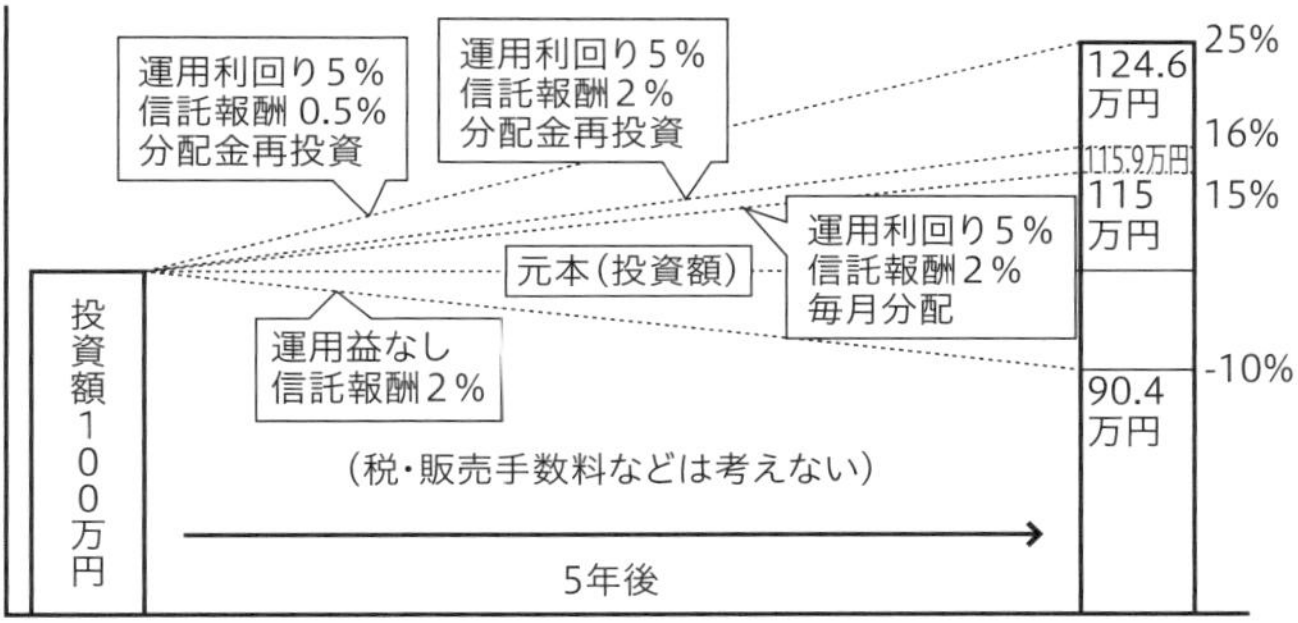
運用利回り5％
信託報酬0.5％
分配金再投資
運用利回り5％
信託報酬2％
分配金再投資
運用利回り5％
信託報酬2％
毎月分配
元本（投資額）
運用益なし
信託報酬2％
投資額100万円
124.6万円
115.9万円
115万円
90.4万円
25%
16%
15%
-10%
（税・販売手数料などは考えない）
5年後

年の運用管理コスト、**信託報酬**です。年間利回りで5％を得られる前提で信託報酬0・5％のETFと2％のアクティブ型投信についてNISA枠で5年間運用したと仮定した場合、運用利回りで9％もの差が出ました。

投信で今後、指標になるとみられるのがトータルリターンです。税コスト込みの収益率で、2014年12月から通知が義務付けられました。Q91で解説しますが、普通分配金なら課税され、特別分配金は課税されません。元本も変動するし販売手数料もかかるので、税金や手数料を含むと収益率がいったいいくらかわかりません。その「込み込み」のリターンが開示されるようになります。分配金の受け取りが大きいのにトータルリターンがマイナスなら、特別分配金を払っている可能性があります。

Q88 交付目論見書

投信を選んだり、分析したりするための開示資料にはどのようなものがありますか。

一昔前と比べて、投信の説明資料は格段に充実し、わかりやすくなりました。週1回報告書を開示している運用会社もあるほどで、開示密度は上場企業の決算をゆうに上回ります。

投信の正式な説明書は**交付目論見書**です。投信1つ1つの取扱説明書＝トリセツのようなものです。**金融商品取引法**で定められた資料で、比較しやすいように説明の順番が決まっています。大切な内容が凝縮して記載されており、購入前も購入後も読み込みましょう。最近は図解入りが大半で、わかりやすく作られています。ページの最初には運用会社や商品の属性、ファンドの特徴や目的、運用スタイルなどが書かれています。ハイイールド債投信なら、ハイイールド債とはどのような商品で、どの地域に投資するのか、投資のスキームはどうなっているのか、などが詳解されています。

運用実績についても詳解がありますが、こちらは交付目論見書ではなく、**月次リポート**や週次報告書などをチェックしましょう。組み入れ資産も含めて最新の運用状況をつかめるからです。分配金の推移ぐらいは把握しておきましょう。コストと手数料についてはほかの投信と十

> **【ニュース例】** 金融庁は投資信託の運用リスクを個人投資家が理解しやすくするための改革案をまとめた。

説明資料（交付目論見書）のチェックポイント

	ここを確認！
ファンドの目的	特徴と基本的な商品の骨格、運用会社
ファンドの特色	投資先は株？債券？不動産？
	投資地域は日本？世界？
	アクティブ運用？パッシブ運用？
	分配金の方針
ファンドのリスク	金利リスク、信用リスク、為替リスク……ほかには？
	投資のルールやリスク管理体制は？
運用実績	基準価格や純資産の推移
	分配金の推移
	主な組み入れ資産
手続きと手数料	購入時の手数料
	信託報酬
	解約時の手数料
	税

※金融商品取引法指定の説明書で、比較しやすいようこの順番で記載がある

分見比べましょう。販売手数料も窓口の証券会社によって違うときがあります。**請求目論見書**は補足状況が書かれていますが、通常は交付目論見書で十分でしょう。

会社の決算短信に当たるのが**運用報告書**です。投資環境やその影響、入れ替えた主な銘柄など運用状況を詳細に説明しています。分配金決定の根拠も示していますし、分配原資が増えたか減ったかも開示されているので、毎月分配型投信の購入者は、今後の分配金がどうなるかを推し量るうえで要チェックです。今後の投資環境についてどう認識し、予測を立て、どのような戦略なのかも言及しています。また、費用の明細も知ることができます。

最後にちょっとコツを教えますと、個別株投資も検討している個人は、運用リターンがベンチマークを大きく上回ったファンドの主な銘柄を抜き出し、参考にするとよいでしょう。

Q89 分配金のしくみ ― 毎月分配型の投信などで分配金原資が枯渇しないか心配です。

投信の**分配金**のしくみについてはあまり知られていません。少額投資非課税制度（ＮＩＳＡ）で買う場合は**インカムゲイン**の確実性がもっとも重要なので、分配金余力の算定方法を知っておくことが非常に大切です。

分配金の源泉は４つあります。１つは株式や債券など組み入れ資産からのインカムゲイン、２つめは有価証券の売買益や評価益です。定期的な分配金の原資はこの２つが基本で、分配後に余った場合は、**分配準備積立金**として次回決算へ繰り越し、将来の原資となります。会社の利益剰余金のようなものです。

最後の原資は**調整金**です。投信の場合、新規の追加購入があると、口数が増えて分配金が希薄化します。**収益調整金**とは新規の投資家が投信を購入する**追加設定**（資金流入）により、既存の投信保有者への分配可能額が減らないよう設けられた投信特有の枠です。会社の増資で１株利益が希薄化するのと同じで、追加設定で希薄化を防ぐ目的で新規追加分から一部を**追加信託差損益金**という勘定で分配金に振り向けることができるのです。分配準備積立金と調整金の合計が**繰越分配可能原資**となります。これらはすべて基準価格に含まれます。毎月分配型投信

【ニュース例】日本最大級のＧ投信について、運用会社のＫ社は10年ぶりに分配金を引き下げると発表した。

投信の分配金はここから支払われる

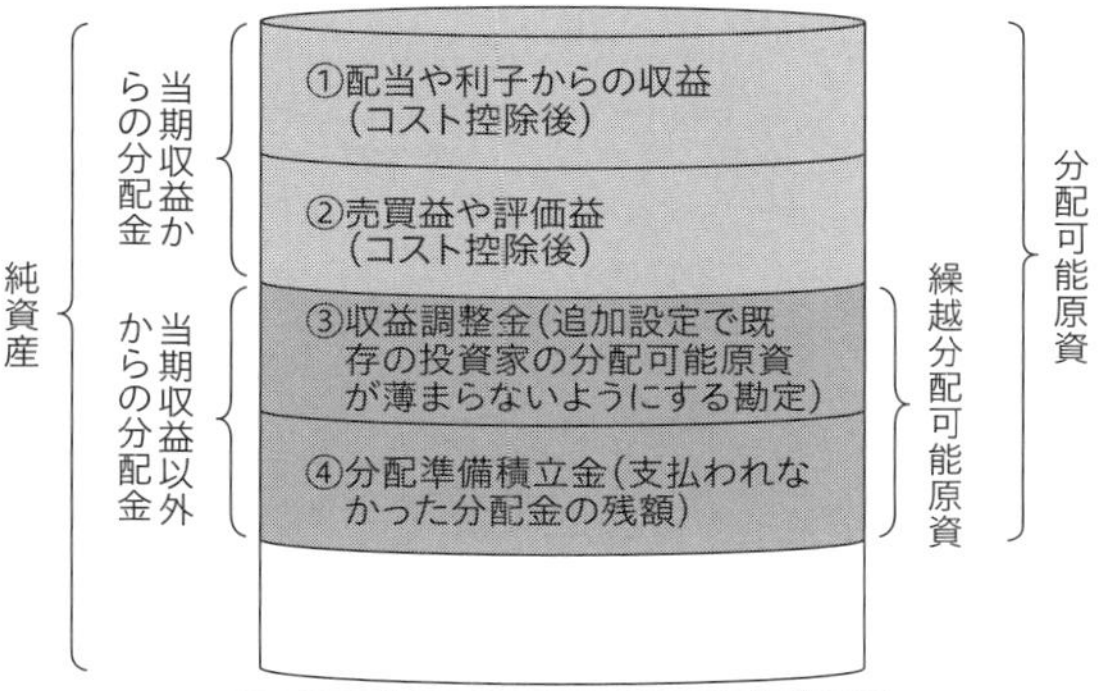
純資産
当期収益からの分配金
当期収益以外からの分配金
①配当や利子からの収益（コスト控除後）
②売買益や評価益（コスト控除後）
③収益調整金（追加設定で既存の投資家の分配可能原資が薄まらないようにする勘定）
④分配準備積立金（支払われなかった分配金の残額）
繰越分配可能原資
分配可能原資

$$\text{分配金余力（分配金余裕月数）} = \frac{\text{分配可能原資}}{\text{直近の分配金}}$$

などで、組み入れ銘柄からの配当などでは配当金の原資が足りない場合は、繰越分配可能原資から補います。

それでは**分配金余力**を求めましょう。分配金余力は、**分配金余裕月数**という場合もあります。足元の分配水準があと何カ月、何年継続できるかを示します。求め方は「分配金原資÷直近の分配金」です。

分配金継続月数がこれ以上なら安全、これ以下は不安といった基準はありません。会社の資金繰りとは異なります。しかし、分配金余力が目減りしてくると、運用会社は信託財産の保全を優先して減配に踏み切ることがあります。日本最大の投信として君臨した毎月分配型投信も減配で話題を集めました。ちなみに分配金原資や余力の有無は運用報告書に記載されています。一般企業と同じで、運用成績が良好なら分配金は枯渇しません。

Q90 投信のコスト——投信を保有しています。運用成績はプラスだったはずなのに元本が減っていました。

日本株のアクティブ型投信はほとんど損をする——といったら非難されるかもしれません。でも、誇張しているわけでもほらを吹いているわけでもありません。理屈からいっても、損をしやすい投信が多数存在します。投信のコストを理解すれば、からくりがみえてきます。

投信のコストは主に3種類あります。購入時、運用時、そして売却時のそれぞれに手数料がかかってきます。まず、購入時に販売会社に支払うのが**購入手数料**、あるいは**申込手数料**です。買付金額に対して1～3％程度が一般的ですが、まったくかからない**ノーロード**というものもあります。銀行や証券会社など販売会社に落ちる手数料なので、「どこで買うか」によって手数料に差があります。

次が重要です。運用会社や管理・受託会社（信託銀行）などがとる**信託報酬**です。保有している間は、**信託財産**＝運用資産から毎日自動的に差し引かれていきます。アクティブ型かパッシブ型か、あるいは株式型か債券型かでかなり差があります。低いものでは年0・2～0・3％ですが、高いと3～3・5％もの報酬をとられます。公募投信の平均では1・3～1・5％前後

【ニュース例】 Ｐ社は来月から相次いで、販売手数料のかからないノーロード型投信の販売を始める。

固定費（信託報酬）を補えないと損失が生じる

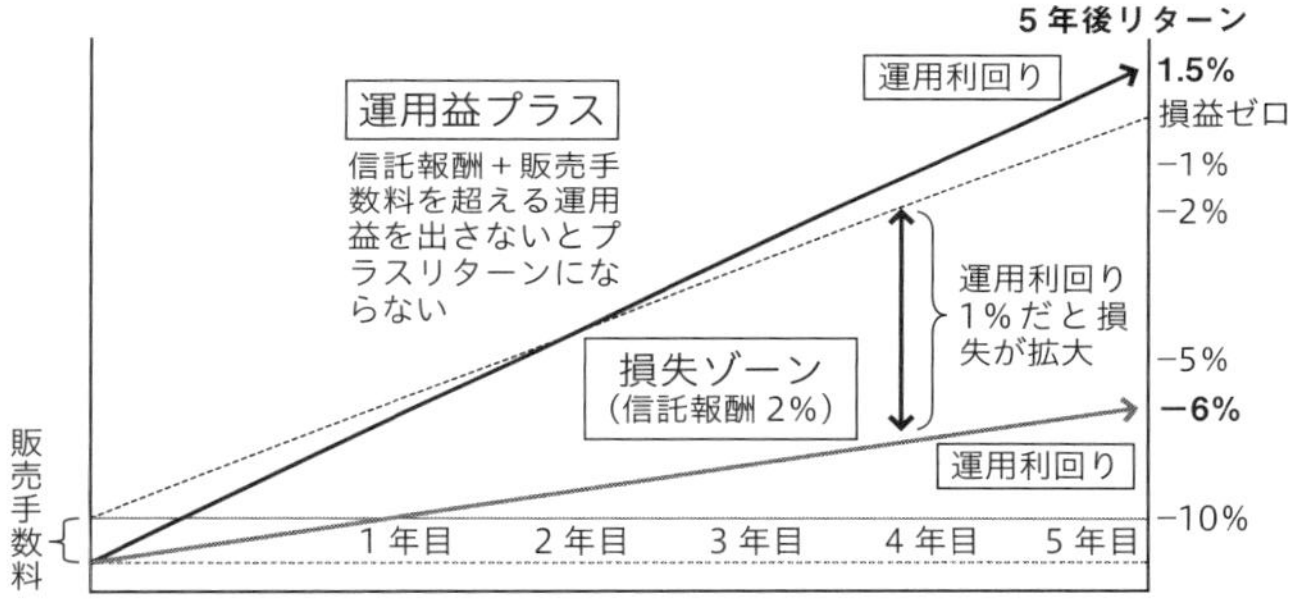
5年後リターン
運用利回り
1.5%
損益ゼロ
運用益プラス
信託報酬＋販売手数料を超える運用益を出さないとプラスリターンにならない
−1%
−2%
運用利回り1%だと損失が拡大
損失ゾーン
（信託報酬 2%）
−5%
−6%
運用利回り
販売手数料
1年目
2年目
3年目
4年目
5年目
−10%

です。売却時には「**途中解約のペナルティー**」という意味合いで、運用資産の中に残す**信託財産留保額**というものを取られます。ない場合もあるし、0・5％程度取られるケースもあります。平均で0・2〜0・3％前後です。

日本株が値上がりも値下がりもしなかったと考え、分配金は運用資産からの配当・利子収入だけで補うと仮定します。2014年現在、配当利回りは東証1部全上場銘柄平均で1・4％〜1・5％前後です。国債利回りは0・5％〜0・6％です。何もしなければ、日本株投信は最低1・5％、債券型なら0・5％のリターンは保証されるはずです。

どっこいそうはなりません。信託報酬が1・5％を超えれば、配当利回りを上回る逆ザヤに陥り運用資産は日を追って目減りしていきます。一般企業の財務用語を借りれば、信託報酬は固定費に当たるので、運用利回りがこの水準を超えないと、運用すればするほど元本が減る、いわば**損益分岐点**になります。

Q91 毎月分配型投信

毎月分配金のある投信は魅力的です。NISAで購入しても大丈夫ですよね。

毎月決算型など分配頻度の高いファンド、いわゆる**毎月分配型投信**は**少額投資非課税制度（NISA）**の利用時に不利になる可能性があります。元本を割り込んだ場合に非課税枠が勝手に削られたり、分配金再投資（継続）型ファンドの場合も非課税枠を自動的に消費していくためです。

まず、分配金には２種類あることを確認しましょう。基準価格１万円で買い、１カ月後に１万１００円、20円の分配金が支払われて基準価格が１万80円になったとします。20円は**普通分配金**です。一方、１カ月後に１万10円となり、20円の分配金が支払われて９９９０円になった場合は、10円はもうけですが、半分の10円は単なる投資額の払い戻しにすぎません。これを**特別分配金**、あるいは**元本払戻金**といいます。

物価が下がるデフレでは現金を持つのが賢明で、投信も元本の払い戻しのような形になっても理にかなっているといえます。しかし、脱デフレあるいは物価が上がり始めると、投資のほうが有利になるので、毎月分配型投信での運用は慎重に考えたほうがよいでしょう。

もう１つは落とし穴になるテーマです。ＮＩＳＡは使い勝手のよい方向に制度が変更されて

【ニュース例】毎月分配型タイプの投信から資金流出が続いている。複利効果が見込みにくく、個人が敬遠しているためだ。

毎月分配型投信はＮＩＳＡの浪費？

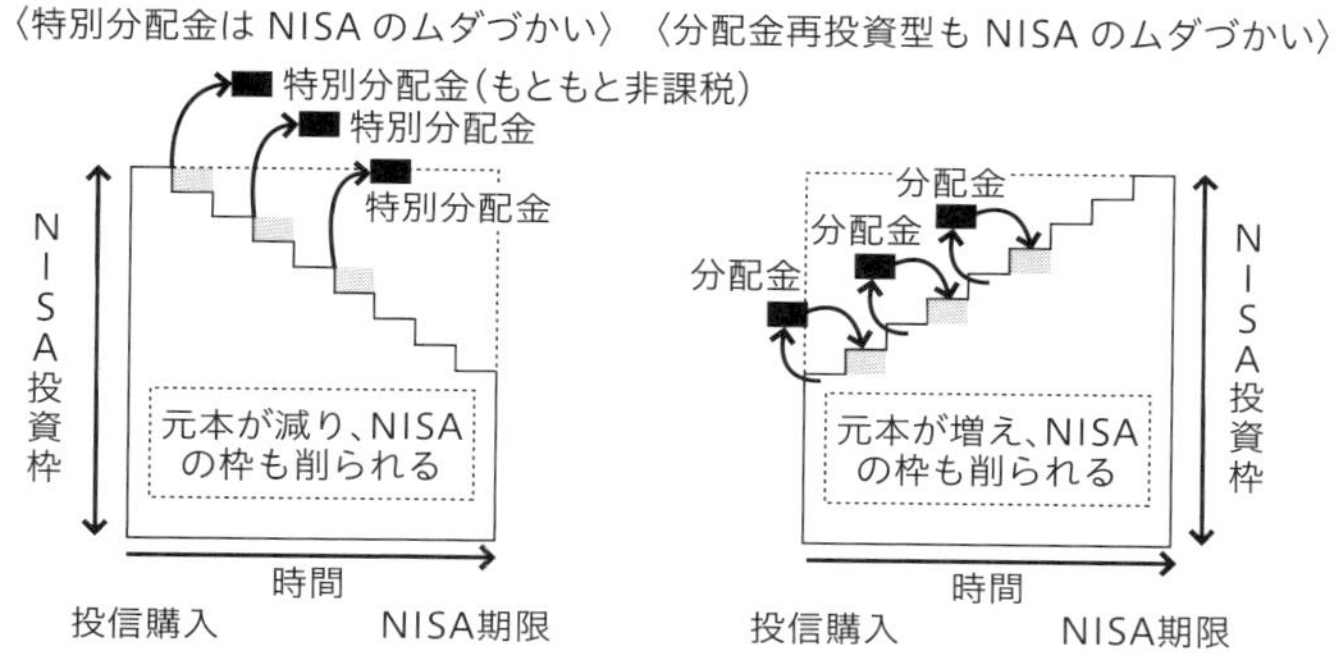
〈特別分配金はNISAのムダづかい〉
特別分配金(もともと非課税)
特別分配金
特別分配金
NISA投資枠
元本が減り、NISAの枠も削られる
時間
投信購入
NISA期限
〈分配金再投資型もNISAのムダづかい〉
分配金
分配金
分配金
NISA投資枠
元本が増え、NISAの枠も削られる
時間
投信購入
NISA期限

いくとみられますが、現状は非課税の上限枠を自動的に食いつぶしていくリスクがあります。

ＮＩＳＡの上限を１００万円として、枠いっぱいファンドを買ったとしましょう。毎月１万円ずつ分配金があり、元本払戻金だった場合にどうなるでしょうか。ファンドは99万円、98万円……と減っていき、１年後に88万円になります。ただしこの12万円の分配金はすべて非課税です。得をしたでしょうか。そもそも、ＮＩＳＡを使わなくても元本の払い戻しは非課税ですから、ムダにＮＩＳＡの枠を消費しただけというわけです。

もう１つは**分配金再投資型ファンド**を選んだ場合です。分配金を再投資した分はやっぱりＮＩＳＡの新たな購入分とみなされ、残りの枠を使っていきます。知らない間にＮＩＳＡの枠がいっぱいになり、**特定口座**で買い付けていたということになりかねません。ＮＩＳＡでは運用益を再投資する決算回数の少ないファンドを選ぶのが得策です。

Q92 通貨選択型投信 ―― 毎年20％や30％ものリターンをあげている投信をみつけました。買っても大丈夫ですか。

【ニュース例】投信市場で、「通貨選択型」ファンドの人気が広がっており、純資産残高が急増している。

通貨選択型投信は年間リターンが常時20％前後になるものも多く魅力が大きい半面、しくみが複雑でどこか怪しげです。この投信は運用が2階建て構造になっているのが特徴で、収益の源泉は投資先のインカムゲイン＋**為替取引**による利益となります。それぞれ10％前後のリターンが得られるため、極めて高い収益を確保できるのです。

ブラジルレアルコースを選択したとします。図の為替相場や金利は架空の値です。まず、日本の投資家から集めた円資金を売ってドルを買い、ドル建てのハイイールド（高利回り）債や新興国の債券などで運用します。ここまでは通常の外貨建てファンドと同じ理屈です。

同時に運用開始時にドルを売って、レアルを買い、ドル建て資産を運用しているのだけれど、実質的に収入はレアルでもらえる形に変えます。最初に「円売り・ドル買い」をして今度は「ドル売り・レアル買い」なので、ドルは消去され、結局円売り・レアル買いの形になります。ドル売り・レアル買いをすると、**ヘッジプレミアム**という新たな**金利差収入**が生まれます。

通貨選択型ファンドの高利回りの秘密（イメージ）

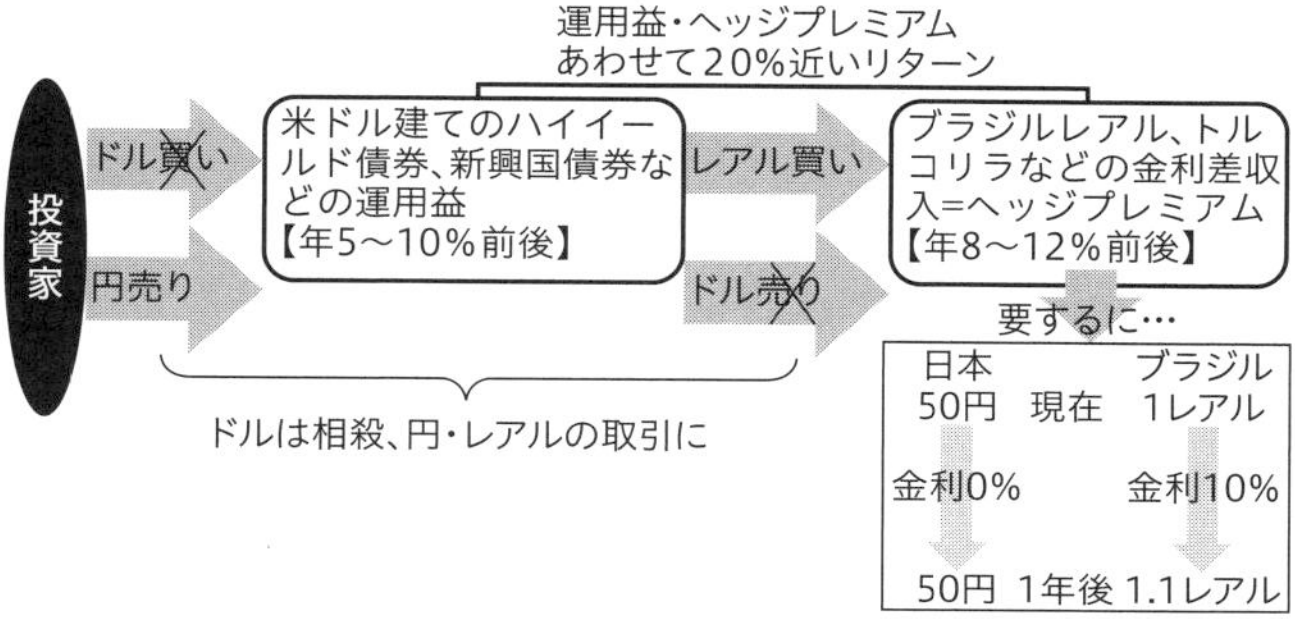
運用益・ヘッジプレミアム
あわせて20%近いリターン
投資家
ドル買い
円売り
米ドル建てのハイイールド債券、新興国債券などの運用益
【年5～10%前後】
レアル買い
ドル売り
ブラジルレアル、トルコリラなどの金利差収入=ヘッジプレミアム
【年8～12%前後】
要するに…
日本
ブラジル
50円
現在
1レアル
金利0%
金利10%
50円
1年後
1.1レアル
ドルは相殺、円・レアルの取引に

ドルとレアルではわかりにくいので、円とレアルを引き合いに出します。日本はゼロ金利、ブラジル金利は10%で、1レアル＝50円だと仮定しましょう。為替レートが同じなら、1年後のレアルは高金利で1割増えて1・1レアルになります。この0・1レアル分を金利差収入とするわけです。このように、ドルからレアル、あるいはトルコリラなど高金利通貨と為替ヘッジを組むことで原資産（高利回り債）の利子収入に為替運用益が上乗せされるのです。さらに為替レートが変動し円に対してレアルなどが高くなれば、3番目の利益として為替差益が発生します。

逆に選択した通貨の金利が引き下げられると金利差収入は目減りしていきます。現在の世界経済からは想定しにくいのですが、万一米ドルよりも金利が低くなると、金利差に相当するコスト＝**ヘッジディスカウント**が発生して損失が出ます。投資対象資産が値下がりした場合なども基準価額の下落要因となります。

Q93 ＥＴＦ

日経平均株価に採用された225銘柄を丸ごと買える投信はありますか。

ＥＴＦとは「Exchange Traded Funds」の頭文字で、証券取引所に上場して株価指数などの指標に連動する**上場投資信託**です。日経平均株価や債券、ダウ工業株30種平均といった海外の株価指数に連動するタイプなど約１６０のＥＴＦが取引されています。

たとえば日経平均連動型のＥＴＦを買えば、事実上、日経平均を構成する２２５銘柄を買ったのと同じ効果を得られます。ダウ平均型のＥＴＦを買えば、米国の主力株30社に投資したことになり、実質的に国際分散投資が可能になります。

一般の投信との最大の違いは、上場しているので、市場が開いている間は上場株式と同じように価格がリアルタイムで変動し、値動きをみながらの売買が可能であることです。指値注文や信用取引ももちろん可能です。

最大の利点は投信の保有コストが低いことです。信託報酬は年０・１～０・３％台と平均的な株式投信の10分の１程度に抑えられます。インデックス運用なので企業リサーチなどの調査費用がかからないためです。低コストは長期保有に向いており、少額投資非課税制度（ＮＩＳＡ）

【ニュース例】日経平均株価に連動するＥＴＦの残高が設定以来初めて２兆円を超えた。

ＥＴＦと一般の投信を比べると……

ＥＴＦ	相違点	一般の投資信託
リアルタイムで変動する市場価格	購入価格	基準価格（１日１回算出）
成り行き・指し値が可能	売買	前日までの基準価格を参考に口数、換金などを申し込む
証券会社ごとに異なる	購入手数料	販売会社・商品ごとに異なる
すべての証券会社	購入窓口	金融機関。商品によって異なる
一般の投信より低い	信託報酬	商品によって異なる
１万円～10万円程度	最低投資金額	１万円前後
できる	信用取引	できない
パッシブ	運用手法	アクティブ、パッシブ
比較的少ない	リスク	比較的多い
約180	種類（2014年）	約4000

を使って資産運用を考える個人にはおすすめです。ＥＴＦは一般の投信同様、分配金が出て株式と同じ税率で課税されます。また、上場商品なので証券会社には売買手数料を払わなくてはいけません。

ＥＴＦの選び方によって、お手軽に世界の市場に分散投資をすることも可能です。日経平均連動型を30万円、ダウ平均型を25万円、外国債券型に25万円……というイメージでＮＩＳＡ枠を使えば立派なポートフォリオができあがるはずです。

一方、ＥＴＦの弱点は、毎月一定額ずつ購入する自動積み立てができないことです。一般の投信では積立型もありますが、ＥＴＦは上場しているので、時間リスクを分散するなら自ら注文時期を分けないといけません。また、株式投資ならではの醍醐味も味わえません。投資先の会社の利益が倍増し、売り値が買い値の２倍になった、というようなリスクと見返りに得られる大きなリターンは期待できません。

Q94 さまざまなＥＴＦ

短期売買や価格変動を抑えるのに向いたＥＴＦを探しています。

ＥＴＦの多くは長期保有に向いていますが、短期の値上がり益追求型ファンドもあります。「**レバレッジ型**」「２倍型」などは値動きが指数の２倍になるように設計されています。信用取引を使えば元本の最大約６倍の値幅取りが狙えるため、高いリスクを好む個人から人気があります。指数と正反対の動きを目指す「**インバース型**」「ベア型」はヘッジに力を発揮します。

ボラティリティー・インデックス（ＶＩＸ）などデリバティブの指標に連動する商品もあります。いわゆる恐怖指数で、不安心理が高まると上昇しますからリスクヘッジに向いています。

コモディティー、つまり金やプラチナ、原油、大豆など**国際商品**に連動するＥＴＦも上場しています。当たり前ですが穀物やエネルギーからは配当金がなく、投資商品ではありません。しかし、エネルギー不足や激しい食料難で経済が混乱し、株も債券も下がるような局面では、コモディティーは値上がりすると考えられます。したがってポートフォリオ全体に対して一定のヘッジ効果が期待できるわけです。

【ニュース例】 相場全体が膠着するなか、レバレッジ型ＥＴＦが個人の人気を集め、売買代金で首位になった。

ＥＴＦの大まかな種類別イメージ

区分	特徴	投資単位	分配金	期間	投資家	ポートフォリオ
日本株指数	日経平均株価、ＪＰＸ日経インデックス 400、ＴＯＰＩＸなどに連動	数千円～2 万円前後	○	長		中核資産
日本株レバレッジ（ダブル）	株価指数の 2 倍の値動き	1 ～ 20 万円前後	○	短	経験者向き	
日本株インバース（ベア）	株価指数の反対の値動き	数千円～10 万円前後	○	長・短	経験者向き	
日本株業種別	自動車、銀行、医薬品など業種別指数に連動	数万円程度	○	長		
デリバティブ	ボラティリティー・インデックス（ＶＩＸ）などに連動	数百円から数万円	○	長・短	経験者向き	ヘッジ向き
海外株（主要国）	ダウ、S&P500 など米国の主要な株価指数に連動	1 ～ 4 万円前後	○	長		中核資産
海外株（新興国）	アジア、ＢＲＩＣｓなど新興国の株価指数に連動	1 ～ 10 万円前後	○	長		中核資産
国際商品	エネルギー、穀物などの指数に連動	数千円～4 万円前後	×	長・短	経験者向き	ヘッジ向き
REIT	東証 REIT 指数など国内外の REIT 指数に連動	1 ～ 20 万円前後	○	長		中核資産

（注）筆者による分類。投資単位は中心ゾーン。分配金は×がなし。期間は長＝保有向き、短＝投機売買向き

ＥＴＦと似て非なる商品で、**上場投資証券（ＥＴＮ**＝Exchange Traded Note）があります。外形的には大差はありませんが、「Note（債券）」の単語が示すように、金融機関（発行体）が信用力をもとに指標連動を保証しており、裏付け資産を持ちません。裏付け資産がなくても組成できるので、海外投資家の自由な売買が認められていない新興国の有価証券や希少資源などＥＴＦ以上に多彩な商品の組成が可能です。信託銀が破綻しても分別勘定で資産が保全されるＥＴＦと異なり、ＥＴＮは発行機関が破綻すれば紙くずになるリスクがあります。

Q95 ＲＥＩＴ

不動産投資をやってみたいのですが、軍資金が足りません。

独力で貸家やアパートを運営しようと思うと、1億円単位の投資資金が必要になるかもしれないし、管理や修繕などメンテナンスも大変です。トラブルが起こったり、借り手がいなかったり、日々気をもむことも少なくありません。

そこで、数万円程度の手軽な金額で大家さんになれるしくみを作りました。それが**ＲＥＩＴ（リート）**です。「Real Estate Investment Trust」（**不動産投資信託**）の頭文字で、Japanの「Ｊ」をつけて「Ｊ－ＲＥＩＴ」といったり、上場ＲＥＩＴと呼んだりしています。

ＲＥＩＴはビルやマンションを建てる不動産開発事業はできません。投資家から集めたお金で、複数の賃貸用不動産を購入、保有します。その賃貸収入や不動産売却収入から得た利益を投資家に配当（インカム）として分配します。ＲＥＩＴを巨大な大家さんとすると、投資家は大家さんの分子みたいなイメージになります。

現物の不動産は1件当たりの売買金額が大きいうえ、相対取引のため売りたいときに売れま

【ニュース例】低金利の長期化観測を背景に、東証ＲＥＩＴ指数が今年の最高値を連日で更新している。

ＲＥＩＴの全体像

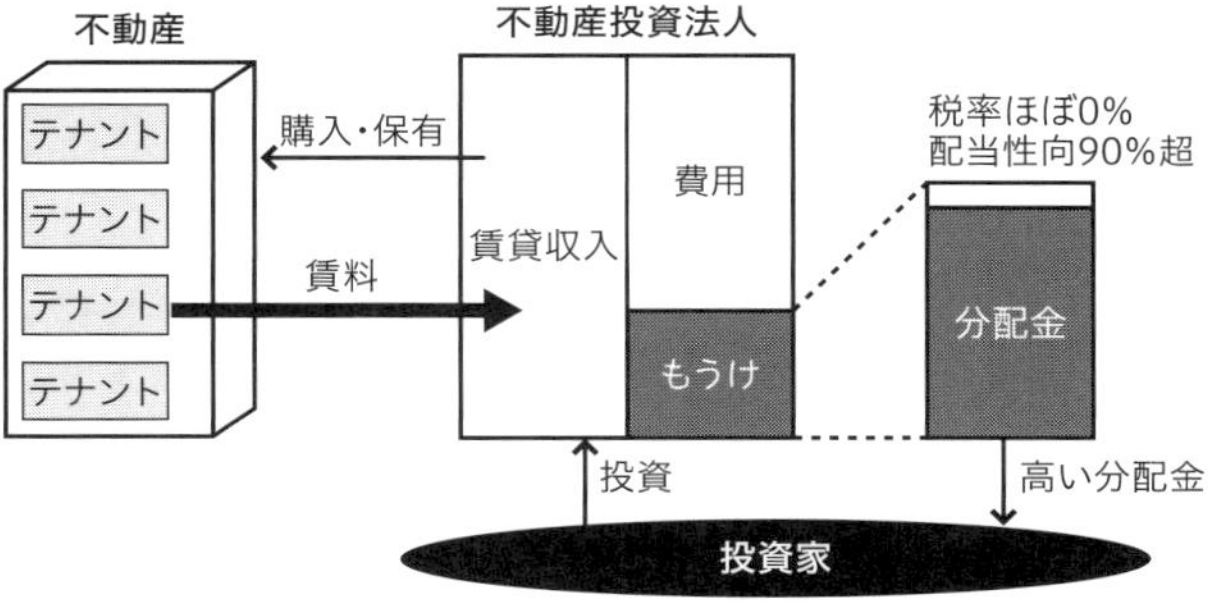

不動産
テナント
テナント
テナント
テナント
購入・保有
賃料
不動産投資法人
賃貸収入
費用
もうけ
税率ほぼ0%
配当性向90%超
分配金
投資
高い分配金
投資家

せん。ＲＥＩＴは小口での売買を可能にし、流動性と換金性を大きく改善しています。上場によって取引価格は常に公表されていますし、情報開示も充実しています。換金性や透明性が高く、不動産を、株式と同じ安全で投資しやすい商品に作り替えたのです。

投資の魅力は高い運用利回りです。２０１４年時点で３～４%前後のリターンを得られます。高利回りには税制上の秘密があります。決算期に配当可能利益の90%超を分配するなどの要件を満たすことで、法人税がほとんどかからない特典が認められているのです。ＲＥＩＴの多くはもうけの９割～全額を分配金に回しています。理屈のうえでは、株式会社の約３倍のリターンを得ることができるのです。手厚いインカムゲインは少額投資非課税制度（ＮＩＳＡ）を活用するうえでも有利に働きます。なお、ＲＥＩＴは、株価といわずに**投資口価格**といい、株主を**投資主**、配当を分配金と呼びます。また、株式会社ではないので投資法人といいます。

Q96 ＲＥＩＴの種類

オフィスビルのＲＥＩＴとショッピングセンターのＲＥＩＴとではどういう違いがありますか。

不動産投資信託（ＲＥＩＴ）は投資対象が賃貸不動産にかぎられているので、外部環境の影響を受けにくい内需系の運用商品です。ＲＥＩＴがどのような物件を資産に組み入れているかでタイプが分かれます。

主流はオフィスビル系で、ＲＥＩＴ資産のほぼ半分はオフィスビルが占めるといわれています。三井不動産と三菱地所の不動産ツートップが手がけているせいもあって、時価総額上位にもオフィス系ＲＥＩＴが目立ちます。日本で固定資産のオフバランス化が進んだことも一因です。

オフィスビル系ＲＥＩＴは投資物件が主に都心部に集中しており、景気に対する感応度が比較的高くなります。脱デフレで不動産市況が全般に上向いてくれれば、都心部はいち早く地価が上がります。テナントは会社が大半なので景気がよくなると賃料が上がりやすくなり、ＲＥＩＴの運用益に追い風となります。

商業施設型ＲＥＩＴは主にショッピングモールやファッションビルなどで運用しています。多くのテナントが支払う賃料が収入源です。賃料をテナントの売り上げに連動させるＲＥＩＴ

【ニュース例】 脱デフレを背景に、ＲＥＩＴ市場でもオフィス系のＲＥＩＴに地銀などから積極的な買いが入っている。

ＲＥＩＴの種類

(感応度などはイメージ、囲みは具体的な運用対象)

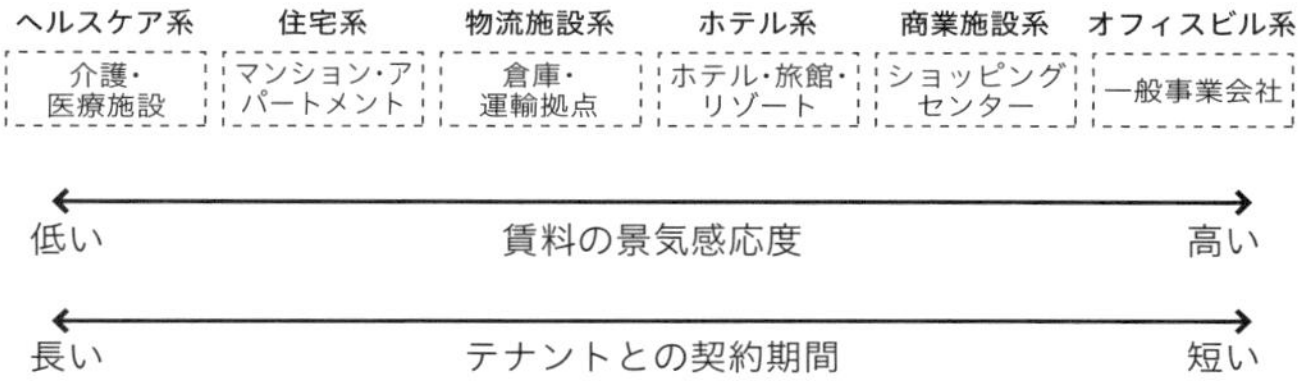
ヘルスケア系
介護・医療施設
住宅系
マンション・アパートメント
物流施設系
倉庫・運輸拠点
ホテル系
ホテル・旅館・リゾート
商業施設系
ショッピングセンター
オフィスビル系
一般事業会社
低い
賃料の景気感応度
高い
長い
テナントとの契約期間
短い

もあり、個人消費が増えれば賃料拡大につながります。また、リゾートホテルを対象にしたＲＥＩＴもあります。

近年、注目を集めているのが**物流施設型REIT**です。この数年で物流系ＲＥＩＴが相次いで上場しました。背景にはインターネット通販の普及があります。多種類の商品を迅速に配送するには、先進の機能を備えた大型物流センターが欠かせません。物流拠点の増加や新規開発は今後ますます進む見通しで、物流系ＲＥＩＴもしばらく成長が続くとみられます。

ＲＥＩＴのニューフェイスは**ヘルスケア型REIT**です。老人ホームや病院など介護・医療施設に特化したＲＥＩＴで、２０１４年に産声をあげたばかりです。高齢化を背景に潜在成長力が高いとみられます。ヘルスケア型は賃料と景気の連動性が乏しいと考えられています。

以上のように、特定分野に保有物件を絞った特化型が一般的なＲＥＩＴですが、オフィスビルや商業施設などいくつかの物件を組み合わせた「複合型」「総合型」と呼ばれるＲＥＩＴもあります。

Q97 NAV倍率

ＲＥＩＴを選ぶにはどの指標をみればいいですか。

株式投資でなじんだＰＥＲ（株価収益率）やＰＢＲ（株価純資産倍率）などの指標がＲＥＩＴの世界にも存在します。

ＰＥＲに当たるのが**ＦＦＯ（ファンズ・フロム・オペレーションズ）倍率**、ＰＢＲに相当するのが**ＮＡＶ（ネット・アセット・バリュー）倍率**です。株式の予想配当利回りは、ＲＥＩＴでは**予想分配金利回り**といいます。出資者への還元度を示す意味で重要なのが**ＬＴＶ**（Loan To Value）**比率**です。

ＲＥＩＴは基本的にインカムゲインを狙う投資商品なので、分配金利回りが重視されます。株式の１単元に当たるのが投資口で、年間分配金を投資口で割って求めます。ＲＥＩＴは半期ごとの決算なので、年間分配金は２期分を合計します。銘柄間で２～３％程度の利回り格差があります。あまり高利回りなＲＥＩＴは物件やテナントに問題がないかチェックしましょう。

ＮＡＶはＲＥＩＴが持っている時価ベースでの純資産です。ＲＥＩＴを解体して保有不動産をすべて売却、負債返済後の金額です。もし、ＮＡＶが１００億円で時価総額が90億円だったら、ＮＡＶ倍率は１倍割れ＝解散価値割れになり明らかに割安といえます。

【ニュース例】オフィスビル系ＲＥＩＴの一角は、割高感もあって投信などの買いが鈍っており、投資口価格も伸び悩んでいる。

REITの主要な指標

対象	指標	算出方法	株式でいえば…	ポイント
配当の魅力を診断	予想分配金利回り	年間分配金÷投資口価格×100	予想配当利回り	年間分配金が現在の投資口価格の何％かを示す
割高・割安を判定	NAV（Net Asset Value）倍率	投資口価格÷1口当たりNAV	PBR	REITが解散した場合、投資額を回収できる可能性があるか
収益性を検証	FFO（Funds From Operation）倍率	投資口価格÷1口当たりFFO	PCFR、PER	不動産売却損益を除いた純利益に減価償却費を加算し、どれくらい現金を稼いだか
効率性を点検	LTV（Loan To Value）比率	有利子負債÷総資産×100	D/Eレシオ	資産総額に対して借入金などの有利子負債が占める割合で財務レバレッジの高さをみる

不動産の値上がり期待が台頭するとＮＡＶ倍率は上がっていきます。ＮＡＶ倍率が上昇すれば、増資しても希薄化の影響が小さくなります。資金調達が容易になって新たな物件が取得でき、ＲＥＩＴのさらなる成長という好循環につながります。

ＦＦＯは「不動産賃貸から得られるキャッシュフロー」で、純利益から不動産売却損益を差し引き、減価償却費を加えて算出します。１口当たりのＦＦＯで投資口価格を割ったのがＦＦＯ倍率で、倍率が低いほど割安と考えます。株式市場では、ＰＥＲや**株価キャッシュフロー倍率（ＰＣＦＲ）**などが類似指標です。

ＲＥＩＴは利益の大半を還元しますが、負債が多くて資本が少なくなれば出資者の手取り分が増えます。借入金を増やして、資本効率を高めることを財務レバレッジを効かせるといいます。ＬＴＶ比率は株式の**負債資本倍率（Ｄ／Ｅレシオ）**に相当します。

Q98 スプレッド

ＲＥＩＴ相場全体の先行きをみるときのポイントは何でしょうか。

【ニュース例】 東証ＲＥＩＴ指数は一段高となったが、長期金利低下を背景に割高感は乏しいとの声が目立つ。

東証ＲＥＩＴ指数は上場ＲＥＩＴの値動き全体を示す指標です。個々のＲＥＩＴは組み入れた物件によって収益性が違ってきますが、すべてのＲＥＩＴは基本的に金利と需給の影響を受けます。長期金利、物価動向や金融政策など金利に関連する材料に全体の方向性が左右されます。

具体的には上場ＲＥＩＴ全体の予想分配金利回りと、長期金利の指標となる**新発10年物国債利回り**の差（＝**スプレッド**）が相場全体の過熱感や割安感をみる重要な注目点です。明確な基準はありませんが、おおむね３％前後の開きがあるとされており、この差が著しく広がるとＲＥＩＴは売られすぎで、縮まると買われすぎ、とみなされるようです。ＲＥＩＴがどんどん買い進まれた結果、分配金利回りが下がっていったとしても、量的緩和などで長期金利も一段と低下し、スプレッドがあまり変わらなければ過熱感は生じないということになります。あるいは脱デフレを織り込んで長期金利が上がったとしても、地価・賃料の上昇などによって分配金利回りが増えればやはりスプレッドは縮まらないので、ＲＥＩＴに割高感が生じません。

ＲＥＩＴ全体の方向性は金利と需給が左右

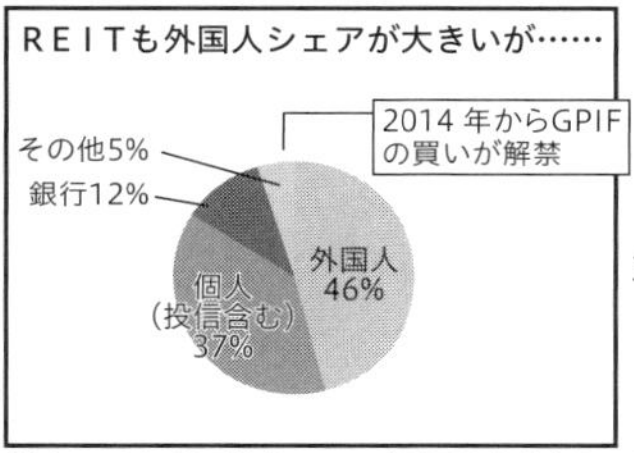

REITも外国人シェアが大きいが……
2014年からGPIFの買いが解禁
その他5%
銀行12%
外国人46%
個人（投信含む）37%

(注)2013年売買代金シェア(東証公表値を加工)

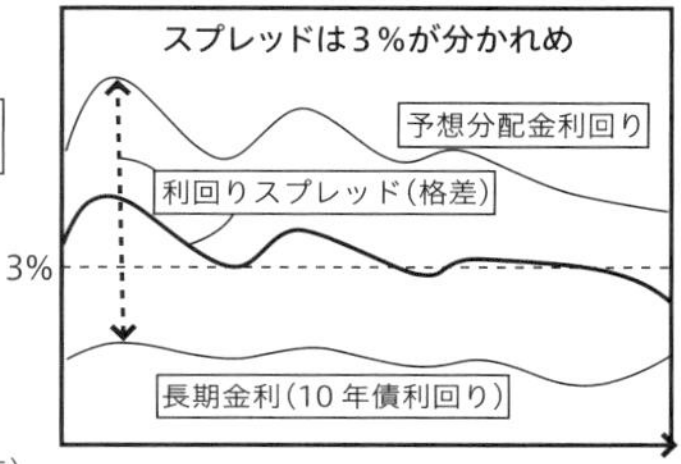

スプレッドは3%が分かれめ
予想分配金利回り
利回りスプレッド(格差)
3%
長期金利(10年債利回り)

ＲＥＩＴに参加するプレーヤーにも要注目です。株式と同じで外国人のシェアがやはり首位です。東証では毎月、投資主体別売買動向や売買代金シェアなどを公表していますが、売買シェアでは外国人が４～５割を占め、個人が２～３割となっています。ここに投信も加えると個人は４割前後に高まります。残りは金融機関で、地銀が大半を占めます。低金利が長引き、運用難の地銀がリスク資産を買っているわけです。

株式との決定的な違いは個人にしても外国人にしても中長期マネーが大半という点です。インカムゲインに魅力がある商品のため、短期の投機売買は目立ちません。需給面で見逃せないのが**年金積立金管理運用独立行政法人（ＧＰＩＦ）**です。規制緩和の一環でＲＥＩＴ投資が解禁となりました。ＧＰＩＦが運用比率を決めればほかの多くの企業年金なども追随する可能性があり、今後の運用戦略は外国人以上に注目度が高そうです。また、ＲＥＩＴは日銀もリスク資産の１つとして買い入れを続けており、今後の金融政策にも注意を払う必要があります。

Q99 NOI

REITの開示資料からどのようなリスク要因を読みとればよいのでしょうか。

【ニュース例】 投資法人Jが取得予定の物件は鑑定評価額を上回ったものの、NOI利回りが実勢より高くなっている。

REITの決算発表、物件購入とファイナンス実施の3大開示資料を読み解く4つのポイントを解説します。

1つは物件リスクの分散です。大型の優良物件を1つ持っていてももちろん問題はありませんが、複数の物件に分散されているほうがより安心です。万一、大型テナントが退出すると賃貸収入（＝運用益）ががくんと落ち込むリスクがあるためです。一般に住宅系は物件数が豊富なケースが多いようです。商業施設系はテナントの数だけでなく種類も大切です。アパレルばかりでなく、たとえば飲食店などがほどほどに入っていたほうが賃貸収入に安定感があります。

物件所在地の分布も大切です。都心部にかたよっていると回転率が高く、稼働率は安定しますが、地価が上がりやすいので、徐々に物件取得価格が上がっていき利回り低下を招くリスクがあります。地震や台風などの災害リスクもこれからは警戒しないといけないでしょう。

2つめは契約内容です。事業会社でいう中期経営戦略のようなもので、契約スタイルは5年、10年は賃料は変えないという長期固定型と、1年、3年ごとに頻繁に更新する変動型に分かれ

REITの開示資料をここチェック

賃貸リスクの分散効果が乏しい	少ない	物件数	多い	賃貸リスクの分散効果がある
	少ない	テナント数・種類	多い	
	数カ所に集中	所在地	広範囲に分散	
	大型物件に依存	規模	中小型物件にばらつき	
下落局面で賃料下げリスク発生し、上昇局面で値上げ機会	短い	賃貸借期間	長い	賃料は下落局面で安定し、上昇局面で機会損失
	変動	賃料契約スタイル	固定	
投資回収が遅く、分配金原資が不安定	低い	NOI利回り	高い	早期の投資回収が望め、分配金原資が安定
物件の割高取得。売却時に売却損発生	プラス	取得価格－鑑定評価額	マイナス	物件の割安取得。売却時に売却益発生

ます。デフレ下のように先行き経済がしぼむ局面では賃料が下がりにくい固定型が有利です。変動型では値下げを迫られ、賃料収入は減少するでしょう。逆に脱デフレが進めば、変動型は賃料の改定交渉を進めやすくなります。固定型は機会損失が発生しやすくなります。同じことが契約期間の長さにもいえます。

　REITが物件を取得した際は通常、NOI（Net Operating Income）が開示されます。NOIは「賃貸収益＋減価償却費」で求め、現金ベースでの賃料といえます。「NOI÷不動産取得価格（簿価）」を**NOI利回り**といいます。

　新規物件が、それまでのREITのNOI利回りを上回っていないと、全体の利回り底上げにはつながりません。物件の取得価格と**鑑定評価額**も開示されるので、お値打ちな買い物をしたか、NOI利回りで魅力的かどうか、などをチェックしましょう。

Q100 REIT投信 米国や欧州など海外のREITを買うことはできますか。

ＲＥＩＴはもともとオルタナティブ（代替）投資商品なので、一般の金融商品よりは景気感応度は低くなります。ただ、株式や債券と同じようにＲＥＩＴの一部を海外のＲＥＩＴに置き換えることで、全体のポートフォリオの収益性がさらに安定する可能性があります。国内ＲＥＩＴは投資家の関心が高い割に、上場数がわずか50程度です。４０００近くある株式と比べて数が非常にかぎられているわけです。投資対象数が少ないため、選別による運用効果をあげにくい面もあります。

一方、世界全体では20以上の国・地域にＲＥＩＴ市場があり、銘柄数は６００を超えるといわれています。ＲＥＩＴ発祥の地である米国の時価総額は日本の何倍もあります。複数の**グローバルREIT**に資金を分散させることは投資戦略としては正しい選択になります。

しかし、残念なことに海外のＲＥＩＴは簡単には買えません。そこで選択肢として有力なのが**REIT投信**です。ＲＥＩＴ自体不動産投信なのですが、ＲＥＩＴ投信はＲＥＩＴを買う典型的な**ファンド・オブ・ファンズ**です。

【ニュース例】海外のREITを組み込んだ投信の純資産残高が急増し、1兆円を超えるファンドも登場した。

日本株や国債と異なるファンドの組み入れは分散効果が見込まれる

（数字はポートフォリオ比率で一例）

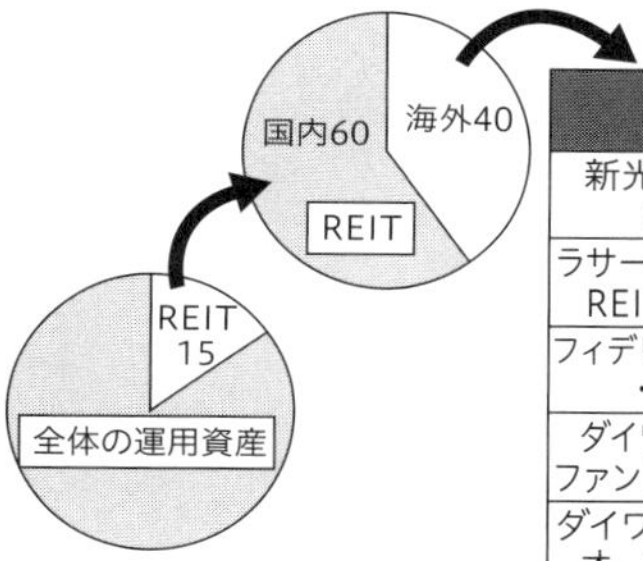
全体の運用資産
REIT
15
国内60
海外40
REIT

名称	純資産（2014年9月）	形態
新光US－REITオープン	約1兆3000億円	ファンド・オブ・ファンズ
ラサール・グローバルREIT（毎月分配）	約1兆600億円	ファンド・オブ・ファンズ
フィデリティ・USリート・ファンドB	約7600億円	ファンド・オブ・ファンズ
ダイワ米国リート・ファンド（毎月分配型）	約6300億円	ファンド・オブ・ファンズ
ダイワ・US－REIT・オープンBコース	約5500億円	ファンド・オブ・ファンズ

日本のＲＥＩＴは安定収益を意識し、事業を賃貸に限定しています。しかし、海外ＲＥＩＴでは規制が少なく、プロジェクト開発を手がけるいわゆるデベロッパー型ＲＥＩＴも多々あります。一般の事業会社のように成長性を志向しているわけで、日本のＲＥＩＴとはひと味違う魅力があります。

問題が１つあります。ファンド・オブ・ファンズは投信の屋上屋のようなものですから、運用手数料を二重で取られます。表にあげた人気の海外ＲＥＩＴも、信託報酬は１・５〜２・０％前後と比較的コストが高いのがネックです。運用利回りは健闘しているファンドが大半ですが、購入時はコストの見極めが大切です。

株式をハイリスク・ハイリターン、債券をローリスク・ローリターンとすれば、ＲＥＩＴは**ミドルリスク・ミドルリターン**の部類に入ります。そのあたりを念頭に海外ＲＥＩＴの投入額を考えましょう。

ローリスク・ローリターン　68,198,227
ロールオーバー　107
ローンチ　165

【わ】

割当基準日　57
割引率　30

【も】
申込手数料　206
もうはまだなり、まだはもうなり　86
目標株価　61
目論見書　163,165,166
もちあい　151,153,157
もちあい放れにつけ　87
持ち高　73,85,104,107,191
持ち高調整の売り　73
持ち分法投資損益　21
戻り待ちの売り　72
物言う株主　136,150,157
物言わぬ株主　136,151,157
モメンタム　65

【や】
役員報酬　33
休むも相場　87
ヤレヤレの売り　72

【ゆ】
有価証券報告書　32,154,166
優待利回り　56
有利子負債　67,125,149,185,221
輸出関連株　66
輸出採算　18

【よ】
要求利回り　129,200
陽線　94,96,191
陽線丸坊主　95
予想1株利益　44
予想分配金利回り　53,220,222
予想未達　29
寄り付き　81,191,192
寄り成り　191
寄り引け同時線　97
四本値　94

【ら】
ライフサイクル型ファンド　197

【り】
利益確定売り　72,81,104,188
利益剰余金　21,204
リキャップCB　144
利食い　72,189
リスク　27,31,33,38,68,70,78,84,99,112,129,135,141,143,165,166,168,173,177,179,180,197,198,203,209,213,214,224
リスクアペタイト　69
リスクオフ　68
リスクオン　68
リスク許容度　69
リスク資産　69,178,197,223
リスク選好　69
リスク分散　178,180
リスクマネー　69
リターン　31,56,68,78,91,114,186,198,200,203,207,210,213,217
リート　216
利回り　30,52,56,75,129,179,198,200,207,210,217,220,224,227
流動性　50,71,133,216
流動性リスク　71

【る】
累積リターン　199,200

【れ】
レーティング　199
レバレッジ　78
レバレッジ型ETF　214
レバレッジ効果　114
レラティブ・バリュー　79
連結決算　20
レンジ相場　102

【ろ】
ろうばい売り　73
ロスカット　188
ローソク足　94,99
ロックアップ　163

ブランデス・インベストメント・
パートナーズ　155
ブランド　34,54,58,143,161
フリーキャッシュフロー　58,124,185
ブル　77
ブレイク　103,189
プレミアム　148
ブローカー　84
プロキシーファイト　151
プロップ　85
分散投資　58,87,132,180,182,212
粉飾決算　24,134,137,157
分配可能原資　205
分配金　53,198,200,203,204,207,208,213,215,217,220,225
分配金再投資型ファンド　209
分配金再投資利回り　200
分配金余裕月数　205
分配金余力　205
分配金利回り　199,200,220,222
分配準備積立金　204

【へ】

ベア　77,214
米国株　83,88,179,182
米国基準　24,35,183
ペイメントファクトリー　147
ベータ　180,186
ヘッジ　78,112,214
ヘッジディスカウント　211
ヘッジファンド　78,85
ヘッジプレミアム　210
ヘッド・アンド・ショルダー　105
ペナント　104
ベビーファンド　196
ヘルスケア型REIT　219
変更報告書　154
ベンチマーク　74,78,82,183,186,203
ベンチャーキャピタル　160,163

【ほ】

ポイズンピル　152
ポイント・アンド・フィギュア　99
包括利益　15
報酬委員会　139
法人税等調整額　123
簿価　47,225
ポジション　85,104,107,109,191
ポジティブサプライズ　61
保証金　106,114,117
ホワイトナイト　152
ボックス圏　77,87,102,191
ポートフォリオ　59,84,133,178,214,226
ボードメンバー　138
ボラティリティー・インデックス　214
ボリンジャーバンド　99

【ま】

毎月分配型投信　203,204,208
マーケット・ニュートラル　79,191
マザーファンド　196
窓　97
マネー・マネージメント・ファンド　197
マネー・リザーブ・ファンド　197

【み】

みえざる資産　34
見切り売り　73
見切り千両　86
ミドルリスク・ミドルリターン　227
みなし額面　90
ミニ日経平均先物　106

【む】

無限定適正意見　134
無リスク資産　198

【め】

メジャーSQ　107

値ごろ感の買い　75
ネッティング　147
ネット・アセット・バリュー　220
年金資産　31,33
年金積立金管理運用独立行政法人　83,156,187,223
年次報告書　59

【の】

乗り換え　107
のれん　25,34
ノーロード　206

【は】

ハイイールド債　179,202,211
買収監査　149
買収防衛策　152
配当　15,17,21,37,48,52,56,58,68,85,125,126,129,155,167,177,182,200,205,207,216,221
配当収入　14,85,176,200
配当性向　126,217
配当利回り　47,52,56,108,200,207,220
売買単位　132,155,166,182
ハイリスク・ハイリターン　68,114,198,227
バークシャー・ハザウェイ　58
始値　94,192
バーチャルトレード　190
パックマンディフェンス　153
発行済み株式数　15,47,50,120,130,132,144,177
パッシブ運用　186,203,213
初値　163,165,170,172
初値倍率　171
バーナンキ・プット　112
バフェット　58
はらみ足　97
バランスシート　16,34,37,47,145
バリュー投資　58

【ひ】

日柄整理　117
引受業務　168
引け味　80
引け成り　191
引け値　192
1株純資産　46
1株利益　15,35,44,120,130,183,204
人の行く裏に道あり花の山　87
冷やし玉　162
標準偏差　198
比例配分　193

【ふ】

ファイナンス　125,128,140,144,148,224
ファミリーファンド　196
ファンズ・フロム・オペレーションズ　220
ファンダメンタルズ分析　98
ファンド・オブ・ファンズ　196,226
プーリング　147
負債　14,16,35,46,128,135,144,220
負債資本倍率　221
普通決議　155
普通分配金　201,208
2日新甫は荒れる　89
ブックビルディング　164,170
物色　81,98,190
プット　110,112
物流施設型REIT　219
不適正意見　135
不動産投資信託　52,179,181,216,218
不動産投資法人　217
負ののれん　35
踏み　75
踏み上げ　75
フライト・トゥ・クオリティー　69
ブラックマンデー　89

追加信託差損益金　204
追加設定　204
通貨選択型投信　210
包み足　97

【て】
ディスカウント　149
ディストレスト　79
デイトレーダー　85,115,190
デイトレード　190
ディフェンシブ株　66,179,180
ディフェンシブ関連株　67
ディマンド・プル・インフレ　185
ディーラー　85
ティン・パラシュート　153
出遅れ株　81
テクニカル分析　98,102
手じまい売り　73
デッドクロス　100
デットファイナンス　128
テナント　217,218,220,224
デフレ　31,43,69,139,179,184,208,225
手元資金　114,120,125,126,135,146,177
デューデリジェンス　149
デリバティブ　78,106,110,214
テールリスク　71
転換社債　128,130,144
転換価格　144
天井3日底値100日　86

【と】
投資家向け広報　136,142,183
投資キャッシュフロー　124
投資口価格　217,221
投資収益率　129
投資主　217
投資判断　24,26,33,36,38,61,68,84,88,124,140,142
東証REIT指数　215,222
掉尾の一振　88
騰落レシオ　98
毒薬条項　152
特設注意市場銘柄　135
特定口座　209
特別決議　155
特別清算指数　107
特別分配金　201,208
途中解約　207
取り組み妙味　117
取締役　136,138,150,155
ドルコスト平均法　181
トレーダー　84
トレンドライン　99,102
とんかち　96

【な】
内需関連株　67
内部統制　71,135,137
内部統制監査報告書　135
内部留保　17,127
夏枯れ　89
成り行き買い　188,191
成り行き注文　188

【に】
日経平均株価　49,54,66,71,72,75,76,82,86,89,90,98,103,106,108,110,113,186,212,215
日経平均プロフィル　90
日中高値　94
日中安値　94
2度に買うべし、2度に売るべし　87
2番底は黙って買え　86
日本基準　24,35
日本版SOX法　135
日本版スチュワードシップ・コード　156

【ね】
値がさ株　91,132
ネガティブサプライズ　61

ストラテジスト　84
スーパー・ボーティング・ストック　152
スプレッド　222
スマートベータ　186

【せ】
請求目論見書　203
税効果　122
税効果資本　123
税前利益　15,122
セグメント情報　26
セグメント利益　26,43
設備投資関連株　67
節分天井・彼岸底　89
説明責任　77,141,177,183
セーフ・ハーバー・インベストメント　155
専業デイトレーダー　190
潜在株式　130
先導株比率　99

【そ】
総会屋　150
総還元性向　59,126
総資産利益率　23
増収減益　42
増収効果　184
増収増益　42
相対力指数　99
想定利益　29
想定レート　19
総配分性向　126
訴訟リスク　71
ソブリン　179
ソブリン債　179,196
損益計算書　16,22,33,37,123,183
損益通算　176
損益分岐点　110,113,207
損益分岐点売上高比率　184
損切り　73,86,88,101,104,115,188
損金　122

【た】
第三者割当増資　128,152
貸借対照表　16,33,37,135,183
貸借取引　115
退職給付債務　30,33
退職給付引当金　31
代替投資　179
ダイリューション　130
大量保有報告書　154
対話　156
ターゲット・イヤー型ファンド　197
打診買い　75
脱デフレ　42,67,179,184,208,218,222,225
建玉　107
他人資本　16
ダブルトップ　104
ダブルボトム　86,104
卵を１つのカゴに入れるな　178
ダルトン・インベストメンツ　155
単位型投信　197
短期筋　85
短期売買益返還義務　155
単純平均　90
単独決算　20

【ち】
地政学リスク　70,133
注意喚起銘柄　117
中期経営計画　32,140,177
中小型株　50,67,81,87,116
中国関連株　67
抽選　164,168,173
調整金　204
ちょうちん買い　75
帳簿閲覧権　155
直接金融　128
賃貸収入　216,224

【つ】
追加型投信　197

【し】

地合い　80,94,99,193
時価総額　50,54,60,66,121,183,187,218,220,226
時間リスク　191,213
市況関連株　67
資金調達　25,115,128,160,221
自己資本　16,35,48,120,127,144
自己資本比率　49
自己資本利益率　48,55,120,136,177
しこり玉　117
資産　15,16,22,25,31,34,37,46,49,69,112,122,132,134,145,178,206,210,218,221
自社株買い　48,120,125,126,145,150
下値　46,84,99,102,104,192
下値支持線　99,102,104
下放れ　103,105
下ひげ　94,96
執行役員　138
実需　84
実体　94,97
質への逃避　69
支配基準　20
資本　16,24,35,121,123,128,131,136,140,145,160,221
資本コスト　129,141,144,200
指名委員会　139
社外取締役　137,139,157,187
シャープレシオ　198
ジャンク　179
収益調整金　204
収益率　52,199,200
主幹事証券　162,164,168,171
需給　50,55,64,88,94,96,99,102,104,109,120,130,145,162,222
需給分析　98
主力大型株　66,180
需要申告　164
需要申請　164
循環物色　81
純現金収支　124,185
純資産　34,46,200,203,205,210,220,227
純資産総額　199
順張り　76,87
純利益　14,17,21,28,48,120,122,126,130,183,221
少額投資非課税制度　85,132,176,182,204,208,212,217
消却　121
商業施設型REIT　218
証券金融会社　115
証拠金　106
上場承認　165,168
上場投資証券　215
上場投資信託　55,106,112,186,212
焦土作戦　153
上方修正　28,61
シルチェスター・インターナショナル・インベスターズ　155
新株予約権付社債　144
新規株式公開　152,160,165
信託報酬　199,201,203,206,212,227
シンジケート・ローン　128
信託財産　205,206
信託財産留保額　199,207
新値足　99
新発10年物国債利回り　222
信用売り残　116
信用買い残　116
信用取引　74,85,106,114,116,212,214
信用倍率　116

【す】

スティール・パートナーズ　155
ストキャスティクス　99
ストップ高　193
ストップ安　193

【く】
クラウン・ジュエル　153
繰越分配可能原資　205
繰り延べ税金資産　122
繰り延べ税金負債　123
グリーンスパン・プット　112
グリーンライト・キャピタル　155
黒三兵　96
クローズ型投信　197
グローバル・マクロ　79
グローバルREIT　226

【け】
景気敏感株　67,180
景気リスク　70
経常利益　14,25
月次リポート　202
気配値　51,192
減価償却　14,36
現金収支　36,39
現金取引　114
限月　107
減収減益　43
減収増益　43
減損　22,25
減損損失　22,35
限定付適正意見　134
現物支給　56
現預金同等物　125
権利落ち日　57
権利確定日　57
権利行使価格　110,113
権利付き最終売買日　57

【こ】
公開価格　162,164,170
交換比率　149
公社債投信　196
購入手数料　206,213
公認会計士　134
交付目論見書　202
公募・売り出し価格　170
公募株　162
５月に売り逃げろ　89
国際会計基準　15,24
国際基準　24
国際商品　78,179,214
コスト・プッシュ・インフレ　184
５％ルール　154
個別材料株　67,181
コーポレート・ガバナンス　32,136
コーポレートガバナンス・コード　156
コマーシャルペーパー　129
コミットメントライン　128
コモディティー　78,179,214
コール　110,112
ゴールデンクロス　100
ゴールデンパラシュート　153
コンセンサス　60

【さ】
サイコロジカルライン　98
裁定買い　85,91,108
裁定解消売り　85,109
裁定取引　55,108
財務キャッシュフロー　125
財務諸表　16,36,39,134,183
財務レバレッジ　49,221
先物理論価格　108
サザエさん　88
指し値注文　188,191
ザ・チルドレンズ・インベストメント・ファンド　155
サード・ポイント　155
サプライズ　61,183
サーベラス　155
サーベンス・オクスリー法　137
ザラバ　192
三角もちあい　87,104
三空　97
三尊天井　105
三羽ガラス　96
３割ルール　29

合併比率　149
カバー　61
株価　15,28,35,44,46,50,52,54,61,64,68,70,72,74,76,86,88,90,94,97,99,100,102,104,110,115,116,120,130,132,142,144,148,150,153,162,164,171,172,178,182,188,191,192
株価キャッシュフロー倍率　221
株価収益率　35,44,120,220
株価純資産倍率　46,220
株式売出届出目論見書　166
株式公開買い付け　148,152
株式交換　148,155
株式投信　57,82,196
株式売買委託手数料　182
株式非公開化　153
株式分割　132,177
株式併合　133
株式ロング・ショート　79
株主還元　48,59,126,177,185
株主決定日　57
株主資本　48
株主提案　154
株主提案権　155
株主配分　49,52,59,120,126
株主名簿　57
株主優待　56
下方修正　28,53
からかさ　96
仮需　85
仮条件　164
為替感応度　19
為替取引　210
為替ヘッジ　211
為替変動リスク　68,182
為替予約　19
為替リスク　69,70
換金性　51,216
監査意見　134
監査人　38,134,139
監査報告書　32,134
監査法人　134
間接金融　128
鑑定評価額　225
カントリーリスク　71
元本払戻金　208

【き】

企業価値　58,124,136,143,148,150,153,156,177
企業価値向上　137,153,156
企業統治　136,150,153,157
期日向かいの買い　117
期待リターン　53,129,200
希薄化　120,130,204,221
希薄化率　130
逆裁定取引　109
逆指し値　188
逆三尊　105
逆張り　76,87,89,99
逆日歩　115
キャッシュ・コンバージョン・サイクル　146
キャッシュフロー　36,39,58,125,146,149,221
キャッシュフロー計算書　16,124
キャッシュ・マネジメント　146
キャッシュ・マネジメント・システム　147
キャピタルゲイン　200
キャピタルロス　200
業績修正　28,60
業績予想　28,33,60,143,167,183
虚偽の記載　134
寄与度　91
金　181
金庫株　121
金融商品取引法　137,202
金融派生商品　78,106
金利差収入　210
金利敏感株　67
金利リスク　69,70

板　192
板情報　192
１部指定　54
１部上場　50,54
一目均衡表　99
移動平均乖離率　101
移動平均線　99,100
委任状争奪戦　151
イベント・ドリブン　79
インカムゲイン　85,115,176,181,200,204,210,217,220,223
陰線　94,96
陰線丸坊主　95
インバース型ETF　214
インフレ　43,184

【う】
売上総利益　14,183,185
売上高　14,17,20,28,37,42,183
売上高営業利益率　177
売上高総利益率　184
売掛金　122,146
売り気配　192
売り出し株　162
上放れ　103,105
上値　61,72,76,102,116,192
上値追い　74
上値抵抗線　99,102,104,189
上ひげ　94,96
運転資金　128,146
運用　30,58,68,78,82,178,180,186,196,198,200,202,205,206,208,212,218,226
運用指標　82,186
運用報告書　203,205
運用リスク　69,198

【え】
営業キャッシュフロー　124,135
営業利益　14,20,29,177,183,187
営業利益率　177
益金　122
エクイティファイナンス　120,128,130
円安メリット　18
エンゲージメント　156
円高デメリット　18
エンロン事件　136

【お】
追い証　114
黄金株　152
大型株　50
大相場は懐疑の中で育つ　87
大相場は悲観の中で生まれ、懐疑とともに育ち、楽観の中で成熟し、幸福とともに消えゆく　87
大幅増配　153
お化粧買い　75,91
押し目買い　74,80,96,104,188,193
お宝株　172
オーバーアロットメント　162
オフィスビル系REIT　218
オプション　110,112
オープン型投信　197
オルタナティブ投資　179,226
終値　94,100,193

【か】
買掛金　128,147
会計基準　24,34,183
買い気配　192
解散価値　46,220
買いの回転　76
買い戻し　75,104,107,109,115,116,191
カギ足　99
格言　86,178
確定拠出年金　31
賢い指数　186
課税所得　122
稼ぐ力　14,22,42,131,177
仮装売買　190
がっぷり四つ　117

キーワード索引

【アルファベット】
CB 129,144
CCC 146
CEO 138
CFO 138
CIO 138
CMS 147
COO 138
D/Eレシオ 221
EBITDA 149
EDINET 32,154
EPS 45,183
ETF 55,106,112,186,200,212,214
ETN 215
FFO倍率 221
GPIF 83,156,187,223
IFRS 15,24,35
IPO 152,160,162,164,166,168,170,172
IPO勝率 171
IPOディスカウント 171
IR 136,141,142,153,157,183
IR強化 153
JPX日経インデックス400 49,55,83,106,187
LTV比率 220
M&A 79,121,125,139,148,185
MBO 153
MMF 197
MRF 197
NAV倍率 220
NISA 85,132,143,176,182,204,208,212,217
NOI 225
NOI利回り 225
PBR 46,220
PCFR 221
PER 35,44,120,220
QUICK 60
QUICKコンセンサス 60
REIT 179,181,216,218,220,222,224,226
REIT投信 226
ROA 23
ROE 48,55,120,129,136,141,145,177,187
RSI 99
SEC基準 24,183
SOX法 135
SQ 107
TOB 148,152
VC 163
VIX 214

【あ】
アウトパフォーム 83
赤三兵 96
悪材料出尽くし 28
アクティビスト 136,150,154,157
アクティブ運用 186,203
頭と尻尾はくれてやれ 86
アップ率 144
アナリスト 29,60,84,183
アナリスト予想 60,183
アニュアルリポート 59
アノマリー 88
アービトラージ 79
粗利益 14
アルファ 186
アワード 199
アンダーパフォーム 83

【い】
イエレン・プット 112
意見差し控え 135
意見不表明 135

日経記者に聞く　投資で勝つ 100 のキホン

2014 年 11 月 17 日　1 版 1 刷
2015 年 2 月 12 日　　5 刷

編　者　　日本経済新聞社

発行者　　斎藤修一

発行所　　日本経済新聞出版社
http://www.nikkeibook.com/
〒 100-8066　東京都千代田区大手町 1-3-7
電話（03）3270-0251（代）

ブックデザイン　熊澤正人＋尾形 忍（POWERHOUSE）
DTP　タクトシステム
印刷・製本　凸版印刷

ISBN978-4-532-35617-0　Printed in Japan